Informatik – Fachberichte

Band 115: A. Kobsa, Benutzermodellierung in Dialogsystemen. XV, 204 Seiten. 1985.

Band 116: Recent Trends in Data Type Specification. Edited by H.-J. Kreowski. VII, 253 pages. 1985.

Band 117: J. Röhrich, Parallele Systeme. XI, 152 Seiten. 1986.

Band 118: GWAI-85. 9th German Workshop on Artificial Intelligence. Dassel/Solling, September 1985. Edited by H. Stoyan. X, 471 pages. 1986.

Band 119: Graphik in Dokumenten. GI-Fachgespräch, Bremen, März 1986. Herausgegeben von F. Nake. X, 154 Seiten. 1986.

Band 120: Kognitive Aspekte der Mensch-Computer-Interaktion. Herausgegeben von G. Dirlich, C. Freksa, U. Schwatlo und K. Wimmer. VIII, 190 Seiten. 1986.

Band 121: K. Echtle, Fehlermaskierung durch verteilte Systeme. X, 232 Seiten. 1986.

Band 122: Ch. Habel, Prinzipien der Referentialität. Untersuchungen zur propositionalen Repräsentation von Wissen. X, 308 Seiten. 1986.

Band 123: Arbeit und Informationstechnik. GI–Fachtagung. Proceedings, 1986. Herausgegeben von K. T. Schröder. IX, 435 Seiten. 1986.

Band 124: GWAI-86 und 2. Österreichische Artificial-Intelligence-Tagung. Ottenstein/Niederösterreich, September 1986. Herausgegeben von C.-R. Rollinger und W. Horn. X, 360 Seiten. 1986.

Band 125: Mustererkennung 1986. 8. DAGM-Symposium, Paderborn, September/Oktober 1986. Herausgegeben von G. Hartmann. XII, 294 Seiten, 1986.

Band 126: GI-16. Jahrestagung. Informatik-Anwendungen – Trends und Perspektiven. Berlin, Oktober 1986. Herausgegeben von G. Hommel und S. Schindler. XVII, 703 Seiten. 1986.

Band 127: GI-17. Jahrestagung. Informatik-Anwendungen – Trends und Perspektiven. Berlin, Oktober 1986. Herausgegeben von G. Hommel und S. Schindler. XVII, 685 Seiten. 1986.

Band 128: W. Benn, Dynamische nicht-normalisierte Relationen und symbolische Bildbeschreibung. XIV, 153 Seiten. 1986.

Band 129: Informatik-Grundbildung in Schule und Beruf. GI–Fachtagung, Kaiserslautern, September/Oktober 1986. Herausgegeben von E. v. Puttkamer. XII, 486 Seiten. 1986.

Band 130: Kommunikation in Verteilten Systemen. GI/NTG-Fachtagung, Aachen, Februar 1987. Herausgegeben von N. Gerner und O. Spaniol. XII, 812 Seiten. 1987.

Band 131: W. Scherl, Bildanalyse allgemeiner Dokumente. XI, 205 Seiten. 1987.

Band 132: R. Studer, Konzepte für eine verteilte wissensbasierte Softwareproduktionsumgebung. XI, 272 Seiten. 1987.

Band 133: B. Freisleben, Mechanismen zur Synchronisation paralleler Prozesse. VIII, 357 Seiten. 1987.

Band 134: Organisation und Betrieb der verteilten Datenverarbeitung. 7. GI-Fachgespräch, München, März 1987. Herausgegeben von F. Peischl. VIII, 219 Seiten. 1987.

Band 135: A. Meier, Erweiterung relationaler Datenbanksysteme für technische Anwendungen. IV, 141 Seiten. 1987.

Band 136: Datenbanksysteme in Büro, Technik und Wissenschaft. GI-Fachtagung, Darmstadt, April 1987. Proceedings. Herausgegeben von H.-J. Schek und G. Schlageter. XII, 491 Seiten. 1987.

Band 137: D. Lienert, Die Konfigurierung modular aufgebauter Datenbanksysteme. IX, 214 Seiten. 1987.

Band 138: R. Männer, Entwurf und Realisierung eines Multiprozessors. Das System „Heidelberger POLYP". XI, 217 Seiten. 1987.

Band 139: M. Marhöfer, Fehlerdiagnose für Schaltnetze aus Modulen mit partiell injektiven Pfadfunktionen. XIII, 172 Seiten. 1987.

Band 140: H.-J. Wunderlich, Probabilistische Verfahren für den Test hochintegrierter Schaltungen. XII, 133 Seiten. 1987.

Band 141: E. G. Schukat-Talamazzini, Generierung von Worthypothesen in kontinuierlicher Sprache. XI, 142 Seiten. 1987.

Band 142: H.-J. Novak, Textgenerierung aus visuellen Daten: Beschreibungen von Straßenszenen. XII, 143 Seiten. 1987.

Band 143: R. R. Wagner, R. Traunmüller, H. C. Mayr (Hrsg.), Informationsbedarfsermittlung und -analyse für den Entwurf von Informationssystemen. Fachtagung EMISA, Linz, Juli 1987. VIII, 257 Seiten. 1987.

Band 144: H. Oberquelle, Sprachkonzepte für benutzergerechte Systeme. XI, 315 Seiten. 1987.

Band 145: K. Rothermel, Kommunikationskonzepte für verteilte transaktionsorientierte Systeme. XI, 224 Seiten. 1987.

Band 146: W. Damm, Entwurf und Verifikation mikroprogrammierter Rechnerarchitekturen. VIII, 327 Seiten. 1987.

Band 147: F. Belli, W. Görke (Hrsg.), Fehlertolerierende Rechensysteme / Fault-Tolerant Computing Systems. 3. Internationale GI/ITG/GMA-Fachtagung, Bremerhaven, September 1987. Proceedings. XI, 389 Seiten. 1987.

Band 148: F. Puppe, Diagnostisches Problemlösen mit Expertensystemen. IX, 257 Seiten. 1987.

Band 149: E. Paulus (Hrsg.), Mustererkennung 1987. 9. DAGM-Symposium, Braunschweig, Sept./Okt. 1987. Proceedings. XVII, 324 Seiten. 1987.

Band 150: J. Halin (Hrsg.), Simulationstechnik. 4. Symposium, Zürich, September 1987. Proceedings. XIV, 690 Seiten. 1987.

Band 151: E. Buchberger, J. Retti (Hrsg.), 3. Österreichische Artificial-Intelligence-Tagung. Wien, September 1987. Proceedings. VIII, 181 Seiten. 1987.

Band 152: K. Morik (Ed.), GWAI-87. 11th German Workshop on Artificial Intelligence. Geseke, Sept./Okt. 1987. Proceedings. XI, 405 Seiten. 1987.

Band 153: D. Meyer-Ebrecht (Hrsg.), ASST'87. 6. Aachener Symposium für Signaltheorie. Aachen, September 1987. Proceedings. XII, 390 Seiten. 1987.

Band 154: U. Herzog, M. Paterok (Hrsg.), Messung, Modellierung und Bewertung von Rechensystemen. 4. GI/ITG-Fachtagung, Erlangen, Sept./Okt. 1987. Proceedings. XI, 388 Seiten. 1987.

Band 155: W. Brauer, W. Wahlster (Hrsg.), Wissensbasierte Systeme. 2. Internationaler GI-Kongreß, München, Oktober 1987. XIV, 432 Seiten. 1987.

Band 156: M. Paul (Hrsg.), GI – 17. Jahrestagung. Computerintegrierter Arbeitsplatz im Büro. München, Oktober 1987. Proceedings. XIII, 934 Seiten. 1987.

Band 157: U. Mahn, Attributierte Grammatiken und Attributierungsalgorithmen. IX, 272 Seiten. 1988.

Band 158: G. Cyranek, A. Kachru, H. Kaiser (Hrsg.), Informatik und „Dritte Welt". X, 302 Seiten. 1988.

Band 159: Th. Christaller, H.-W. Hein, M. M. Richter (Hrsg.), Künstliche Intelligenz. Frühjahrsschulen, Dassel, 1985 und 1986. VII, 342 Seiten. 1988.

Band 160: H. Mäncher, Fehlertolerante dezentrale Prozeßautomatisierung. XVI, 243 Seiten. 1987.

Informatik-Fachberichte 209

Herausgeber: W. Brauer
im Auftrag der Gesellschaft für Informatik (GI)

Udo W. Lipeck

Dynamische Integrität von Datenbanken

Grundlagen der Spezifikation
und Überwachung

Springer-Verlag
Berlin Heidelberg New York
London Paris Tokyo

Autor

Udo W. Lipeck
Universität Dortmund, Fachbereich Informatik
Postfach 500500, D–4600 Dortmund 50

CR Subject Classification (1987): H.2.0-1, F.3.1, F.4.1

ISBN-13:978-3-540-51130-4   e-ISBN-13:978-3-642-74754-0
DOI: 10.1007/978-3-642-74754-0

CIP-Titelaufnahme der Deutschen Bibliothek.
Lipeck, Udo:
Dynamische Integrität von Datenbanken: [Grundlagen der Spezifikation und Überwachung] /
Udo W. Lipeck. – Berlin; Heidelberg; New York; London; Paris; Tokyo: Springer, 1989
    (Informatik-Fachberichte; 209)
    ISBN-13:978-3-540-51130-4

NE: GT

2145/3140–543210 – Gedruckt auf säurefreiem Papier

Vorwort

Dieses Buch beschäftigt sich mit der Korrektheit des Verhaltens von Datenbank-systemen im Verlauf der Zeit, kurz mit ihrer "dynamischen Integrität". Während *statische* Integrität, d.h. die Korrektheit von Datenbank-Inhalten, seit den ersten großen Datenbanktagungen 1975 ein Dauerbrenner ist, hat *dynamische* Integrität wenig Beachtung in der Literatur gefunden. Es gab zwar einige Vorschläge zur Spezifikation dynamischer Integritätsbedingungen mit Hilfe temporaler Logik, aber die Überwachung solcher Bedingungen und die Vorbereitung der Überwachung im Datenbank-Entwurf ist erstmals in Arbeiten des Autors untersucht worden. Der vorliegende Text beinhaltet eine Gesamtdarstellung der bisherigen Ergebnisse.

Die Erhaltung von Integrität, also von Korrektheitsanforderungen, sollte die wichtigste Leitlinie für den konzeptionellen Entwurf von Datenbanken sein. Tatsächlich lassen sich bekannte Entwurfsmethoden wie etwa die Normalisierung im Relationenmodell als Transformation spezieller Integritätsbedingungen auffassen. Beim Entwurf sollten alle die Integritätsbedingungen explizit dokumentiert werden, die sich nicht inhärent durch Strukturen und Operationen des gewählten Datenmodells garantieren lassen. Sofern kein Integritätsmonitor in der Datenbanksoftware zur Verfügung steht (was auch in modernsten Systemen immer noch der Fall ist), hat der Entwerfer die Aufgabe, angepaßte Überwachungsroutinen in die Transaktionen der Anwender einzubauen. Obwohl (Änderungs-) Transaktionen in vielen praktischen Datenbankanwendungen vorab festgelegt werden, fehlen systematische Entwurfsmethoden für die nötige Integritätsüberwachung.

Wir gehen beim Entwurf von Datenbank-Verhalten noch einen Schritt weiter, und machen nicht nur Transaktionen, d.h. Zustandsübergänge, zum Gegenstand, sondern insbesondere Anforderungen an ganze Folgen von Zuständen, also an das langfristige Systemverhalten. Für solche Bedingungen ist jedoch zunächst überhaupt nicht klar, ob und wie sie sich kurzfristig durch Transaktionen überwachen lassen. In diesem Buch geht es nun gerade um die Spezifikation dynamischer Integritätsbedingungen, ihre Analyse und Überwachung sowie um ihre Transformation in Transaktionen.

Abstrakter gesagt, geht es darum, aus langfristigen (deskriptiven) Bedingungen systematisch deren kurzfristige (operationale) Auswirkungen abzuleiten. Das ist ein prinzipielles Problem beim Entwurf dynamischer Systeme, das hier für zwei einschlägige formale Spezifikationskalküle verfolgt und gelöst wird: temporale Logik für Integritätsbedingungen und (prädikatenlogische) Vor-/Nachbedingungen für Transaktionen. Zwischen den Kalkülen wird eine Transformation aufgestellt und verifiziert, die auf einer Ableitung von Transitionsgraphen aus temporalen Formeln basiert. Theoretische und algorithmische Grundlagen bilden somit den Hauptteil des Buches.

Die behandelten Verfahren werden aber auch anhand eines durchlaufenden Standardbeispiels demonstriert, so daß eine Einbindung in zukünftige Datenbank-Entwurfsmethoden erkennbar wird. Später sollen daraus Werkzeuge für interaktive Entwurfsunterstützungssysteme entwickelt werden, die dem Entwerfer Rechnungen mit formalen Spezifikationen abnehmen. Gerade das "Nachrechnen" von Anforderungen in verschiedenen Kalkülen kann die Validierung von Entwürfen erleichtern.

Das Buch richtet sich an Informatiker in Forschung, Lehre und Studium, die an Fragen der Integritätsüberwachung oder des integritätsorientierten Entwurfs von Datenbanken interessiert sind oder die mit Systemspezifikationen in temporaler Logik arbeiten. Daneben können auch Praktiker, die theoretischen Grundlagen gegenüber aufgeschlossen sind, Anregungen für ein systematisches Entwurfsvorgehen finden.

Der Text ist eine geringfügig überarbeitete Fassung meiner im Frühjahr 1988 von der Naturwissenschaftlichen Fakultät der Technischen Universität Braunschweig angenommenen Habilitationsschrift. Hervorgegangen ist die Arbeit aus meiner Forschungs und Lehrtätigkeit am dortigen Institut für Programmiersprachen und Informationssysteme. Mein besonderer Dank gilt Herrn Prof. Dr. H.-D. Ehrich für die langjährige Betreuung und Förderung meines wissenschaftlichen Werdegangs. Ihm und allen Kolleginnen und Kollegen in der Abteilung Datenbanken verdanke ich neben einem Arbeitsklima, in dem Forschung gut gedeihen kann, viele hilfreiche Diskussionen und sonstige Ermutigungen. Stellvertretend nennen möchte ich die Koautoren früherer Veröffentlichungen: Hans-Dieter Ehrich, Dasu Feng, Martin Gogolla, Karl Neumann, Isa Ramm und Gunter Saake. Dem letzteren danke ich für die bewährte Zusammenarbeit im gemeinsamen Forschungsgebiet; die parallel entstandene Dissertation [Sa88] sei dem interessierten Leser als komplementäre Lektüre empfohlen.

Dortmund, im Januar 1989   Udo Lipeck

Zusammenfassung

Aufgabe des Datenbank-Entwurfs ist es, nicht nur die statische Struktur, sondern auch das dynamische Verhalten eines Datenbanksystems zu spezifizieren. Um festzulegen, welche Folgen von Zuständen *zulässig* sind, werden *dynamische Integritätsbedingungen* angegeben. Komplementär dazu bestimmen *Transaktionen* als Grundbausteine von Anwendungsprogrammen die *ausführbaren* Zustandsfolgen.

Dieses Buch stellt zwei Ansätze zur Überwachung der dynamischen Integrität von Datenbanken vor. Es werden theoretische und algorithmische Grundlagen sowie deren Auswirkungen auf den Entwurf behandelt.

Spezifiziert werden Integritätsbedingungen durch Formeln der temporalen Logik und Transaktionen durch prädikatenlogische Vor- / Nachbedingungen. Aus temporalen Formeln lassen sich nach verschiedenen Verfahren *Transitionsgraphen* konstruieren, deren Pfade den zulässigen Zustandsfolgen entsprechen. Daher dienen die Graphen einerseits als Ablaufsteuerung eines *universellen Monitors,* der die Analyse von Zustandsfolgen auf zustandslokale Prüfungen zurückführt. Andererseits kann man anhand der Graphen Integritätsbedingungen systematisch in Vor-/Nachbedingungen der Transaktionen transformieren, so daß jede ausführbare Folge zulässig wird. Das letztere Vorgehen bereitet eine effiziente *transaktionsangepaßte Überwachung* vor und führt zu einer *schrittweisen Spezifikation* von Datenbankverhalten.

Schlüsselworte: Datenbank-Entwurf, konzeptionelles Schema, Datenbankverhalten, dynamische Integritätsbedingungen, temporale Logik, Transitionsgraphen, Integritätsüberwachung, Transaktionen, Vor-/Nachbedingungen

Abstract

In database design, not only the static structure of a database system, but also its dynamic behaviour has to be specified. In order to determine *admissible* sequences of states *dynamic integrity constraints* are given. *Transactions,* i.e. elements of application programs, complementarily induce *executable* state sequences.

This book presents two approaches to monitoring dynamic database integrity. Theoretic and algorithmic fundamentals are treated as well as impacts on design.

Integrity constraints are expressed by formulae of temporal logic, whereas transactions are defined by pre-/postconditions in predicate logic. Using temporal formulae different procedures can be applied to construct *transition graphs,* whose paths correspond to admissible state sequences. On the one hand, these graphs control execution of a *universal monitor* which reduces analysis of state sequences to local tests in states. On the other hand, constraints can systematically be transformed into pre-/postconditions according to transition graphs such that each executable sequence becomes admissible. The latter approach prepares efficient *monitoring by transactions* and supports *stepwise specification* of database behaviour.

Keywords: database design, conceptual schema, database behaviour, dynamic integrity constraints, temporal logic, transition graphs, integrity monitoring, transactions, pre-/postconditions

Inhaltsverzeichnis

1 Einführung

Der Begriff *Integrität* im Sinne von "semantischer Integrität" oder auch "logischer Korrektheit" einer Datenbank bezeichnet das Problem, ob die jeweilige Anwendungswelt angemessen, d.h. entsprechend ihrer realen Semantik, in der Datenbank modelliert wird. Insbesondere sollten "zulässige" Datenbank-Inhalte nur sinnvolle Anwendungssituationen repräsentieren; dabei umfaßt das Attribut "sinnvoll" ein Spektrum, welches von Tatsachen der Realität bis hin zu organisatorischen, rechtlichen oder politischen Regeln reicht. Um die (technisch) möglichen Inhalte einer Datenbank auf zulässige einzuschränken, stellt man Integritätsbedingungen auf, die während des Betriebs der Datenbank überwacht werden müssen. Für die Angestellten einer Firma kommen z.B. folgende Bedingungen in Frage:

- Kein Geburtsdatum liegt vor 1889 (Realität, jedenfalls im Jahre 1989).
- Keine Personalnummer kommt doppelt vor (organisatorische Regel).
- Nur Mütter oder Väter erhalten Kindergeld (rechtliche Regel).
- Niemand wird als Manager neu eingestellt (unternehmenspolitische Regel).

Im Prinzip müßte ein Datenbanksystem alle Verletzungen solcher Bedingungen abfangen, sei es nur als Plausibilitätsprüfung gegen Eingabefehler oder sogar als Kontrollinstrument für die Anwendungswelt. Tatsächlich wird man abhängig von der gewünschten Effizienz und Relevanz des Datenbanksystems wohl eher nur eine Auswahl oder Abschwächung der Integritätsbedingungen zur Überwachung vorsehen.

Während mit *statischer Integrität* allein die Korrektheit der vorkommenden Datenbank-Inhalte gemeint ist, bezieht sich *dynamische Integrität* auf die Korrektheit des Verhaltens von Datenbanken in Anwendungen: welche Änderungen oder welche (langfristigen) Entwicklungen von Datenbank-Inhalten dürfen auftreten und wie können diese zustandekommen? Typischerweise sollen bestimmte Abläufe eingehalten werden, *wann* statische Bedingungen gelten müssen oder nicht; in einer Bibliothek z.B. darf ein Buch erst ausgeliehen werden, nachdem es klassifiziert worden ist. Manche solcher Abläufe beziehen sich auf feste Termine wie Monats- oder Jahresende, aber meistens hängen Bedingungen vom Eintreten anderer Bedingungen ab, etwa vom Stand einer Bearbeitung. Gerade in den heute zunehmenden Nichtstandard-Anwendungen von Datenbanken sind Integritätsanforderungen häufig zeitlich differenziert [LoABD85]; so werden z.B. in CAD-Systemen geometrische, physikalische und ökonomische Eigenschaften von Objekten in verschiedenen Konstruktionsphasen beachtet.

In diesem Buch sollen Möglichkeiten zur Überwachung der dynamischen Integrität vorgestellt werden; insbesondere wird aufgezeigt, welche Vorbereitungen dafür im Rahmen des Datenbank-Entwurfs erforderlich sind.

Der Inhalt einer Datenbank zu einem Zeitpunkt, d.h. der aktuelle Datenbank-"Zustand",
läßt sich durch Anfragen beobachten. Strukturierung und Zulässigkeit von Zuständen werden durch ein Datenbank-"Schema" festgelegt. Das Verhalten einer Datenbank
im Verlauf der Zeit läßt sich daran beobachten, welche Zustandsübergänge bzw.
welche Folgen von Zuständen auftreten. Zustandsänderungen werden verursacht durch
Datenbankoperationen, die der Benutzer zu Einheiten, sogenannten Transaktionen,
zusammenfaßt und als solche aufruft. Um nun statische *und* dynamische Aspekte
im Datenbankschema zu integrieren (wie u.a. in [ISO82] und [BrMS84] empfohlen),
so muß beim Entwurf auch spezifiziert werden, welche Zustandsfolgen und welche
Transaktionen erlaubt sind.

Grundlage für eine Verhaltensspezifikation sollten einerseits die geplanten Hauptanwendungen auf der Datenbank und andererseits die Gemeinsamkeiten sonstiger
sinnvoller Anwendungen sein, also deren Grundregeln oder Grundbausteine, ohne daß
alle Anwendungen im einzelnen vorab festgelegt werden müssen.

Natürlich geht mit solch einer Spezifikation eine Einschränkung einher, welche Anwendungen, insbesondere welche Änderungen, auf der statischen Struktur erlaubt
sind. Das entspricht aber durchaus typischen Situationen für den Einsatz von Datenbanksystemen: Bekannte, etwa routinemäßige Anwendungen werden besonders unterstützt, weitere Anwendungen auf dem gleichen Datenbestand sollen ermöglicht
werden. Letztere Forderung beinhaltet zunächst, daß jeder Benutzer beliebige Anfragen und Auswertungen - zumindest auf seiner Datenbanksicht - durchführen darf,
wofür sich universelle Datenmanipulationssprachen wie SQL oder QUEL anbieten.
Analoges darf aber gerade bei Datenbanken von zentraler Bedeutung für ein Unternehmen nicht auch für Änderungen (Updates) gelten, die zu inkorrekten Inhalten
oder Abläufen führen können. (Hinzu kommt, daß Änderungen auf Sichten inhärent
problematisch sind.) Ganz im Gegenteil muß eine Datenbank gegen beliebige Änderungen, wie sie solche Sprachen erlauben, gesichert werden. Will man den Änderungs-
dienst nicht nur einer zentralen Instanz aufbürden, so sind Integritätsbedingungen
aufzustellen, die vom System überwacht werden können, und Transaktionen vorzubereiten, aus denen Anwendungen zusammengesetzt werden dürfen.

Vor diesem Hintergrund meinen wir mit dem Begriff **Datenbanksystem (DBS)** nicht
nur die Einheit aus dem vorhandenen (universellen) Datenbank-Managementsystem
(DBMS) und der konkreten Datenbank, sondern beziehen auch die ggf. erforderliche
Grundsoftware für das Anwendungssystem ein. Gegenstand des **Datenbank-Entwurfs**
ist hier immer der gesamte Komplex, nicht nur die Datenbank im engeren Sinne.

1.1 Datenbankschemata

Der Datenbank-Entwurf läßt sich in mehrere Phasen einteilen, die entsprechende
Gliederungen des allgemeinen Software-Entwurfs spezialisieren; die Abbildung 1.1

zeigt in Anlehnung an [TeF82, Ce83, u.a.] eine Übersicht.

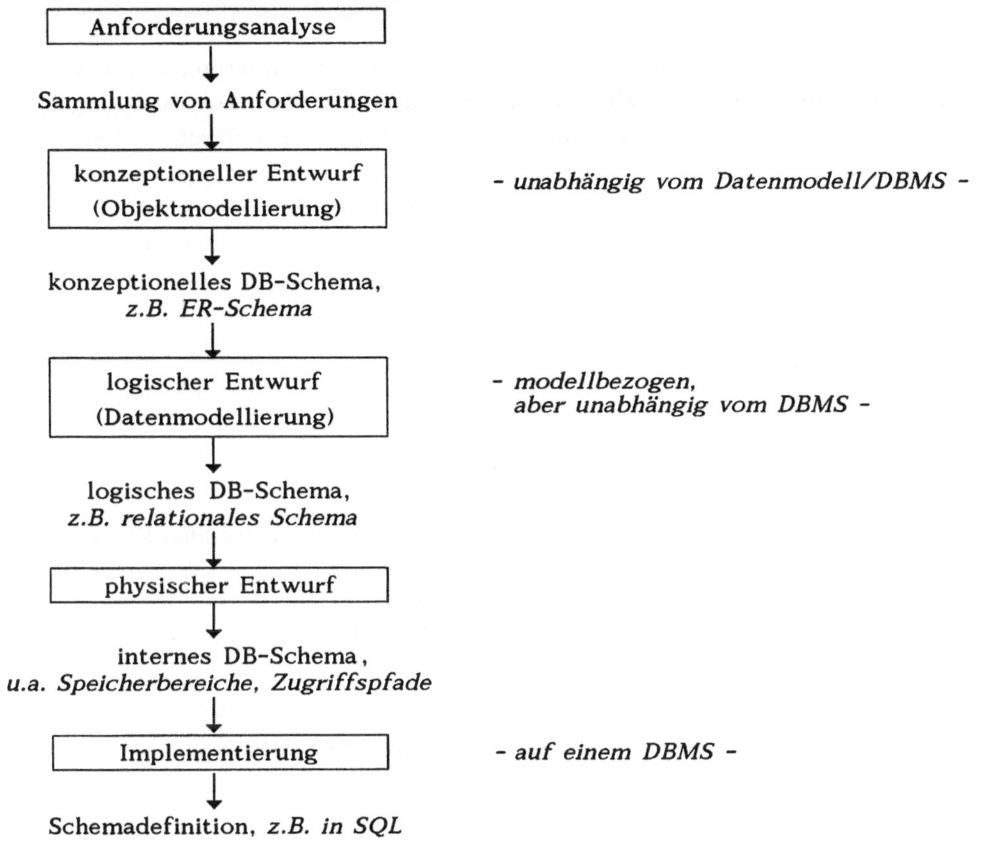

Abbildung 1.1:   Phasen des Datenbank-Entwurfs

Aufgabe des **konzeptionellen Entwurfs** ist es, aufgrund der Anforderungen von Anwendern ein erstes konzeptionelles Datenbankschema zu erstellen, d.h. Struktur und Verhalten des Datenbanksystems exakt und vollständig zu spezifizieren. Dieser Entwurf sollte unabhängig vom späteren DBMS, z.B. SQL/DS oder INGRES, und auch noch unabhängig vom implementierten Datenmodell, z.B. dem Relationenmodell, erfolgen, damit anwendungsspezifische Eigenschaften nicht mit Besonderheiten des Modells oder Systems vermischt werden. Zur strukturellen Spezifikation bieten sich Konzepte sogenannter "semantischer Datenmodelle" bzw. "Objektmodelle" an wie etwa des Entity-Relationship-Modells [Ch76] und seiner Erweiterungen [z.B. ElWH85, LiN86, HoNSE87]. (Vgl. auch die Übersichtsartikel [Br84, SchTW84, KiM85, UrD86].) ER-verwandte Modelle ermöglichen eine abstrakte, d.h. darstellungsunabhängige Beschreibung von Datenbankobjekten, lassen sich aber leicht auf implementierte Modelle abbilden. Im anschließenden **logischen,** z.B. relationalen **Entwurf** wird das Schema in das implementierte Datenmodell übersetzt und unter Berücksichtigung dessen Besonderheiten "verbessert", z.B. normalisiert [Ch85, TeYF86]. Erst bei der *Implementierung* auf dem konkreten DBMS wird das Schema in einer Datenbanksprache definiert.

Nachdem das Datenbankschema zur Entwurfs- und Implementierungszeit *spezifiziert* worden ist, muß es zur Laufzeit des Datenbanksystems *überwacht* und eingehalten werden: Die Überwachung kann explizit durch Prüfungen des DBMS und eventuelle Korrekturmaßnahmen erfolgen, oder sie kann implizit in einer angepaßten Anwendungsschnittstelle enthalten sein; auf unterschiedliche Systemarchitekturen gehen wir im nächsten Abschnitt ein. Jedenfalls ist es wesentlicher Zweck der Schema-Spezifikation, genau diese Überwachung vorzubereiten.

Unsere Untersuchungen werden sich vorwiegend auf die Phasen des konzeptionellen und des logischen Datenbank-Entwurfs beziehen. Zunächst geben wir einen Begriffsrahmen für die Bestandteile von Schemata und für deren Semantik, d.h. die Gegenstände der späteren Überwachung, an.

Erklärung 1.2: Ein *DB-Schema* **DB** $= \langle S, O, C, \mathcal{T} \rangle$ besteht aus folgenden Komponenten:

S *Strukturen* entsprechend dem gewählten Objekt-/Datenmodell, z.B.:
- Entity- und Relationship-Typen im ER-Modell
- Relationenschemata im Relationenmodell

Die Angabe von Strukturen legt eine Menge Σ von *möglichen DB-Zuständen* fest; damit ergeben sich auch die *möglichen Zustandsübergänge* $(\Sigma \times \Sigma)$ und *Zustandsfolgen* $(\underline{\Sigma})$.

Implizit beinhalten die Strukturen sogenannte *(modell-) inhärente Integritätsbedingungen,* also Bedingungen, die sich durch Konzepte des Datenmodells ausdrücken oder daraus ableiten lassen, z.B.:
- In Relationships kommen nur Entities vor, die zu den am Relationship-Typ beteiligten Entity-Typen gehören.
- In einer Relation kommen keine Tupel doppelt vor.

O (Grund-) *Operationen* auf den Strukturen, z.B.:
- Erzeugen/Löschen von Entities eines Typs
- Einfügen/Ändern/Löschen von Tupeln in einer Relation

Die Operationen sollten nach dem Prinzip der Datenabstraktion zusammen mit den Strukturen durch das Datenmodell definiert sein (woran es leider manchen Modellbeschreibungen fehlt).

Jede Operation *op* bestimmt zusammen mit einem aktuellen Parameter einen *elementaren Zustandsübergang;* sie beschreibt also eine Abbildung

$$op: \ \Sigma \times \langle \text{Parameter} \rangle \ \longrightarrow \ \Sigma \ .$$

Insbesondere werden dabei die inhärenten Integritätsbedingungen respektiert.

$\mathcal{C}$ **explizite Integritätsbedingungen** (IBen; engl. "$\underline{c}$onstraints")

Integritätsbedingungen differenziert man häufig stufenweise in:

$$C_{st} \text{ \textbf{\textit{statische IBen}} } \subseteq C_{tr} \text{ \textbf{\textit{transitionale IBen}} } \subseteq C_{dyn} \text{ \textbf{\textit{dynamische IBen}}}$$

Statische IBen sollen die möglichen Zustände Σ auf die **zulässigen Zustände** Σ_C einschränken, d.h. auf diejenigen Zustände, in denen die Bedingungen gültig sind. Entsprechend spezifizieren transitionale IBen die **zulässigen Zustandsübergänge** $(\Sigma \times \Sigma)_C$ und dynamische IBen die **zulässigen Zustandsfolgen** $\underline{\Sigma}_C$. Im Unterschied zu statischen IBen darf eine transitionale IB gleichzeitig auf zwei aufeinanderfolgende Zustände Bezug nehmen bzw. eine dynamische IB auf mehrere beliebige Zustände innerhalb einer Folge.

$\mathcal{T}$ **Transaktionen**

Entsprechend dem üblichen Sprachgebrauch besteht jede Transaktion t zur *Laufzeit* aus einer Folge von Operationen (aus $\mathcal{O}$), die nur als Einheit oder gar nicht wirksam werden kann, und die die Datenbank von einem zulässigen Zustand wieder in einen zulässigen Zustand überführt. t soll sich also wie eine Abbildung

$$t: \ \Sigma_C \times \langle \text{Parameter} \rangle \ \longrightarrow \ \Sigma_C$$

verhalten und die statischen IBen respektieren. Außerdem sollen der induzierte Zustandsübergang und die entstehende Zustandsfolge zulässig sein.

Zur *Entwurfszeit* kann eine Transaktion t durch ein Programm, das die Operationen benutzt, oder durch eine abstrakte Spezifikation angegeben sein, so daß (im allgemeinsten Fall) eine Relation

$$t \subseteq \Sigma \times \langle \text{Parameter} \rangle \times \Sigma$$

beschrieben wird. Transaktionen bestimmen zusammen mit Parameterangaben die **ausführbaren Zustandsübergänge**. Zustandsfolgen, in denen alle Übergänge durch Transaktionen induziert sind, heißen ebenfalls **ausführbar**, und bilden eine Menge $\underline{\Sigma}_{\mathcal{T}}$.

Eingeschlossen ist der triviale Fall, daß beliebige Folgen von Operationen Transaktionen bilden dürfen ($\mathcal{T} = \mathcal{O}^*$).   **(Erkl. 1.2)** $\square$

Als Beispiel betrachten wir einen Schema-Ausschnitt für eine Bibliotheksdatenbank und listen die Komponenten informell auf. Zur strukturellen Modellierung sei das Relationenmodell gewählt.

Beispiel 1.3: (Bibliotheksschema)

Strukturen:

- Hauptkatalog: Relation DOKUMENT mit Attributen
    (Dokumentnr, Titel, Verlag, Jahr, ..., Status, Standort)
  Das Attribut "Status" kann einen der Werte "bestellt", "eingegangen" oder "aufgestellt" annehmen.
- Stichwortkatalog: Relation STICHWORT (Deskriptor, Dokumentnr)
- außerdem: Relationen zur Entleihverwaltung

Operationen:
- Einfügen, Ändern und Löschen von Tupeln der Relation DOKUMENT
- dito für die Relation STICHWORT und jede andere Relation

Statische Integritätsbedingung (z.B.):
- Alle Dokumente bzw. Dokumentnummern im Stichwortkatalog müssen auch im Hauptkatalog vorkommen.

Transitionale Integritätsbedingung (z.B.):
- Der Status eines Dokuments darf von "eingegangen" nur zu "aufgestellt" wechseln.

Dynamische Integritätsbedingung (z.B.):
- Jedes Dokument muß zwischen Eingang und Aufstellung irgendwann klassifiziert, d.h. mit Deskriptoren in den Stichwortkatalog eingetragen werden.

Transaktionen:
- Bestellung, Eingang, Klassifikation und Aufstellung eines Dokuments (u.a.) □

Ein solches Schema **DB** = $\langle S, O, C, T \rangle$ wird zur Laufzeit folgendermaßen verwendet: Das DBS kann nur vorgesehene Transaktionen T annehmen und ausführen, so daß Anwendungen keine andere Möglichkeit zum Datenbankzugriff als über Transaktionen haben. Zur Ausführung benutzt das DBS Operationen aus O, so daß nur Zustände entstehen, die passend zu den angegebenen Strukturen S aufgebaut sind. Schließlich prüft das DBS bei jeder Transaktionsausführung die Integritätsbedingungen C und veranlaßt bei Verletzung geeignete Fehlerreaktionen, etwa daß bereits durchgeführte Änderungen rückgängig gemacht werden. Somit kann eine Datenbank nur solche Folgen von Zuständen durchlaufen, die bzgl. der Integritätsbedingungen zulässig *und* bzgl. der Transaktionen ausführbar sind ($\Sigma_C \cap \Sigma_T$). Normalerweise ergänzen sich also die Komponenten C und T bei der Spezifikation des Datenbankverhaltens.

Eine eindeutige Abgrenzung, welche Information in welche Komponente eines Schemas gehört, erscheint grundsätzlich nicht möglich. Im Rahmen eines schrittweisen Entwurfs kommt es vielmehr darauf an, (zielgerichtet) Informationen zwischen den Komponenten auszutauschen. So werden etwa bei der Umwandlung vom ER- ins Relationenmodell nicht nur Strukturen und Integritätsbedingungen übersetzt, sondern auch neue explizite Bedingungen aufgestellt, die im ER-Modell inhärent waren, z.B. funktionale oder referentielle Abhängigkeiten. Wir werden uns damit beschäftigen, wie sich Integritätsbedingungen in Transaktionen einbauen lassen. Letztendlich kommt es beim Entwurf darauf an, das Schema von einer abstrakten Beschreibung in eine Formulierung zu transformieren, die sich leicht implementieren läßt. Ziel und Art der Schematransformation hängen von Merkmalen der erwarteten Systemarchitektur ab, etwa welche Datenmodelle implementiert sind oder welche Überwachungsmöglichkeiten angeboten werden.

Insgesamt kann Datenbank-Entwurf als iterative *Transformation* von Datenbanksche-

mata aufgefaßt werden. Ein Transformationsschritt ist dann korrekt, wenn Ausgangs-
und Ergebnisschema zueinander "äquivalent" sind, d.h. wenn die zugehörigen Mengen
von Zuständen und Zustandsfolgen (bis auf eine isomorphe Darstellung) erhalten
bleiben. Auf diese Forderung hin müssen alle Entwurfsphasen *verifiziert* werden.

1.2 Integritätsüberwachung

Auf das obige allgemeine Szenario paßt ein ganzes Spektrum von Systemarchitekturen für die Integritätsüberwachung; die wichtigsten Alternativen sollen anschließend
diskutiert werden. Insbesondere untersuchen wir, welche Anforderungen sich aus
der Überwachung für die Spezifikation ergeben. Einen mehr implementierungsorien-
tierten Überblick findet man in [Re83]. Eigentlich beeinflußt schon die Wahl des
Datenmodells, welche Integritätsbedingungen und Transaktionen explizit formuliert
und damit auch überwacht werden müssen. Strukturen und Operationen nehmen wir
aber als festgelegt an, und beschäftigen uns nur mit dem Zusammenwirken der
anderen Schemakomponenten.

Alternative I: Das DBMS enthält einen universellen, d.h. schema-unabhängigen Monitor, der alle Arten von Integritätsbedingungen überwachen kann. In diesem Fall
dürfen beliebige Folgen von Operationen als Transaktionen vorkommen; egal, welche
Transaktion von einem Anwendungsprogramm aufgerufen wird, durch den Monitor
können Integritätsverletzungen immer verhindert werden.

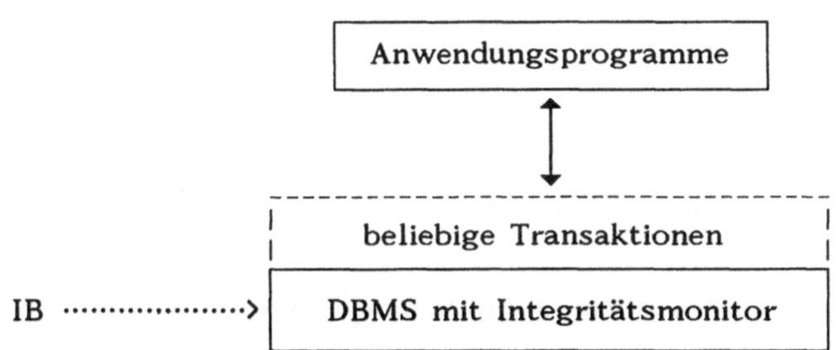

Abbildung 1.4: Integritätsüberwachung durch einen universellen Monitor

Aus dieser Konstellation resultieren folgende Aufgaben zur Entwurfs- und Laufzeit:
Ein Monitor-Algorithmus ist nur einmalig für beliebige Schemata festzulegen. Zur
Entwurfszeit eines speziellen Schemas müssen Monitor-Parameter aus den Integritätsbedingungen abgeleitet werden. Im einfachsten Fall sind das die Bedingungen selbst,
sofern sie direkt vom Monitor interpretiert werden können. Wir werden später sehen,
daß dynamische Integritätsbedingungen tatsächlich einen Zwischenschritt, nämlich
die Konstruktion sogenannter Transitionsgraphen, erfordern. Zur *Laufzeit* sind dann

alle durch Operationen bewirkten Zustandsübergänge möglich, das DBMS hat jedoch die entstehenden Zustände, Zustandsübergänge bzw. Zustandsfolgen auf Zulässigkeit zu prüfen und geeignet zu reagieren.

Für relationale Systeme werden schon seit langem [EsC75, HaM75] Subsysteme zur Überwachung der statischen, eventuell auch transitionalen Integrität vorgeschlagen. Realisiert worden sind solche Monitore nur in sehr geringem Umfang, da sie aufgrund ihrer Universalität anscheinend nicht effizient arbeiten können. Z.B. unterstützen heutige SQL-Systeme entgegen [As76] keine Integritätsbedingungen; das System INGRES (mit der Sprache QUEL) prüft wenigstens Bedingungen mit einer Variablen [Da87].

Alternative II: Wenn kein (auch kein eingeschränkter) Monitor zur Verfügung steht, man aber nicht auf eine zentrale Überwachung verzichten will, so bleibt als anderes Extrem nur, die Datenbankbenutzung völlig durch ausgewählte Transaktionen abzuschotten, die auf das spezielle Schema und die Anwendungen angepaßt sind. Die Datenbank ist also ausschließlich über eine (im Vergleich zum DBMS) spezialisierte DBS-Schnittstelle zugänglich. Entsprechend transaktionsorientierte Systemarchitekturen werden etwa in [St83] und [Mt86] zugrunde gelegt.

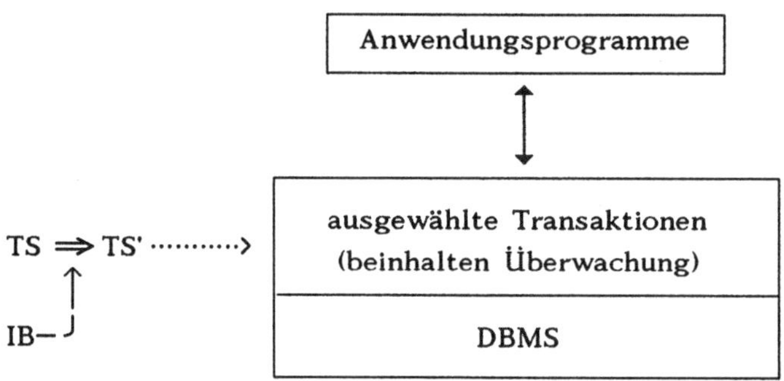

Abbildung 1.5: Integritätsüberwachung durch ausgewählte Transaktionen

Hierbei müssen zur *Entwurfszeit* die Integritätsbedingungen in die Spezifikation der Transaktionen eingebaut werden: Vorliegende Integritätsbedingungen (IB) und Transaktionsspezifikationen (TS) sind so in verfeinerte Transaktionsspezifikationen (TS') zu transformieren, daß jede (bzgl. TS') ausführbare Zustandsfolge auch (bzgl. IB) zulässig wird. Das Ergebnis bedarf also einer entsprechenden Verifikation. Die Formulierung der Integritätsbedingungen kann in jeder Transaktion an die betroffenen Daten und die Art der Änderung angepaßt und damit vereinfacht werden. Schließlich sind die erhaltenen Spezifikationen zur *Implementierungszeit* noch in Programme auf dem DBMS umzusetzen.

Zur *Laufzeit* brauchen keine besonderen Prüfungen erfolgen, sofern Zustandsübergänge nur durch die ausgewählten Transaktionen zustande kommen. Die Korrektheit von Daten wird implizit in den Transaktionen geprüft, die auch selbst auf Fehler angemessen reagieren müssen, z.B. durch Rückfragen an den Benutzer.

Wegen der Anpassung an transaktionslokale Verhältnisse kann die Integritätsüberwachung wesentlich effizienter ablaufen als in einem universellen Monitor. Allerdings erfordert diese Alternative einen höheren Entwurfs- und Implementierungsaufwand durch den Datenbank-Administrator und setzt voraus, daß überhaupt eine verbindliche Auswahl von Transaktionen getroffen werden kann. Ein wichtiger Spezialfall besteht darin, den Benutzern nicht eine Sammlung getrennter Transaktionen anzubieten, sondern nur eine integrierte, sprachähnliche Schnittstelle. Dann wird Integrität quasi durch einen Schema-spezifischen Monitor überwacht.

Alternative III: In der Praxis wird noch häufig - insbesondere aus Effizienzgründen - auf eine systematische Integritätsüberwachung verzichtet. Korrektheitsprüfungen von Daten, etwa auf Plausibilität von Eingaben, finden sich höchstens verteilt in den Anwendungsprogrammen und bleiben so auf ein Minimum beschränkt.

Die Tabelle 1.6 stellt Charakteristika der drei Alternativen im Vergleich zusammen. Die angegebenen Bewertungen ergeben sich naheliegend aus obigen Erläuterungen.

	I: univ.Monitor	II: Transaktionen	III: in Anw.progr.
zentrale Verantwortung	+	+	−
Vollständigkeit der Überwachung	+	(+)	−
kein zusätzlicher Programmieraufwand für Anwender	+	+	−
kein zusätzlicher Programmieraufwand für den DBA	+	−	+
Effizienz der Überwachung	−	(+)	+

Tabelle 1.6: Vergleich von Alternativen zur Integritätsüberwachung

Im praktischen Einsatz werden die vorgestellten Architekturen meist in geeigneten Kombinationen auftreten. Kombinationen sind prinzipiell in zwei Dimensionen möglich:

A) *Vertikale Kombination:* Das DBMS enthält zwar einen Monitor, der aber auf einige typische IBen beschränkt ist. Weitere Bedingungen werden dann durch Transaktionen und/oder Anwendungsprogramme sichergestellt. Zu diesem Zweck müssen die Integritätsbedingungen des Datenbankschemas danach aufgeteilt werden, ob sie sich vom System überwachen lassen, ob sie zentral überwacht werden sollen oder ob sie der Anwenderverantwortung überlassen werden können. Diese Aufteilung hängt von der Relevanz und der erwarteten Fehlerwahrscheinlichkeit der Bedingungen ab.

B) *Horizontale Kombination:* Entsprechend der Architektur in Abbildung 1.7 wird unterschieden zwischen Standard-Transaktionen, in die eine angepaßte, effiziente Überwachung eingebaut ist, und anderen Transaktionen ohne solche Vorkehrungen. Für letztere muß ein universeller Monitor im DBMS die fehlende Integritätsüberwachung leisten; die Standard-Transaktionen dürfen den Monitor ausschalten.

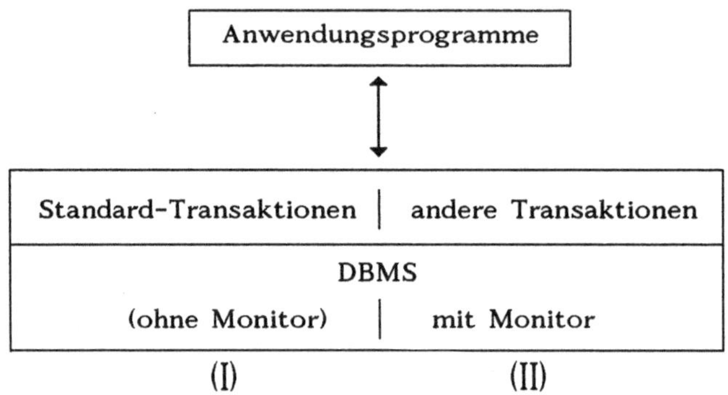

Abbildung 1.7: horizontale Kombination der Alternativen I und II
(vgl. Abb. 1.4, 1.5)

Die Aufteilung der Transaktionen hängt sicher von der erwarteten Benutzungshäufigkeit und dem Implementierungsaufwand ab. Insbesondere kann das DBS auch für ad-hoc-Transaktionen, die zur Entwurfszeit noch nicht bekannt sind, offen bleiben; zur Integritätssicherung muß man den durch den Monitor erhöhten Ausführungsaufwand in Kauf nehmen. Zur Entwurfszeit ist eine Transformation der ursprünglichen Integritätsbedingungen nur für die ausgewählten Transaktionen nötig.

Insgesamt zeichnet sich ein breites Spektrum für die Integritätsüberwachung ab. Genauere Auswahlkriterien, insbesondere für etwaige Aufteilungen der Integritätsbedingungen und Transaktionen, würden den Rahmen unserer Untersuchung sprengen, da sie stark anwendungsabhängig wären. Hier sollen für dynamische Integritätsbedingungen die Alternativen I und II präzisiert werden. Angezielt ist dabei hauptsächlich die Überwachung durch Transaktionen (II), weil sie einen geeigneten Kompromiß (vgl. Tab. 1.6) bzw. einen wichtigen Bestandteil kombinierter Architekturen darstellt. Die universelle Überwachung (I) liefert einerseits eine geeignete Verfahrensgrundlage und kann andererseits - zwecks Optimierung - von Erfahrungen mit der transaktionsangepaßten Überwachung profitieren.

1.3 Dynamische Integrität

Die im letzten Abschnitt vorgestellten Alternativen der Integritätsüberwachung sind
prinzipiell auf statische wie auf dynamische Integrität anwendbar. Mit der Spezifikation und Überwachung statischer wie transitionaler Integritätsbedingungen haben
sich bereits zahlreiche Veröffentlichungen beschäftigt; der Leser sei dazu auf die
Übersichtsartikel [Re87, StW85] und die hinten angegebenen Lehrbücher verwiesen.
Darunter sind eine Reihe von Vorschlägen, wie ein Monitor in ein Datenbank-Manage-
mentsystem integriert werden kann [EsC75, HaM75, St75, We78b/WeSK83, CrD83,
BeA84, SiV84 u.a.]. In einigen Ansätzen wird gezielt versucht, die Effizienz des
Monitors durch systematische Vereinfachung von Integritätsbedingungen oder durch
Einschränkung auf spezielle Klassen von Bedingungen zu verbessern [BeBC80 / BeB82,
Ni82, FrW83, WeSK83, LiR84, HeMN84, HsI85, Sü86, QiS87 u.a.; vgl. auch Wi84, Ri86].
In letzter Zeit rückt die Integritätsüberwachung in deduktiven Datenbanken stärker
ins Blickfeld [z.B. LlT85, KoSS87].

Die meisten Arbeiten zum konzeptionellen Datenbank-Entwurf, die überhaupt Ver-
haltensaspekte (abgesehen von transitionalen Bedingungen) berücksichtigen, stellen
Transaktionen in den Vordergrund [Be86, BrR84a, ISO82, MyBW80, St83, VeCF81
u.v.a.]. Transaktionen werden darin überwiegend durch Vor- und Nachbedingungen
(deskriptiv) oder (eher prozedural) durch Vorbedingungen und konstituierende Aktionen definiert. Stattdessen bevorzugen [RiD82, SoK85/KuS86, StH86] eine graphische
Darstellung durch (erweiterte) Petri-Netze, die insbesondere Abhängigkeiten zwischen
Zustandsübergängen zeigen.

Das Überwachungsprinzip, Transaktionen im Rahmen ihres Entwurfs um Korrektheitsprüfungen zu erweitern, ist aus [FuSC81, WaS81] bekannt; außer für inhärente
(strukturelle) Integritätsbedingungen [BoMW84, BrDRZ84, BrR84a] ist es nur wenig
vertieft worden. Mit der Verifikation von Transaktionen gegen statische Integritätsbedingungen haben sich u.a. [GaM79, StS84] beschäftigt. [AbV85-87] untersuchen,
inwieweit sich statische Bedingungen (im Relationenmodell) äquivalent durch Transaktionen in einer prozeduralen Sprache spezifizieren lassen.

Die Problematik der allgemeinen dynamischen Integrität ist in der Literatur am
schwächsten repräsentiert. Auf die vorhandenen Ansätze wie [Se80, CaCF82, GoMS83,
Ku84b] zur Spezifikation und Semantik von Integritätsbedingungen, teilweise auch
zur Verifikation von Transaktionen, gehen wir später genauer ein. Die Überwachung
dynamischer Integrität ist erstmals durch Arbeiten unserer Gruppe thematisiert
worden [EhLG84/LiEG85]. Daher konzentrieren wir uns im folgenden vorwiegend
auf dynamische Aspekte. Soweit statische Integritätsüberwachung als Teilaufgabe
auftaucht, müssen Methoden aus der Literatur geeignet angepaßt werden.

Grundsätzlich kann das Verhalten eines Datenbanksystems durch eine Folge von
durchlaufenen Zuständen charakterisiert werden, die von einem Anfangszustand

(nach der Initialisierung) über den jeweils aktuellen Zustand bis in die zukünftige Entwicklung der Datenbank reicht. Da sich dynamische Integritätsbedingungen auf das vollständige Verhalten beziehen, muß die mögliche oder angenommene Zukunft mit berücksichtigt werden. Wir gehen davon aus, daß man den Betrieb einer Datenbank im Normalfall immer irgendwie fortsetzen will, und sei es nur durch Anfragen, so daß typischerweise unendliche Zustandsfolgen zu betrachten sind.

Dabei soll es keine Rolle spielen, wie oft hintereinander, d.h. zu aufeinanderfolgenden (diskreten) Zeitpunkten, der gleiche Zustand beobachtet wird. Natürlich werden Zustandsübergänge durch Transaktionen wie üblich als atomar angesehen. Wir lassen aber durchaus zu, auch eine wirkungslose Transaktion oder eine Anfrage als Ergänzung der bisherigen Zustandsfolge aufzufassen, die den letzten Zustand wiederholt. Die Gültigkeit von Integritätsbedingungen muß also von solchen "stationären" Erweiterungen einer Zustandsfolge unabhängig sein. Dann braucht keine künstliche Konvention getroffen zu werden, welche Vorgänge im Datenbanksystem einen Anlaß zur Integritätsüberwachung geben und welche nicht, weil nur echte Zustandsänderungen relevant sind. Das erweist sich als nützlich, wenn Transaktionen aufgrund von Integritätsverletzungen oder Synchronisationsfehlern (im Mehrbenutzerbetrieb) zurückgesetzt werden, oder wenn Transaktionen nur erfolglos gewisse Vorbedingungen prüfen: Die Integrität der Datenbank bleibt von all diesen Vorgängen unberührt.

Eine wichtige Konsequenz aus dieser Auffassung ist, dynamische Integritätsbedingungen so zu formulieren, daß sie nicht auf einen absolut "nächsten" Zustand Bezug nehmen, denn dieser wäre im obigen Sinne unbestimmt. Auch beim Mehrbenutzerbetrieb kann man sich nicht darauf verlassen, daß Transaktionen eines Benutzers direkt hintereinander ausgeführt werden, weil durch Synchronisation nur Äquivalenz zu irgendeinem seriellen Schedule gewährleistet wird.

Anmerkung: Als Ausgangspunkt für die Integritätsüberwachung nehmen wir einen *seriellen* Schedule von Transaktionen an. Es wird nicht darauf eingegangen, wie die Integritätsüberwachung mit der verschränkten Ausführung von Transaktionen (also mit nur *serialisierbaren* Schedules) kombiniert werden kann. Integritätsbedingungen sollten außer der Wiederholung ganzer Zustände auch zulassen, daß Transaktionen von "unabhängig" arbeitenden Benutzern beliebig aufeinanderfolgen dürfen, weil die zugehörigen seriellen Schedules in der Abfolge von Änderungen je Datenbankobjekt übereinstimmen. Bei "konkurrierenden" Benutzern können natürlich weiterhin allein durch die Art der Synchronisation Schedules entstehen, die die Integrität verletzen.

Wie im Abschnitt 1.1 erläutert, werden zur Spezifikation des dynamischen Verhaltens die möglichen Zustandsfolgen in zweierlei Hinsicht eingeschränkt: auf zulässige und auf ausführbare Zustandsfolgen.

Zulässig ist eine Zustandsfolge, wenn sie die gegebenen **dynamischen Integritätsbedingungen** erfüllt. Diese können sich im allgemeinsten Fall auf mehrere, nicht unbedingt direkt aufeinanderfolgende Zustände beziehen, also langfristige Abhängigkeiten zwischen Zuständen und globale Eigenschaften ganzer Folgenintervalle ausdrücken.

Typischerweise sind solche Bedingungen in die Zukunft gerichtet, weil sie vom Eintreten einer bestimmten Anfangsbedingung abhängen. Zur Formalisierung werden wir Formeln der **temporalen Logik** benutzen, z.B. für die Bibliotheks-DB (Bsp. 1.3):

$$\forall d{:}DOKUMENT \ \Big((\textbf{after} \ eingegangen(d) \ \textbf{sometime} \ klassifiziert(d) \ \textbf{before} \ aufgestellt(d))$$
$$\wedge \ (\textbf{from} \ aufgestellt(d) \ \textbf{always} \ entleihbar(d) \vee vormerkbar(d))\Big)$$

Verbal: Jedes Dokument muß, nachdem es eingegangen ist, *irgendwann* klassifiziert werden, bevor es aufgestellt wird; sobald es aufgestellt ist, bleibt es *immer* entleihbar oder vormerkbar - jedenfalls solange es in der Datenbank vorkommt (vgl. Abb. 1.8). Die verwendeten Prädikate "eingegangen", "klassifiziert", usw. lassen sich aus Informationen in der Datenbank ableiten, z.B.:

$$eingegangen(d) \ \equiv \ (d.Status="eingegangen")$$
$$klassifiziert(d) \ \equiv \ (\exists s{:}STICHWORT \ s.Dokumentnr=d.Dokumentnr)$$

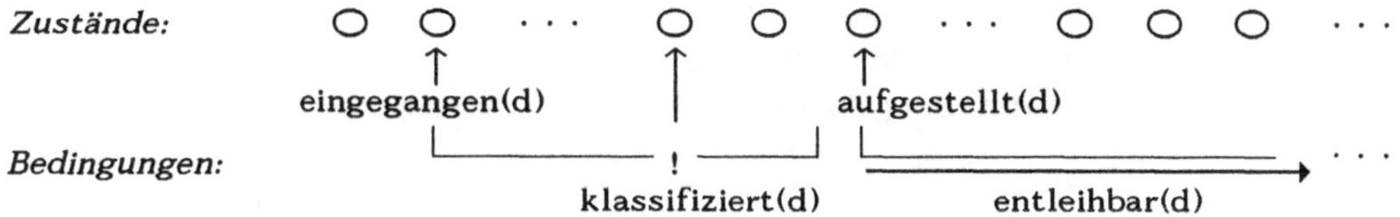

Abbildung 1.8: Beispiel einer zulässigen Zustandsfolge

Im **Kapitel 3** wird die Syntax und die Semantik von temporalen Formeln allgemein und von dynamischen Integritätsbedingungen im besonderen definiert; außerdem stellen wir wichtige Gesetzmäßigkeiten zusammen, die zur Auswahl von Operatoren und zur Berechnung von Normalformen dienen.

Eine **universelle Überwachung** von Zustandsfolgen auf Zulässigkeit (Alternative I) wirft zwei grundlegende Probleme auf:

1. Weil das jeweils zukünftige Verhalten einer Datenbank meist unbekannt ist, muß die Gültigkeit einer Integritätsbedingung allein aus dem Präfix der Zustandsfolge bis zum aktuellen Zustand beurteilt werden. Deshalb führen wir im **Abschnitt 3.4** geeignete Begriffsbildungen für **partielle Gültigkeit** ein. Die eigentliche Aufgabe der Überwachung besteht dann darin, die "vorläufige" Gültigkeit von Integritätsbedingungen bis zum jeweils aktuellen Zustand oder besser sogar die "potentielle" Gültigkeit in einem möglichen zukünftigen Systemverhalten zu garantieren. Eine weitergehende Garantie kann nicht geleistet werden, weil Benutzer beliebige Fortsetzungen wählen dürfen.

2. Obwohl sich Integritätsbedingungen gleichzeitig auf weit entfernte Zustände beziehen können, sollte vermieden werden, eine ganze Zustandsfolge, d.h. die Geschichte der Datenbank bis zum aktuellen Zustand, abspeichern zu müssen. Es hat sich heraus-

gestellt, daß sogenannte *Transitionsgraphen,* die sich aus temporalen Formeln konstruieren lassen, die minimale, zur Überwachung der Formeln nötige geschichtliche Information beschreiben. Transitionsgraphen und deren Konstruktion stellen wir im **Kapitel 4** vor; der zentrale Satz besagt, daß akzeptierende Pfade in Transitionsgraphen den zulässigen Zustandsfolgen entsprechen. Deshalb können diese Graphen als Ablaufsteuerung für einen Integritätsmonitor eingesetzt werden, dessen algorithmische Grundstruktur im selben Kapitel behandelt wird. Die Überwachung dynamischer Integritätsbedingungen in Zustandsfolgen läßt sich so auf die Überwachung wechselnder statischer Integritätsbedingungen in Zuständen zurückführen.

Anschließend steht die andere Restriktion möglicher Zustandsfolgen im Mittelpunkt der Untersuchungen: Unabhängig von ihrer Zulässigkeit ist eine Zustandsfolge *ausführbar,* wenn jeder Zustandsübergang durch eine *Transaktion* induziert ist. Um Transaktionen im konzeptionellen Entwurf zu spezifizieren, werden wir die weit verbreitete Notation der *Vor- und Nachbedingungen* benutzen, z.B.:

$$\{d.Status="eingegangen"\}$$
$$Aufstellung\ (d:DOKUMENT,\ o: <Ortsangabe>)$$
$$\{d.Status="aufgestellt"\ \wedge\ d.Standort=o\}$$

Verbal: Wenn das angegebene Dokument eingegangen ist, darf die Transaktion "Aufstellung" angewendet werden, die den Status aktualisiert und den Parameter o als Standort vermerkt.

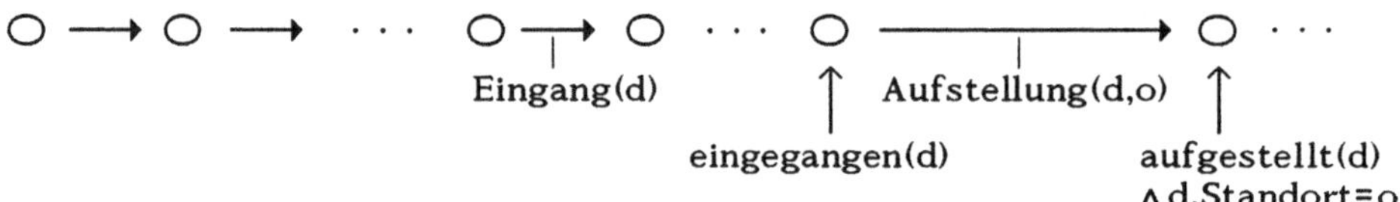

Abbildung 1.9: Beispiel einer ausführbaren Zustandsfolge

In einer ausführbaren Zustandsfolge muß jeder Zustandsübergang auf eine solche Spezifikation passen. *Transaktionsspezifikationen* beinhalten also nur kurzfristige und häufig lokale, d.h. auf ausgewählte Objekte bezogene Eigenschaften von Zustandsfolgen. Die Semantik von Vor-/Nachbedingungen wird im **Abschnitt 5.1** präzisiert; insbesondere wird geklärt, welche impliziten Annahmen zu treffen sind, um Spezifikationen einfach zu halten. Sehr nützlich ist eine "Rahmenregel", nach der nicht betroffene Informationen unverändert bleiben (im Beispiel etwa die Attribute der anderen Dokumente).

Das Ziel des **Kapitels 5** besteht darin, eine *Integritätsüberwachung durch Transaktionen* (Alternative II) vorzubereiten. Dynamische Integritätsbedingungen werden so in Transaktionsspezifikationen *transformiert,* daß jede ausführbare Zustandsfolge auch zulässig wird. Ähnlich wie bei der universellen Überwachung stellt sich das

Problem, Eigenschaften von Zustandsfolgen durch Eigenschaften von Zustandsübergängen garantieren zu müssen. Auch hierfür erweisen sich Transitionsgraphen als geeigneter Ausgangspunkt: Das Datenbankschema wird um die darin enthaltenen Informationen erweitert, und die Vor-/Nachbedingungen werden um die zugehörigen Prüfungen verfeinert. Entscheidend für eine effiziente Überwachung ist, daß die erhaltenen Spezifikationen systematisch **vereinfacht** werden können, indem für jede einzelne Transaktion die spezifische Kenntnis über Effekte und betroffene Objekte ausgenutzt wird. Die dafür entwickelten Transformationsregeln sind allgemeingültig, so daß ihre Anwendung eine Verifikation auf Zulässigkeit überflüssig macht.

Im abschließenden **Kapitel 6** diskutieren wir, daß die angeführten Vorbereitungen der Integritätsüberwachung zu einer *Entwurfsmethodik* integriert werden können, um Datenbankverhalten durch schrittweise Verfeinerung zu spezifizieren.

In allen Kapiteln werden nicht nur allgemeine formale Grundlagen, sondern auch deren Spezialisierung auf typische Integritätsbedingungen behandelt. Dabei beziehen wir uns auf ein *Standardbeispiel*, das vorweg im nächsten **Kapitel 2** eingeführt wird.

2 Ein Beispielschema

Zur Illustration und Anwendung als Datenbankschema soll in den späteren Kapiteln durchgängig das gleiche Beispiel benutzt werden. Um die Entwicklung theoretischer Grundlagen nicht durch Erklärungen zum Beispielgegenstand zu unterbrechen, und um Verweise zu vereinfachen, wird das Schema, genauer seine erste formale *Spezifikation im konzeptionellen Entwurf*, in diesem Kapitel komplett präsentiert. Die formalen Teile sind überwiegend verbal kommentiert, so daß der Leser bis zur späteren exakten Definition bereits ein vorläufiges Verständnis und insbesondere einen Gesamteindruck gewinnen kann.

Gegenstand des Beispiels ist ein "Automobil-Meldewesen" ("automobile registration authority"), das Standardbeispiel aus dem ISO-Bericht [ISO82] über konzeptionelle Schemata, welches dort [s. Anhänge B, D-H] verbal und in verschiedenen Modellierungen beschrieben ist. Da unser Schwerpunkt auf der Spezifikation dynamischer Aspekte liegt, sind einige Strukturelemente und statische Integritätsbedingungen ausgeblendet. Ansonsten wird versucht, einerseits möglichst nahe an den ursprünglichen Anforderungen zu bleiben, und andererseits typische Phänomene unseres Ansatzes zu berücksichtigen. Abweichungen von der Vorlage (z.T. nur Präzisierungen) sind in eckigen Klammern erwähnt, ansonsten aber unerheblich.

Beispiel 2.0: Der Zweck des Automobil-Meldewesens besteht darin, "für jeden Wagen in der Zeit von seiner Herstellung bis zur Zerstörung zu wissen, wer als Besitzer angemeldet ist [*entfällt:* oder war], und bestimmte Gesetze wie für den Wechsel von Besitzverhältnissen [*entfällt:* und den durchschnittlichen Benzinverbrauch] zu überwachen". Dafür soll ein Datenbanksystem eingesetzt werden. Über dessen Verwendung nehmen wir an, daß Verwaltungsvorgänge ohne wesentliche Verzögerung in Datenbank-Vorgänge umgesetzt werden, so daß sie durch das System kontrollierbar sind.

Die **Strukturen** spezifizieren wir hier in einem funktionalen Objektmodell, um die Formulierung von Integritätsbedingungen zu erleichtern. Welche Informationen in der Datenbank gespeichert werden sollen, kann man direkt aus der nachstehenden Liste von Objektsorten und Funktionen (den Informationsträgern über die Objekte) ablesen. U.a. wird in der Datenbank vermerkt, wann ein Wagen (CAR) hergestellt (year-of-production) und ob er angemeldet (registered) worden ist, wer derzeitiger Besitzer des Wagens ist (owner) und wie das aktuelle Jahr der Systemzeit lautet (this-year). Wagenbesitzer (CAR-OWNER) werden nach Herstellern (MANUFACTURER), Garagen (GARAGE; eigentlich Händler) und normalen Personen (PERSON) differenziert. Absichtlich sind gewisse Redundanzen eingebaut; beim konzeptionellen Entwurf müssen diese nur in den Integritätsbedingungen spezifiziert, aber noch nicht beseitigt werden.

Eingeklammerte Bezeichnerteile werden später weggelassen. Unterbrochene Pfeile '--→' kennzeichnen "partielle" Funktionen, die den Wert $\perp \triangleq$ "undefiniert" annehmen dürfen. Die Zusätze **unique** und **permanent** sind weiter unten erklärt.

data sorts	Bool, Int, Text, Year
data operators	$\wedge, \vee, \neg, ..., +, -, *, ..., <, \leq, >, \geq, ...$ usw.
object sorts	CAR, MODEL, CAR-OWNER
subsorts	MANUF[ACTURER], GARAGE, PERSON **of** CAR-OWNER

functions

manuf[acturer]:	CAR $\longrightarrow$ MANUF	**permanent**	**unique**
serialno:	CAR $\longrightarrow$ Int	**permanent**	
year-of-prod[uction]:	CAR $\longrightarrow$ Year	**permanent**	
registered:	CAR $\longrightarrow$ Bool		
destroyed:	CAR $\longrightarrow$ Bool		
reg[istration-]no:	CAR $--\rightarrow$ Int	**permanent**	**unique**
model:	CAR $--\rightarrow$ MODEL	**permanent**	
owner:	CAR $--\rightarrow$ CAR-OWNER		
producer:	MODEL $\longrightarrow$ MANUF	**permanent**	**unique**
name:	MODEL $\longrightarrow$ Text	**permanent**	
[is-]approved:	MODEL $\longrightarrow$ Bool	**permanent**	
name:	CAR-OWNER $\longrightarrow$ Text	**permanent**	**unique**
owns:	CAR-OWNER $\times$ CAR $\longrightarrow$ Bool		
[is-]permitted[-to-operate]:	MANUF $\longrightarrow$ Bool		
[is-]operating:	MANUF $\longrightarrow$ Bool		
[is-]trading:	GARAGE $\longrightarrow$ Bool		
this-year:	$\longrightarrow$ Year		

Zu den Strukturen gehörige **Operationen** werden hier nicht behandelt.

Als **inhärente Integritätsbedingungen** gehen die üblichen Eigenschaften von Funktionen ein. Speziell gilt für eine totale Funktion $f: O \rightarrow O'$:

$$(\forall x: O \quad f(x) \neq \perp).$$

Ist eine Objektsorte S mit "**subsort** S **of** O" als Teilsorte von O deklariert, so sind implizit

- eine unbenannte Konversionsfunktion $\_: S \rightarrow O$ (die Inklusion)
- und ein Prädikat is-S: $O \rightarrow$ Bool (das charakteristische Prädikat)

mit deklariert. Des weiteren darf in der Spezifikation das Standardprädikat

$$\text{exists}_{[O]}: O \rightarrow \text{Bool}$$

für jede Objektsorte O (außer für Teilsorten) benutzt werden, welches angibt, ob
ein Objekt in der Datenbank vorhanden ist oder nicht.

Die folgenden, durch logische Formeln ausgedrückten **Integritätsbedingungen** betreffen alle durch Variablen benannten Objekte und gelten normalerweise für den
Zeitraum, in dem die Objekte in der Datenbank vorhanden sind; solchen Bedingungen
ist das Schlüsselwort **"DURING-EXISTENCE"** vorangestellt. Angenommen wird, daß
jedes einmal gelöschte Objekt nicht wieder in die Datenbank eingefügt wird.

Nachstehend sind zunächst die **expliziten statischen Integritätsbedingungen** aufgezählt. Sie sollen für alle Zustände im Existenz-Zeitraum der betroffenen Objekte
gelten; der ausführliche Präfix **"DURING-EXISTENCE(...) always ..."** ist aber im Unterschied zu den dynamischen Bedingungen weggelassen. Der obige Zusatz **"unique"** zeichnet Funktionen f: O → O' wie name: CAR-OWNER → Text als identifizierend aus und
steht somit eigentlich für inhärente statische Bedingungen der Form:

$$(f(x_1) \neq \bot \wedge f(x_2) \neq \bot \wedge f(x_1) = f(x_2)) \Rightarrow x_1 = x_2$$

(analog für Kombinationen von Funktionen wie manuf/serialno zur Sorte CAR).

    variables   c: CAR, co: CAR-OWNER, m: MANUF, g: GARAGE, y: Year

    constraints

        registered(c) ⇔ regno(c) ≠ ⊥
        registered(c) ⇒ model(c) ≠ ⊥ ∧ owner(c) ≠ ⊥
        registered(c) ⇒ producer(model(c)) = manuf(c)
        registered(c) ⇒ (co = owner(c) ⇔ owns(co, c))
        is-MANUF(co) $\underline{\vee}$ is-GARAGE(co) $\underline{\vee}$ is-PERSON(co)   ($\underline{\vee} \triangleq$ exklusiv-oder)
        ¬permitted(m) ⇒ ¬operating(m)

Die wichtigsten **expliziten dynamischen Integritätsbedingungen** werden anschließend
ausführlich kommentiert. Sie sind immer mit Bezug auf den Anfang des jeweiligen
Existenz-Zeitraums formuliert. Einer inhärenten dynamischen Bedingung entspricht
der Zusatz **"permanent"** in der Strukturdefinition, nämlich:

    DURING-EXISTENCE(x) **from** (f(x) = y ∧ y ≠ ⊥) **always** f(x) = y ;

dadurch sollen Änderungen einiger Funktionen, z.B. model: CAR –→ MODEL, ausgeschlossen werden (sobald sie einen definierten Wert liefern).

(I1)   **DURING-EXISTENCE**(c)
        from exists(c) **holds** (year-of-prod(c)=this-year ∧ ¬registered(c))
     ∧ **sometime** registered(c) **before** this-year>year-of-prod(c)+1
     ∧ **from** registered(c) **holds** (owner(c)=manuf(c) ∧ **always** registered(c))

Jeder Wagen soll kurz nach seiner Produktion (mit Hersteller, Seriennummer und Produktionsjahr) in die Datenbank eingetragen werden; deshalb muß das angegebene Produktionsjahr mit dem aktuellen Jahr übereinstimmen. Damit ist der Wagen aber noch nicht angemeldet. Noch irgendwann im gleichen oder nächsten Jahr muß der Wagen mit seinem Hersteller als Besitzer "angemeldet" werden, und bleibt dann immer angemeldet. (Vermerkt werden Registriernummer und Modell als unveränderliche Attribute des Wagens sowie der jeweils aktuelle Besitzer.)

[In der Originalbeschreibung [ISO82] heißt es u.a. (übersetzt): "Ein Wagen erhält von seinem Hersteller eine Seriennummer, die unter den Wagen des Herstellers eindeutig ist. Der Hersteller wird so bald wie möglich als Besitzer des Wagens registriert. Zu diesem Zeitpunkt erhält der Wagen eine Registriernummer, die für alle Wagen und für alle Zeit eindeutig ist. Das Produktionsjahr wird dann auch festgehalten."]

(I2) **DURING-EXISTENCE**(c) **from** registered(c) **holds**

    always (owner(c)=m ⇒ **always** owner(c)=m **before** is-GARAGE(owner(c)))

  ∧ **always** (owner(c)=g ⇒ **always** owner(c)=g **before** is-PERSON(owner(c)))

  ∧ **always** (¬is-MANUF(owner(c)) ⇒ **always** ¬is-MANUF(owner(c)))   (∗)

  ∧ **always** (is-PERSON(owner(c)) ⇒

      always is-PERSON(owner(c)) **before** is-GARAGE(owner(c)))   (∗∗)

  ∧ **from** (destroyed(c) ∧ owner(c)=co) **always** owner(c)=co

"Ein angemeldeter Wagen darf von einem Hersteller nur an Garagen und von einer Garage nur an Personen übergehen." Er muß also so lange im Besitz des Herstellers bzw. der Garage bleiben. "Ein Hersteller darf nicht selbst Käufer sein; Personen dürfen an andere Personen oder an Garagen verkaufen. Nach der Zerstörung kann ein Wagen nicht mehr verkauft werden." (Man beachte, daß von den Zeilen (∗) und (∗∗) im Kontext der restlichen Integritätsbedingungen eine überflüssig ist.)

(I3a) **DURING-EXISTENCE**(c)

    from destroyed(c) **always** destroyed(c)

(I3b) **DURING-EXISTENCE-UNTIL-DELETION**(c)

  from destroyed(c) **holds** this-year=y ⇒

  (**always** exists(c) **before** this-year>y+2

   ∧ **sometime** ¬exists(c) **before** this-year>y+3)

"Unter Umständen wird ein Wagen zerstört" und bleibt es dann auch. Die Information [*original:* "die Geschichte"] über den Wagen "muß bis zum Ende des zweiten Kalenderjahrs nach seiner Zerstörung[smeldung] aufbewahrt werden. Danach [*hier:* im Jahr danach] wird sie aus der Datenbank entfernt." (Der um **"UNTIL-DELETION"** erweiterte Präfix kennzeichnet, daß die Bedingung auch die Löschung von Objekten betrifft.)

(I4)   **DURING-EXISTENCE(m)**

      from operating(m) **holds** (**always-from** ¬operating(m) **holds** ¬permitted(m))

    ∧ **always** (¬operating(m) ⇒ ¬∃c owns(m,c))

DURING-EXISTENCE(g)

    always (¬trading(g) ⇒ ¬∃c owns(g,c))

Sobald ein Hersteller den Betrieb einstellt, erlischt seine Betriebserlaubnis.
(Diese kann aber neu erteilt werden.) Wenn ein Hersteller den Betrieb eingestellt hat, darf er keine Wagen besitzen. Analoges gilt für Garagen.

[*original:* "Ein Hersteller (m) darf den Betrieb einstellen, vorausgesetzt, daß
er keine Wagen besitzt; in diesem Fall erlischt die Betriebserlaubnis. Eine
Garage (g) darf solange nicht aufhören, Handel zu treiben, wie sie Wagen
besitzt." Diese Anforderungen führen eigentlich auf folgende schwächere Bedingungen, sind aber auch in [ISO82] z.T. wie oben verschärft worden:]

DURING-EXISTENCE(m) **from** operating(m) **holds**

    always-from ¬operating(m) **holds** (¬∃c owns(m,c) ∧ ¬permitted(m))

DURING-EXISTENCE(g)   **from** trading(g) **holds**

    always-from ¬trading(m) **holds** (¬∃c owns(g,c))

(I5)   **always** (this-year=y ⇒ **always** this-year≥y)

Die Systemzeit darf nicht zurückgeschaltet werden.

Als letzter Teil des Schemas sind noch **Transaktionen** anzugeben, welche die Grund-
elemente von Anwendungsprogrammen bilden sollen. Typischerweise faßt man dafür
Änderungen strukturorientiert zusammen, wobei mindestens die inhärenten und teilweise auch die statischen Integritätsbedingungen eingehalten werden. Insbesondere
die dynamischen Integritätsbedingungen brauchen in diesen ersten Transaktionsspezifikationen nicht unbedingt berücksichtigt werden; vielmehr ergänzen wir sie
später (im Kap. 5) systematisch. Gegenüber der Liste in [ISO82, Anhang H] beschränken wir uns auf eine Auswahl von Transaktionen. Zur Spezifikation werden Vor-
und Nachbedingungen (**pre/post**) verwendet.

(T1)   produce[-car] (m:MANUF, sno:Int, y:Year):

    /* Eintragung eines neuen Wagens nach Produktion */

    pre ¬∃c:CAR (manuf(c)=m ∧ serialno(c)=sno) ∧ operating(m)

    post ∃c:CAR (manuf(c)=m ∧ serialno(c)=sno ∧ year-of-prod(c)=y

               ∧ ¬registered(c) ∧ regno(c)=⊥ ∧ model(c)=⊥ ∧ owner(c)=⊥

               ∧ ¬destroyed(c) ∧ ∀co:CAR-OWNER (owns(co,c) ⇔ co=m))

Ein neuer Wagen c darf nur eingetragen werden, wenn die angegebene Identifi-
kation (Hersteller m, Seriennummer sno) noch nicht vorkommt, und wenn der
Hersteller ein Unternehmen betreibt. Dann werden die zugehörigen Funktionen
geeignet initialisiert.

(T2)   register[-car] (c: CAR, md: MODEL, co: CAR-OWNER):

      /* Neuanmeldung eines Wagens */

      pre ¬registered(c) ∧ approved(md)

      post registered(c) ∧ regno(c) ≠⊥ ∧ ¬∃c':CAR (c' ≠ c ∧ regno(c') = regno(c))

        ∧ model(c) = md ∧ owner(c) = co

Ein Wagen c darf nur angemeldet werden, wenn dieser noch nicht angemeldet und das genannte Modell m bereits zugelassen worden ist. Dann werden eine neue Registriernummer vergeben und die als Parameter genannten Informationen geeignet abgelegt.

(T3)   transfer[-car] (c: CAR, newco: CAR-OWNER):

      /* Verkauf eines Wagens */

      pre owns(co,c) ∧ co ≠ newco

      post ¬owns(co,c) ∧ owns(newco,c) ∧ owner(c) = newco

Ein Wagen c geht von seinem bisherigen Besitzer (co) an den angegebenen neuen Besitzer newco über. (Offensichtlich berücksichtigt diese einfache Spezifikation nicht im geringsten die Restriktionen (I2) !)

(T4)   forget[-car] (c: CAR):

      /* Löschung eines Wagens */

      pre exists(c)   **post** ¬exists(c)

(T5)   next-year:

      /* Fortschaltung des aktuellen Jahres (Systemzeit) */

      pre this-year = y   **post** this-year = y+1

In [ISO82] sind an weiteren Transaktionen u.a. noch vorgesehen:

    establish-operating-manufacturer, manufacturer-ceases-operation,
    establish-trading-garage, garage-ceases-trading, register-car-destroyed

Anmerkung: Eigentlich können von Benutzern als Parameter für Transaktionen nur (darstellbare) Daten wie Registriernummern, Modellbezeichnungen usw., aber keine abstrakten Objekte wie Wagen, Modelle usw. angegeben werden. In den Vor-/Nachbedingungen müßten dann Zuordnungen von Objekten zu Daten über identifizierende Funktionen berücksichtigt sein. Die Beispiele hier sind also entsprechend vereinfacht.

(Bsp. 2.0) □

Die für eine Integritätsüberwachung erforderlichen Berechnungen

    (I) die Konstruktion von Transitionsgraphen

    (II) die Verfeinerung von Transaktionsspezifikationen

werden im Laufe der Kapitel 4 und 5 aus den Integritätsbedingungen entwickelt. Gelegentlich benutzen wir dabei auch Variationen der obigen Bedingungen.

3 Dynamische Integritätsbedingungen

Um die Zulässigkeit von Zustandsfolgen formal zu spezifizieren, setzen wir temporale Logik ein: Dynamische Integritätsbedingungen werden durch temporale Formeln ausgedrückt.

Die Benutzung dieser Logik für die Spezifikation von dynamischem Datenbankverhalten ist schon in einer ganzen Reihe von Arbeiten empfohlen worden, insbesondere von Sernadas et al. [Se80, FiS86, CaS87], Casanova/Furtado et al. [CaCF82, CaVF84, CaF84], Kung [Ku84a-85b], sowie Ehrich/Lipeck et al. [EhLG84, LiEG85]. Mit Hilfe temporaler Formeln lassen sich Zustände innerhalb einer Zustandsfolge bequem miteinander in Beziehung setzen, da spezielle Sprachelemente wie **"from .... always ... until ..."** oder **"sometime ... before ..."** zur Verfügung stehen. So können *dynamische Integritätsbedingungen* formuliert werden, die allgemeiner sind als *transitionale* Bedingungen, welche sich nur auf Paare von aufeinanderfolgenden Zuständen beziehen. *Statische* Bedingungen, welche die Konsistenz einzelner Zustände festlegen, sind als Spezialfall mit eingeschlossen.

Temporale Logik erweitert im klassischen Ansatz (z.B. bei [ReU71]) die Aussagenlogik bzw. hier (und bei [Kr87]) die mehrsortige Prädikatenlogik erster Stufe vor allem um die erwähnten temporalen Operatoren, die explizite Variablen für Zustände oder Zustandsfolgen überflüssig machen. Zudem werden Formeln nicht in einzelnen Zuständen, sondern ganzen Zustandsfolgen interpretiert. Die ursprüngliche und bisher wichtigste Informatik-Anwendung der temporalen Logik liegt in der Verifikation von Programmen, bei der Aussagen über Ausführungspfade, d.h. mögliche Folgen von Programmzuständen, spezifiziert und bewiesen werden. Dieser Ansatz wurde besonders von Manna/Pnueli [Ma80, MaP81, Ma82 und frühere Arbeiten] bekannt gemacht, durch deren Einführungen auch unsere Version der temporalen Logik stark geprägt worden ist. Daneben war das sorgfältig ausgearbeitete Buch von Kröger [Kr87] hilfreich, um Beziehungen zwischen temporalen Operatoren zu verstehen.

Während diese *lineare temporale Logik* die Gültigkeit einer Formel in einer Zustandsfolge präzisiert, nimmt die sogenannte *verzweigte temporale Logik* (branching time logic) [La80, BePM83] Bezug auf Scharen von Zustandsfolgen (Ausführungsbäume). Sie wird vorzugsweise zur Analyse nichtdeterministischer Programme eingesetzt; für die Spezifikation von Informationssystemen spielt sie nur bei Carmo/Sernadas [Ca85/CaS87] eine Rolle. Eine höhere Sprachebene haben [SchMV83] mit ihrer Intervall-Logik eingeführt, indem sie abstraktere, intervallbezogene Operatoren anbieten, die aber insgesamt die Expressivität der linearen temporalen Logik nicht verlassen.

Im ersten Abschnitt dieses Kapitels werden die Strukturen definiert, in denen Formeln interpretiert werden. Anschließend behandelt der Abschnitt 3.2 ausführlich

Syntax und Semantik von Formeln der temporalen Logik, insbesondere deren Gültigkeit in unendlichen Zustandsfolgen. Dazu wird eine Reihe von Gesetzmäßigkeiten aufgestellt, die Beziehungen zwischen den temporalen Operatoren erklären und die Umwandlung in eine Normalform (Abschnitt 3.3) erlauben. Im Abschnitt 3.4 werden Begriffsbildungen für die partielle Gültigkeit von Formeln in Präfixen von Zustandsfolgen präzisiert. Normalformbildung und partielle Gültigkeit sind erstmals von uns in [LiS87] eingeführt worden. Zum Schluß des Kapitels (Abschnitt 3.5) wird die Spezifikation typischer Integritätsbedingungen diskutiert.

3.1 Strukturen

Bevor wir uns mit Aufbau und Gültigkeit von Formeln befassen können, benötigen wir eine Beschreibung der Strukturen, in denen die Formeln interpretiert werden sollen; für prädikatenlogische und temporale Formeln sind dies Zustände bzw. Zustandsfolgen. Im Sinne unseres Begriffsrahmens für ein Datenbankschema (siehe Erklärung 1.2) soll also zunächst die Strukturen-Komponente präzisiert werden, auf die sich die Integritätsbedingungen und später auch die Transaktionen beziehen. Da der Schwerpunkt dieser Arbeit auf den letzteren Komponenten liegt, beschränken wir uns hier auf einen vereinfachten Kalkül.

Grundlegend für die Strukturbeschreibung von "Daten"banken ist die Unterscheidung zwischen Daten und Objekten, wie sie in Arbeiten unserer Gruppe eingeführt worden ist [EhLG84, Eh85a-b, LiEG85, HoNSE87]. **Daten** sind darstell- und speicherbare Werte zu Sorten wie Text, Int, Bool usw., während **Objekte** Dinge sind, über die Informationen gespeichert werden sollen. Auch Objekte sind in Sorten wie z.B. CAR und PERSON eingeteilt. Als Träger der Informationen über Objekte werden hier, wie in der Logik üblich, Funktionen und Prädikate (totale Bool-wertige Funktionen) verwendet. Damit kann man die späteren Untersuchungen auch leicht auf übliche Objekt- bzw. Datenmodelle wie das ER-, Funktionen- oder Relationenmodell übertragen. Bzgl. der Integritätsspezifikation differieren die Modelle nur darin, welche Bedingungen modellinhärent sind und welche explizit formuliert werden müssen.

Erklärung 3.1: Zur Spezifikation von Datentypen wird eine **Datensignatur** DATA = $\langle S_D, \Omega_D \rangle$ angegeben, die aus

- einer Menge S_D von Datensorten einschließlich Bool
- und einer Menge Ω_D von Operatoren mit jeweiliger Stelligkeit

besteht; z.B.:

S_D = { Bool, Int, Text, Date, Day, Month, Year, ... }
Ω_D = { 0: $\rightarrow$ Int, $\_+\_$: Int x Int $\rightarrow$ Int, $\_$.year: Date $\rightarrow$ Year, ... } $\square$

Hinzu kommen Gesetze wie etwa Gleichungsaxiome, um die Eigenschaften der Operatoren zu definieren. Wir gehen davon aus, daß einer gegebenen Datensignatur fest eine eindeutige Interpretation zugeordnet ist, d.h. eine Algebra, die aus

- einer Trägermenge zu jeder Datensorte
- und einer in der Stelligkeit passenden Funktion zu jedem Operator

besteht. Aus der Theorie abstrakter Datentypen [z.B. Eh82, EhM85] ist bekannt, daß zu jeder Gleichungsspezifikation immer eine (eindeutig bestimmte) initiale Algebra existiert, die häufig als Standardsemantik angesehen wird.

Die Auswahl von Datentypen muß nicht auf übliche Grundtypen wie Int beschränkt bleiben; häufig werden auch Datentypen Date, Year, usw. benötigt, um Zeitkonzepte wie Kalenderdaten darzustellen [vgl. Sch85]. Für nicht-konventionelle, etwa geowissenschaftliche Datenbankanwendungen ist es nützlich auf komplexere, z.B. geometrische Typen als Wertevorrat zurückgreifen zu können [LiN86]. Meistens dürfte die Datenspezifikation nicht von einer konkreten Anwendung abhängen, also nicht von Schema zu Schema wechseln, sondern für eine ganze Klasse von Anwendungen festliegen.

Erklärung 3.2: Bei gegebener Datensignatur DATA wird zur Spezifikation von Objekttypen eine ***Objektsignatur*** $OBJ = \langle S_O, F_O \rangle$ angegeben, die - syntaktisch, jedoch nicht semantisch analog zu DATA - aus

- einer Menge S_O von Objektsorten
- und einer Menge F_O von Funktionsnamen mit jeweiliger Stelligkeit

besteht; Funktionen dürfen sich auf Objekt- wie Datensorten beziehen. Man vergleiche etwa das Beispiel 2.0:

S_O = { CAR, CAR-OWNER, ... }
F_O = { owner: CAR → CAR-OWNER , year-of-prod: CAR → Year ,
            name: CAR-OWNER → Text, this-year: → Year ... }   □

Erklärungen 3.3: Daten- und Objektsignatur bilden zusammen die ***Signatur*** eines Datenbank-Schemas, die den Aufbau der zugehörigen Datenbank-Zustände bestimmen soll. Objekte unterscheiden sich von Daten semantisch dadurch, daß sich Objektmengen (z.B. CAR) und Funktionswerte (z.B. owner(c)) im Verlauf der Zeit ändern können, während Datenmengen und die Wirkungsweise von Operatoren (z.B. Int mit +) immer festliegen. Um eine gemeinsame Grundmenge für alle Zustände zur Verfügung zu haben, nehmen wir an, daß jeder Objektsorte s fest eine Menge $\Pi(s)$ von ***möglichen Objekten*** zugeordnet ist. Dieses ***Universum*** Π entspricht dem "universe of discourse" in [ISO82]; in vielen Fällen kann es aus der Angabe von ausgezeichneten Funktionen, den zeitinvarianten ***Schlüsselfunktionen*** wie name: CAR-OWNER → Text, und von (i.w. Gleichungs-) Axiomen darauf konstruiert werden [Eh86, EhDG86]. Die DATA-Algebra bildet einen Teil des Universums.

In einem ***Zustand*** σ wird jede Objektsorte s durch eine *endliche* Teilmenge $\sigma(s) \subseteq \Pi(s)$ von ***aktuellen Objekten*** und jedes Funktionssymbol f durch eine ***aktuelle Funktion*** $\sigma(f)$ auf den angegebenen Daten- und aktuellen Objektmengen interpretiert. Jede Funk-

tion darf zwecks Darstellbarkeit nur auf einer endlichen Teilmenge ihres Definitions-
bereiches relevant definiert sein. Außerhalb davon werden alle Funktionswerte durch
ein ausgezeichnetes Element $\bot\hat{=}$"undefiniert" angegeben, um das alle Trägermengen
erweitert seien, so daß auch quasi "partielle" Funktionen erlaubt sind.

In einer *Zustandsfolge* kann diese Interpretation von Zustand zu Zustand wechseln.
Als Zustandsfolgen $\underline{\sigma}$ betrachten wir hier unendliche oder endliche Folgen von Zuständen

$$\underline{\sigma} = \langle\sigma_0, \sigma_1, \ldots \rangle \qquad \text{oder} \qquad \underline{\sigma} = \langle\sigma_0, \ldots, \sigma_{n-1}\rangle, \; n\geq 0 \; .$$

Im Fall n=0 ist die leere Zustandsfolge gemeint, die auch mit $\underline{\lambda}$ bezeichnet wird. $\square$

Wir gehen davon aus, daß das vollständige Verhalten einer Datenbank durch eine
unendliche Zustandsfolge charakterisiert wird, die aus dem Initialzustand, den in
der Vergangenheit durchlaufenen Zuständen, dem aktuellen Zustand und aus der (je
nach Kontext) möglichen oder angenommenen Zukunft besteht. Definitionen und Gesetze werden aber so weit wie technisch möglich auch für endliche Zustandsfolgen
behandelt, die einen endlichen Datenbankbetrieb oder Anfangsstücke des Datenbankverhaltens modellieren; eine genauere Diskussion dazu findet sich im Abschnitt 3.4.

Notationen 3.4: $I(\underline{\sigma})$ bezeichnet den *Indexbereich* einer Zustandsfolge $\underline{\sigma}$:

$$I(\langle\sigma_0, \sigma_1, \ldots \rangle) = \mathbb{N} \qquad\qquad I(\langle\sigma_0, \ldots, \sigma_{n-1}\rangle) = \{0,\ldots,n-1\}$$

Damit kann eine Zustandsfolge auch als $\underline{\sigma} = \langle\sigma_i \mid i\in I(\underline{\sigma})\rangle$ notiert werden. $|\underline{\sigma}|$ gibt
die *Länge* von $\underline{\sigma}$ an, nämlich:

$$|\langle\sigma_0, \sigma_1, \ldots \rangle| = \infty \qquad\qquad |\langle\sigma_0, \ldots, \sigma_{n-1}\rangle| = n$$

Für $\underline{\lambda}$ gilt $I(\underline{\lambda})=\emptyset$ und $|\underline{\lambda}|=0$. $\underline{\sigma}_i$, $i\in I(\underline{\sigma})$, bezeichnet die i-te *Restfolge* von $\underline{\sigma}$, d.h.

$$\underline{\sigma}_i = \langle\sigma_j \mid j\geq i \wedge j\in I(\underline{\sigma})\rangle$$

ObdA. nehmen wir den Beginn eines nichtleeren Indexbereichs in den späteren Definitionen und Sätzen immer auf 0 normiert an. $\square$

Außerdem wollen wir später Zustandsfolgen, die sich nur durch Wiederholung oder
Weglassen aufeinanderfolgender gleicher Zustände unterscheiden, als äquivalent
betrachten (vgl. Abschnitt 1.3).

Definition 3.5: Zwei Zustandsfolgen $\underline{\sigma}$ und $\underline{\sigma}'$ heißen *bis auf lokale Iterationen äquivalent* (kurz: *iterationsäquivalent*) gdw. es eine monoton wachsende Abbildung ι:
$I(\underline{\sigma}) \to I(\underline{\sigma}')$ mit $\iota(0)=0$ gibt, so daß für alle $i\in I(\underline{\sigma})$ gilt:

- $\sigma_i = \sigma'_{\iota(i)}$ und
- $\sigma'_{\iota(i)} = \sigma'_j$ für alle $j\in I(\underline{\sigma}')$ mit $\iota(i)\leq j$ und, falls $i+1\in I(\underline{\sigma})$, $j<\iota(i+1)$ $\square$

$\underline{\sigma}'$ enthält also die gleiche Folge von verschiedenen Zuständen wie $\underline{\sigma}$, nur dürfen
diese lokal endlich oft (am Ende auch unendlich oft) wiederholt oder bis auf minde-
stens ein Vorkommen weggelassen werden. Insbesondere ist jede endliche Zustands-

folge zu der unendlichen Zustandsfolge iterationsäquivalent, die durch endlose Wiederholung des letzten Zustandes gebildet wird.

3.2 Temporale Formeln

Während sich Eigenschaften einzelner Zustände mit Formeln der Prädikatenlogik ausdrücken lassen, werden für Eigenschaften von Zustandsfolgen Formeln der temporalen Logik benötigt. Prädikatenlogische Formeln benutzen die Elemente der Signatur als nichtlogische Symbole und erlauben Termbildung, Gleichungen, logische (boolesche) Verknüpfungen sowie Quantifizierungen über die aktuellen Objekte von Zuständen (Quantoren $\forall$, $\exists$). Temporale Formeln können aus solchen nichttemporalen Formeln gebildet werden durch Anwendung

- der Quantifizierung über mögliche Objekte mit $\underline{\forall}$ und $\underline{\exists}$,
- der temporalen Quantifizierung über Zustände in Zustandsfolgen
  mit **always** und **sometime**,
- sowie der temporalen Nachfolge-Operatoren **next** und **atnext**.

Zur bequemeren Formulierung von Integritätsbedingungen erweisen sich außerdem Standardprädikate und abgeleitete temporale Operatoren als nützlich, so z.B.

- die beschränkte temporale Quantifizierung mit **always/sometime ... before/until** .

3.2.1 Syntax und Semantik

Nun definieren wir den Aufbau und die Gültigkeit temporaler Formeln präzise; eine Signatur wird als gegeben vorausgesetzt.

Formeln dürfen an nichtlogischen Symbolen neben Datenoperatoren und Objektfunktionen Variablen enthalten, die durch Daten oder mögliche Objekte belegt werden sollen.

Definition 3.6: Gegeben seien eine Familie $X = (X_s \mid s \in S_D \cup S_O)$ von Variablenmengen X_s zu jeder Daten- oder Objektsorte s und ein Universum $\Pi = (\Pi(s) \mid s \in S_D \cup S_O)$ von möglichen Objekten. Eine **Belegung** θ von X in Π ist eine Familie von Abbildungen $\theta = (\theta_s \colon X_s \rightarrow \Pi(s)-\{\bot\} \mid s \in S_D \cup S_O)$. θ heißt **aktuell** in einem Zustand σ gdw. θ alle Objektvariablen nur auf aktuelle Objekte von σ abbildet. $\square$

Formeln der Prädikatenlogik erster Stufe werden in einzelnen Zuständen unter aktuellen Belegungen ihrer freien Variablen ausgewertet, temporale Formeln hingegen in Zustandsfolgen und unter beliebigen Belegungen, die auch nicht-aktuelle Objekte einschließen dürfen.

Notation 3.7: Wenn eine temporale Formel φ in einer Zustandsfolge $\underline{\sigma}$ unter einer Belegung θ **gültig** ist, schreiben wir " $[\underline{\sigma},\theta] \vDash \varphi$ " ; erklärt wird Gültigkeit in der nächsten Definition. Analog bezeichnet " $[\sigma,\theta] \vDash \rho$ " die konventionelle Gültigkeit einer prädikatenlogischen Formel ρ in einem Zustand σ unter einer aktuellen Belegung θ. " $\underline{\sigma} \vDash \varphi$ " bedeutet, daß φ in $\underline{\sigma}$ unter beliebigen Belegungen gültig ist; in diesem Fall heißt $\underline{\sigma}$ *zulässig* bzgl. φ.   □

Die folgende Definition gibt die Syntax und die Semantik von *Formeln* der temporalen Logik per Induktion über den Formelaufbau an. Dabei gehen wir von atomaren Formeln der Prädikatenlogik aus, deren Zusammensetzung und Auswertung in Zuständen wir beim Leser als bekannt voraussetzen.

Definition 3.8:

(0) *Atomare Formeln:*

> **Syntax:** Jede atomare Formel ρ, d.h. **true**, **false**, ein boolescher Term der Form $p(\ldots)$ mit einem Prädikat p oder eine Gleichung $t=t'$ zwischen Termen t,t' einer Sorte, ist eine Formel.

> **Semantik:** Für eine nichtleere Zustandsfolge $\underline{\sigma}$ (d.h. $0 \in I(\underline{\sigma})$) gilt:

$$[\underline{\sigma},\theta] \vDash \rho \quad \text{gdw.:} \quad \theta_\rho \text{ ist aktuell in } \sigma_0 \text{ und } [\sigma_0,\theta_\rho] \vDash \rho \,,$$

> wobei θ_ρ für die Restriktion von θ auf die Variablen in ρ steht.
> Für die leere Zustandsfolge $\underline{\lambda}$ gilt $[\underline{\lambda},\theta] \vDash \rho$ (ρ atomar) nur für $\rho \equiv$ **true** .

(1) *Logische Verknüpfung:*

> **Syntax:** Wenn ψ und ψ' Formeln sind, so sind es auch $(\neg \psi)$, $(\psi \wedge \psi')$, usw.

> **Semantik:** $[\underline{\sigma},\theta] \vDash \neg \psi$ gdw.   nicht $[\underline{\sigma},\theta] \vDash \psi$,
> $[\underline{\sigma},\theta] \vDash \psi \wedge \psi'$ gdw. $[\underline{\sigma},\theta] \vDash \psi$ und $[\underline{\sigma},\theta] \vDash \psi'$, usw.

(2) *Quantifizierung über aktuelle Objekte:*

> **Syntax:** Wenn ψ eine Formel und $x \in X_s$ eine Variable ist, dann sind auch $\forall x (\psi)$ und $\exists x(\psi)$ Formeln. Die Variable x heißt (durch den jeweiligen Quantor) *gebunden*.

> **Semantik:** $[\underline{\sigma},\theta] \vDash \forall x(\psi)$ gdw. für alle Elemente $a \in \sigma_0(s)$ $[\underline{\sigma}, \theta\langle x \leftarrow a\rangle] \vDash \psi$ gilt. $\theta\langle x \leftarrow a\rangle$ bezeichnet die Belegung, die bis auf x mit θ übereinstimmt und x durch a belegt. Analog gilt $[\underline{\sigma},\theta] \vDash \exists x(\psi)$ gdw. es ein $a \in \sigma_0(s)$ gibt, so daß $[\underline{\sigma},\theta\langle x\leftarrow a\rangle] \vDash \psi$ gilt. (Im Fall $\underline{\sigma}=\underline{\lambda}$, d.h. $0 \notin I(\underline{\sigma})$, lies "$\sigma_0(s)$" als leere Menge "$\emptyset$".)

(3) *Quantifizierung über mögliche Objekte:*

> **Syntax:** wie unter (2), jedoch mit $\underline{\forall}$ und $\underline{\exists}$ anstelle von $\forall$ und $\exists$.

> **Semantik:** wie unter (2), jedoch mit Elementen $a \in \pi(s)$ anstelle von $a \in \sigma_0(s)$.

(4) *Temporale Quantifizierung:*

> **Syntax:** Wenn ψ eine Formel ist, dann sind auch (**always** ψ) und (**sometime** ψ) Formeln.

> **Semantik:** $[\underline{\sigma},\theta] \vDash$ **always** ψ gdw.:   für alle $i \in I(\underline{\sigma})$ gilt: $[\underline{\sigma}_i,\theta] \vDash \psi$
> $[\underline{\sigma},\theta] \vDash$ **sometime** ψ gdw.:   es gibt ein $i \in I(\underline{\sigma})$, so daß $[\underline{\sigma}_i,\theta] \vDash \psi$

(5) *Temporale Nachfolge:*

Syntax: Wenn ψ, τ Formeln sind, dann sind auch (**next** ψ) und (ψ **atnext** τ) Formeln.

Semantik: $[\underline{\sigma}, \theta] \vDash$ **next** ψ gdw.: $1 \in I(\underline{\sigma})$ und $[\underline{\sigma}_1, \theta] \vDash \psi$

$[\underline{\sigma}, \theta] \vDash \psi$ **atnext** τ gdw.:

$$\begin{cases} [\underline{\sigma}_{\mu\tau}, \theta] \vDash \psi, & \text{falls } \mu\tau = \min \{ j \in I(\underline{\sigma}) \mid j \geq 1 \wedge [\underline{\sigma}_j, \theta] \vDash \tau \} \text{ existiert} \\ \textbf{true} & \text{sonst} \end{cases}$$

(Klammern dürfen wie üblich weggelassen werden.)   □

Bemerkung: Die in einer Formel φ vorkommenden, aber durch keinen Quantor gebundenen Variablen heißen auch *freie Variablen* von φ. Für die Zulässigkeit einer Zustandsfolge bzgl. φ reicht es aus, nur Belegungen dieser freien Variablen zu betrachten.   □

Die obige Definition schließt Formeln der Prädikatenlogik wie folgt ein:

Definition 3.9: *Nichttemporale Formeln* sind solche Formeln, die nur mit Hilfe der Konstruktionen (1). (2) und (3) aus atomaren Formeln gebildet sind. In *prädikatenlogischen Formeln* wird auch Konstruktion (3) nicht verwendet.   □

Lemma 3.10: Für beliebige prädikatenlogische Formeln ρ, nichtleere Zustandsfolgen $\underline{\sigma}$ und im jeweiligen Zustand σ_0 aktuelle Belegungen θ gilt:

$$[\underline{\sigma}, \theta] \vDash \rho \quad \text{gdw.} \quad [\sigma_0, \theta] \vDash \rho \qquad \qquad \square$$

Prädikatenlogische Formeln werden also im Anfangszustand σ_0 einer gegebenen Zustandsfolge $\underline{\sigma}$ ausgewertet. Die Anwendung der temporalen Operatoren **always** oder **sometime** auf eine Argumentformel ψ bedeutet, daß ψ in allen oder in irgendeiner Restfolge von $\underline{\sigma}$ gelten soll. Die Operatoren **next** und **atnext** τ hingegen beziehen sich eindeutig auf eine absolut oder relativ nächste Restfolge: ψ muß ab dem nächsten Zustand (σ_1) oder ab demjenigen Zustand ($\sigma_{\mu\tau}$, $\mu\tau \geq 1$) gelten, ab dem zum ersten Mal die Bedingung τ gilt. Aufgrund des Lemmas beziehen sich die Bedingungen für prädikatenlogische Argumentformeln ψ einfach auf Zustände σ_i anstelle ganzer Restfolgen $\underline{\sigma}_i$.

Beispiele 3.11: Betrachten wir einige Formeln, die so oder ähnlich in den Integritätsbedingungen im Beispiel 2.0 (Automobil-Meldewesen) vorkommen. Mit einer freien Variable c von der Sorte CAR besagt

$$\neg\text{is-MANUF(owner(c))} \Rightarrow \textbf{always} \; \neg\text{is-MANUF(owner(c))}$$

daß in allen Zuständen ("immer") der (veränderliche) Besitzer des Wagens c kein Hersteller ist, wenn dies bereits im Anfangszustand der Zustandsfolge gilt. Durch

$$\textbf{always} \; (\; \neg\text{is-MANUF(owner(c))} \Rightarrow \textbf{always} \; \neg\text{is-MANUF(owner(c))} \;)$$

wird die obige Formel auf alle Restfolgen bezogen: Sobald c keinem Hersteller gehört, bleibt diese Eigenschaft zukünftig erhalten. Analog verlangt

always (is-MANUF(owner(c)) ⇒ **sometime** is-GARAGE(owner(c))) ,

daß es zu jedem Zustand, in dem c einem Hersteller gehört, später ("irgendwann")
einen Zustand geben muß, in dem c einer Garage gehört.

Die letzte dynamische Integritätsbedingung läßt sich wegen der Forderung nach
Existenz eines Zustandes nicht durch eine transitionale Integritätsbedingung ausdrücken, die nur für direkte Zustandsübergänge gelten würde. Aber auch mit **always**
allein können Formeln gebildet werden, die sich gleichzeitig auf mehr als zwei Zustände beziehen, z.B.:

always (owner(c)=co ⇒ **always** (owner(c)≠co ⇒ **always** owner(c)≠co))

Ein Wagen c darf, nachdem er einmal einem Besitzer co gehört hat, nie wieder co
gehören ("once fired, never hired"-Prinzip).

Die Variable c steht in den obigen Formeln für beliebige mögliche Wagen (Elemente
des Datenbank-Universums). Für die Zulässigkeit von Zustandsfolgen müssen die
Formeln für alle solchen Objekte gelten, d.h. implizit ist die Quantifizierung "∀c..."
gemeint. Dagegen betrifft

$$\forall m:\ \text{MANUF}\ \ \textbf{sometime}\ (\neg\exists c\ owns(m,c))$$

nur alle im Anfangszustand bekannten Hersteller m: diese sollen irgendwann keinen
(dann aktuellen) Wagen besitzen.   □

3.2.2 Äquivalenzen und Ableitungen

Für die eingeführten temporalen Operatoren gelten eine Reihe von Gesetzen, die
äquivalente Umformungen von Formeln erlauben.

Zunächst soll die Quantifizierung über aktuelle Objekte mit Hilfe von Standardprä-
dikaten und der Quantifizierung über mögliche Objekte ausgedrückt werden.

Jedes Prädikat $p\colon s_1 \times \ldots \times s_n \to$ Bool $(s_i \epsilon S_D \cup S_O)$ aus der Objektsignatur, dessen
Semantik $\sigma(p)$ in einem Zustand σ nur für aktuelle Objekte definiert ist, kann konsistent mit der Regel (0) der Gültigkeitsdefinition·3.8 auf mögliche Objekte erweitert
werden:

(3.12a) $\sigma(p)\colon \pi(s_1) \times \ldots \times \pi(s_n) \to \{\textbf{true},\textbf{false}\}$

$\sigma(p)\ (a_1, \ldots, a_n) := \textbf{false}$, falls mindestens ein $a_i \epsilon\, \pi(s_i) - \sigma(s_i)$

Analog wird die Interpretation von Termgleichungen verallgemeinert. Somit können
ganze prädikatenlogische Formeln unter beliebigen Belegungen in einem Zustand
ausgewertet werden, also auch nichttemporale Formeln mit Quantifikationen über
mögliche Objekte. Mit obigen Erweiterungen gilt das Lemma 3.10

$$[\underline{\sigma},\theta] \models \rho \quad \text{gdw.} \quad [\sigma_O,\theta] \models \rho$$

sogar für nichttemporale Formeln ρ und beliebige Belegungen θ.

Nun lassen sich die die aktuellen Objekte von Zuständen durch Standardprädikate auszeichnen: Für jede Objektsorte s wird ein einstelliges Prädikat **exists** in die Objektsignatur aufgenommen, das in jedem Zustand durch

(3.12b) σ(**exists**) (a) = **true**   für alle $a \in \sigma(s)$

(und obige Erweiterung) fest definiert ist. Damit gilt für beliebige Zustandsfolgen $\underline{\sigma}$, Belegungen θ und Variablen $x \in X_s$:

$$[\underline{\sigma},\theta] \models \textbf{exists}(x) \quad \text{gdw.} \quad 0 \in I(\underline{\sigma}) \quad \text{und} \quad \theta(x) \in \sigma_0(s) \ ,$$

so daß folgende temporale Formeln allgemeingültig sind: (ψ belieb. temp. Formel)

(3.13a)   **always** $\forall x$ (**exists**(x))

(3.13b) $\forall x$ (ψ) $\Leftrightarrow$ $\underline{\forall} x$ (**exists**(x) $\Rightarrow \psi$)

(3.13c) $\exists x$ (ψ) $\Leftrightarrow$ $\underline{\exists} x$ (**exists**(x) $\wedge \psi$)

(3.13d) $\underline{\forall} x$ (**exists**(x) $\Leftrightarrow$ x=x)

Die Aussagen (b, c) beinhalten die gewünschten Ableitungen für die Quantoren $\forall$ und $\exists$; (d) zeigt, daß auch das Prädikat **exists** selber formal ableitbar ist.

Analog zur bekannten Dualität der Objektquantoren sind die temporalen Quantoren **always** und **sometime** dual zueinander:

(3.14a) $\neg$ **sometime** ψ $\Leftrightarrow$ **always** $\neg \psi$

Schließlich lassen sich diese Operatoren und (mit Einschränkung) auch **next** direkt auf den **atnext**-Operator zurückführen, der von Kröger vorgeschlagen worden ist (vgl. [Kr87] und frühere Arbeiten):

(3.14b)   **always** ψ $\Leftrightarrow$ $\psi \wedge$ **false atnext** $\neg \psi$

(3.14c)   **sometime** ψ $\Leftrightarrow$ $\psi \vee \neg$ (**false atnext** ψ)

(3.14d)   **next** ψ $\Leftrightarrow$ ψ **atnext true**
                 (gilt nur für nichtsinguläre Zustandsfolgen $\underline{\sigma}$, d.h. $|\underline{\sigma}| > 1$)

Anschließend werden weitere temporale Operatoren eingeführt, die sich aus den bisherigen Operatoren ableiten lassen.

Während sich allgemeine temporale Quantifizierungen mit **always** oder **sometime** auf einen beliebig langen Restabschnitt einer Zustandsfolge beziehen, ist es in praktischen Situationen eher wünschenswert, eine (zumindest relative) Endebedingung anzugeben. Die folgenden vier Operatoren ermöglichen eine solche ***beschränkte temporale Quantifizierung:***

Definition 3.15:

> **Syntax:** Wenn ψ und τ temporale Formeln sind, so sind es auch
> (**always** ψ **before** τ), (**always** ψ **until** τ), (**sometime** ψ **before** τ) und (**sometime** ψ **until** τ).
>
> **Semantik:** Falls $\mu\tau = \min \{ j \in I(\underline{\sigma}) | [\underline{\sigma}_j,\theta] \models \tau \}$ existiert, so gilt:
>
> (a) $[\underline{\sigma},\theta] \models$ **always** ψ **before** τ gdw.: für alle $i \in I(\underline{\sigma})$: $i < \mu\tau \Rightarrow [\underline{\sigma}_i,\theta] \models \psi$
>
> (b) $[\underline{\sigma},\theta] \models$ **sometime** ψ **before** τ gdw.: es gibt ein $i \in I(\underline{\sigma})$: $i < \mu\tau \wedge [\underline{\sigma}_i,\theta] \models \psi$

(c) $[\underline{\sigma},\theta] \models$ **always** ψ **until** τ gdw.: für alle $i \in I(\underline{\sigma})$: $i \leq \mu\tau \Rightarrow [\underline{\sigma}_i,\theta] \models \psi$

(d) $[\underline{\sigma},\theta] \models$ **sometime** ψ **until** τ gdw.: es gibt ein $i \in I(\underline{\sigma})$: $i \leq \mu\tau \wedge [\underline{\sigma}_i,\theta] \models \psi$

Falls $\mu\tau$ nicht existiert, gilt:

$[\underline{\sigma},\theta] \models$ **always** ψ **before** τ / **until** τ gdw. $[\underline{\sigma},\theta] \models$ **always** ψ

$[\underline{\sigma},\theta] \models$ **sometime** ψ **before** τ / **until** τ gdw. $[\underline{\sigma},\theta] \models$ **sometime** ψ □

Mittels einer **before**- oder **until**-Klausel kann also temporale Quantifizierung auf diejenigen Restfolgen beschränkt werden, die beginnen, bevor bzw. spätestens wenn die angegebene Endebedingung τ zum ersten Mal eintritt. (Dabei ist der Fall $\mu\tau=0$ eingeschlossen.) Falls das nicht passiert, bleibt die Quantifizierung unbeschränkt, so daß gilt:

(3.16a)   **always** ψ **before false** $\Leftrightarrow$ **always** ψ **until false** $\Leftrightarrow$ **always** ψ

(3.16b)   **sometime** ψ **before false** $\Leftrightarrow$ **sometime** ψ **until false** $\Leftrightarrow$ **sometime** ψ

In früheren Arbeiten [EhLG84 ... FeL87] haben wir außer **next** und den unbeschränkten temporalen Quantoren nur die beschränkten Versionen als temporale Operatoren benutzt. Tatsächlich lassen aber auch sie sich mit Hilfe des **atnext**-Operators und logischer Verknüpfungen ausdrücken (vgl. [Kr87]):

(3.16c)   **always** ψ **before** τ $\Leftrightarrow$ $\tau \vee (\psi \wedge (\tau$ **atnext** $(\neg\psi\vee\tau)))$

(3.16d)   **sometime** ψ **before** τ $\Leftrightarrow$ $\neg($**always** $\neg\psi$ **before** $\tau)$ (Dualität)

(3.16e)   **always** ψ **until** τ $\Leftrightarrow$ (**always** ψ **before** $\tau) \wedge (\psi$ **atnext** $\tau)$

(3.16f)   **sometime** ψ **until** τ $\Leftrightarrow$ $\neg($**always** $\neg\psi$ **until** $\tau)$ (Dualität)

Analog dazu, daß durch **before**- und **until**-Klauseln *Ende*-Bedingungen angegeben werden können, sollen weitere abgeleitete Operatoren den Bezug auf das erste oder jedes erneute Eintreten einer *Anfangs*-Bedingung ermöglichen:

Definition 3.17: (α und τ seien beliebige Formeln.)

Falls $\mu\alpha = \min \{ j \in I(\underline{\sigma}) | [\underline{\sigma}_j,\theta] \models \alpha \}$ existiert, so gilt:

(a) $[\underline{\sigma},\theta] \models$ **from** α **holds** ψ gdw.: $[\underline{\sigma}_{\mu\alpha},\theta] \models \psi$

(b) $[\underline{\sigma},\theta] \models$ **after** α **holds** ψ gdw.: $\mu\alpha+1 \in I(\underline{\sigma})$ und $[\underline{\sigma}_{\mu\alpha+1},\theta] \models \psi$

Sonst sind beide Formeln gültig.

(c) $[\underline{\sigma},\theta] \models$ **always-from** α **holds** ψ gdw.:
      für alle $i \in I(\underline{\sigma})$ mit $(i=0$ oder $[\underline{\sigma}_{i-1},\theta] \models \neg\alpha)$ und $[\underline{\sigma}_i,\theta] \models \alpha$ gilt $[\underline{\sigma}_i,\theta] \models \psi$

(d) $[\underline{\sigma},\theta] \models$ **always-after** α **holds** ψ (analog:) ... gilt $i+1 \in I(\underline{\sigma})$ und $[\underline{\sigma}_{i+1},\theta] \models \psi$

Das Schlüsselwort **holds** darf überall weggelassen werden.   □

Aus der Definition ergeben sich folgende Ableitungen:

(3.18a)   **from** α **holds** ψ $\Leftrightarrow$ $(\alpha \wedge \psi) \vee (\neg\alpha \wedge (\psi$ **atnext** $\alpha))$

(3.18b)   **after** α **holds** ψ $\Leftrightarrow$ **from** α **holds next** ψ

(3.18c)   **always-from** α **holds** ψ $\Leftrightarrow$ $(\alpha \Rightarrow \psi) \wedge$ **always**$(\neg\alpha \Rightarrow$ **from** α **holds** $\psi)$

(3.18d)   **always-after** α **holds** ψ $\Leftrightarrow$ **always-from** α **holds next** ψ

Beispiele 3.19: Die Teilformel

> **always** (owner(c)=g ⇒ **always** owner(c)=g **before is-PERSON** (owner(c)))

der Integritätsbedingung (I2) aus Bsp. 2.0 besagt, daß ausgehend von jedem Zustand, in dem der Besitzer eines Wagens c eine bestimmte Garage g ist, c solange in deren Besitz bleibt, bis c an eine Person übergeht. Äquivalent dazu ist die Formulierung

> **always-from** owner(c)=g **holds** (**always** owner(c)=g **before is-PERSON** (owner(c))) ,

weil die Zustände, die am Anfang eines Besitzverhältnisses "owner(c)=g" stehen, als Bezugspunkte für die "always ... before ..."-Bedingung ausreichen.

Sehr nützlich ist der Operator **always-from**, um auszudrücken, daß die Betriebserlaubnis eines Herstellers erlischt, sobald der Betrieb eingestellt wird (Bsp. 2.0 (I4)). Offensichtlich sind genau die Zustände betroffen, in denen das Prädikat operating zu **false** wechselt, so daß man auf folgende Formel kommt:

> **from** operating(m) **holds** (**always-from** ¬operating(m) **holds** ¬permitted(m))   □

Mit Hilfe der vorgestellten Operatoren lassen sich Intervallgrenzen spezifizieren, innerhalb derer eine Argumentbedingung gelten soll. Z.B. besagt die Formel

> **from** α **sometime** ψ **until** τ ,

daß vom ersten Eintreten der Anfangsbedingung α (Index i_α) bis zum darauffolgenden ersten Eintreten der Endebedingung τ (i_τ mit $i_\tau \geq i_\alpha$) irgendwann ψ gilt. Allerdings ist zu beachten, daß ψ wieder in einer ganzen Restfolge $\underline{\sigma}_i$ interpretiert wird, für die nur der Beginn i durch das Intervall $i_\alpha \leq i \leq i_\tau$ beschränkt ist; für $\psi \equiv$ **always** ρ (ρ nichttemporal) etwa ist $[\sigma_i, \theta] \models \rho$ für alle $i \geq i_\alpha$ gefordert. Soll auch ψ selbst nur im genannten Intervall ausgewertet werden, so muß man die Beispielformel durch

> **from** α (**sometime** (**always** ρ **until** τ) **until** τ)

ersetzen; bei nichttemporalen Formeln ρ wäre "**until** τ" entsprechend noch auf tieferen Schachtelungsstufen einzubauen. Diese immanente Unbequemlichkeit der temporalen Logik beseitigen Schwartz et al. [SchwMV83] mit höheren Operatoren einer sogenannten "Intervall-Logik". In dieser Arbeit begnügen wir uns damit, entsprechende Endebegrenzungen von Interpretationsbereichen durch zusätzliche, rekursiv ableitbare Operatoren **BEFORE** und **UNTIL** einzuführen. Größere Anwendungsbeispiele lassen sich möglicherweise durch den Gebrauch der vollen Intervall-Logik deutlich vereinfachen.

Definition 3.20: (ψ und τ seien beliebige Formeln.)

$$[\underline{\sigma}, \theta] \models \psi \textbf{ BEFORE } \tau \quad \text{gdw.:}$$

$$\begin{cases} [\langle \sigma_0, ..., \sigma_{\mu\tau-1} \rangle, \theta] \models \psi, & \text{falls } \mu\tau = \min \{ j \in I(\underline{\sigma}) \mid [\underline{\sigma}_j, \theta] \models \tau \} \text{ existiert} \\ [\underline{\sigma}, \theta] \models \psi & \text{sonst} \end{cases}$$

$$[\underline{\sigma}, \theta] \models \psi \textbf{ UNTIL } \tau \quad \text{analog für } \langle \sigma_0, ..., \sigma_{\mu\tau} \rangle \qquad\qquad □$$

Lemma 3.21: Für eine nichttemporale Formel ρ gilt:

$$\rho \text{ UNTIL } \tau \quad \Leftrightarrow \quad \rho$$

$$\rho \text{ BEFORE } \tau \quad \Leftrightarrow \quad (\neg \tau \wedge \rho) \vee (\tau \wedge \overline{\rho})$$

wobei $\overline{\rho}$ die Auswertung von ρ in der leeren Zustandsfolge $\underline{\lambda}$ zu **true** oder **false** bezeichnet. ($\overline{\rho}$ kann belegungsunabhängig mit Gesetzen der Prädikatenlogik ermittelt werden.) Falls die Endebedingung τ nicht bereits in $\underline{\sigma}_0$ gültig ist, folgt: ρ **BEFORE** $\tau \Leftrightarrow \rho$.

Mit den anderen Operatoren gelten u.a. folgende Verträglichkeiten, die auch analog auf **UNTIL** übertragen werden können: (ohne Beweis)

$\neg \psi$ **BEFORE** τ $\quad \Leftrightarrow \quad \neg (\psi$ **BEFORE** $\tau)$

$(\psi \wedge \psi')$ **BEFORE** τ $\quad \Leftrightarrow \quad (\psi$ **BEFORE** $\tau) \wedge (\psi'$ **BEFORE** $\tau)$

$\underline{\forall} x (\psi)$ **BEFORE** τ $\quad \Leftrightarrow \quad \underline{\forall} x (\psi$ **BEFORE** $\tau)$ $\quad$ (sofern x nicht frei in τ vorkommt)

(**always** ψ) **BEFORE** τ $\quad\quad\quad \Leftrightarrow \quad$ **always** $(\psi$ **BEFORE** $\tau)$ **before** τ

(**always** ψ **before** τ') **BEFORE** $\tau \Leftrightarrow$ **always** $(\psi$ **BEFORE** $\tau)$ **before** $(\tau \vee (\tau'$ **BEFORE** $\tau))$

(**always** ψ **until** τ') **BEFORE** $\tau \quad \Leftrightarrow$ **always** $(\psi$ **BEFORE** $\tau)$ **until** (**next** $\tau \vee (\tau'$ **BEFORE** $\tau))$

$\quad\quad\quad\quad\quad\quad\quad\quad\quad\quad\quad \Leftrightarrow \quad$ **always** $(\psi$ **BEFORE** $\tau)$ **before** τ

$\quad\quad\quad\quad\quad\quad\quad\quad\quad\quad\quad\quad \vee$ **always** $(\psi$ **BEFORE** $\tau)$ **until** $(\tau'$ **BEFORE** $\tau)$

(**next** ψ) **BEFORE** τ $\quad\quad\quad\quad \Leftrightarrow \quad \neg \tau \wedge$ **next** $(\psi$ **BEFORE** $\tau)$

(ψ **atnext** τ') **BEFORE** τ $\quad\quad \Leftrightarrow \quad \tau \vee (\psi$ **BEFORE** $\tau)$ **atnext** $(\tau'$ **BEFORE** $\tau)$

Für nichttemporale Argumente ρ und ρ' ergeben sich einfachere Regeln, z.B.:

(**always** ρ) **BEFORE** τ $\quad\quad\quad \Leftrightarrow \quad$ **always** ρ **before** τ

(**always** ρ **before** τ') **BEFORE** $\tau \Leftrightarrow$ **always** ρ **before** $(\tau \vee (\tau'$ **BEFORE** $\tau))$

(**always** ρ **before** ρ') **BEFORE** $\tau \Leftrightarrow$ **always** ρ **before** $(\tau \vee \rho')$ $\quad\quad\quad\quad$ □

Später werden diese Operatoren hauptsächlich mit der Argumentformel $\tau \equiv \neg$**exists**(x) verwendet; dafür lassen sich die Ableitungen oft noch weiter vereinfachen.

3.2.3 Auswahl von temporalen Operatoren

Durch wiederholte Anwendung der Regeln des vorigen Abschnitts können sämtliche temporalen Formeln äquivalent in Formeln umgewandelt werden, in denen als temporale Operatoren nur **atnext** und **next** auftreten. Wird Gültigkeit nur in unendlichen Zustandsfolgen betrachtet, kommt man schon mit **atnext** aus: die Regel (3.14d) für nichtsinguläre Zustandsfolgen darf beliebig oft angewendet werden, da alle Restfolgen unendlicher Folgen nichtsingulär sind. Bis auf **BEFORE** und **UNTIL** kann man jeden Operator sogar einzeln (kontextfrei) durch eine **atnext**-Formel ersetzen.

Umgekehrt läßt sich der **atnext**-Operator durch **next** und **always** ... **until** bzw. durch **next** und **from** ... **holds** ausdrücken, jedoch wiederum nur für nichtsinguläre Zustandsfolgen:

(3.22a)   ψ **atnext** τ ⇔ **next** (**always** (¬τ ∨ ψ) **until** τ)

(3.22b)   ψ **atnext** τ ⇔ **next** (**from** τ **holds** ψ)

Untereinander hängen **always** ... **until**, **always** ... **before** und **from** ... **holds** wie folgt
zusammen:

(3.22c)   **always** ψ **until** τ   ⇔   ψ ∧ (τ ∨ **always** (**next** ψ) **before** τ)

(3.22d)   **always** ψ **before** τ ⇔ (¬τ ⇒ **always** ψ **until** (**next** τ))

(3.22e)   **from** α **holds** ψ   ⇔   **always** (¬α ∨ ψ) **until** α

Somit reichen - bezogen auf unendliche Folgen - auch die paarweisen Kombinationen

– { **next, always** ... **until** }	(wegen 3.22a)
– { **next, from** ... **holds** }	(wegen 3.22b)
– { **next, always** ... **before** }	(wegen 3.22c)
– { **next, sometime** ... **until** }	(wegen 3.16d)
– { **next, sometime** ... **before** }	(wegen 3.16f)

jeweils als temporale Operatoren aus, ohne die Expressivität der Logik einzuschränken.

Die obige Diskussion sollte aufzeigen, welche Abhängigkeiten zwischen den wichtigsten Konstrukten temporaler Formeln bestehen, und auf welche Konstrukte sich
Analysen beschränken können. Die Gesetze sind auch wesentliche Bestandteile von
axiomatischen Definitionen der temporalen Logik [vgl. u.a. Ma82, Wo83, AbM85,
Kr87]. Für Spezifikationen hingegen ist es eher nützlich, ein reichhaltiges Angebot
von Operatoren zur Verfügung zu haben.

Wie früher motiviert, sind wir zur Formulierung von Integritätsbedingungen für
Datenbanken besonders an solchen temporalen Formeln interessiert, deren Gültigkeit
nicht davon abhängt, wie oft gleiche Zustände aufeinander folgen.

Definition 3.23: φ heißt *iterationsinvariant* gdw. aus $[\underline{\sigma},\theta] \vDash \varphi$ für eine Zustandsfolge
$\underline{\sigma}$ und eine Belegung θ auch $[\underline{\sigma}',\theta] \vDash \varphi$ für jede zu $\underline{\sigma}$ iterationsäquivalente Zustandsfolge $\underline{\sigma}'$ folgt.   □

Für eine Reihe von Konstruktionen kann allgemein garantiert werden, daß damit ge-
bildete Formeln iterationsinvariant sind:

Satz 3.24: Seien ψ, ψ' und τ iterationsinvariante Formeln. Dann sind auch folgende
Formeln iterationsinvariant:

(0)   nichttemporale Formeln
(1)   logische Verknüpfungen ψ ∧ ψ' , ψ ∨ ψ' , ¬ ψ , usw.
(2)   Objektquantifizierungen $\underline{\forall}$x (ψ) , ∀x (ψ) , usw.
(3)   **always** ψ **before** τ , **always** ψ **until** τ   □

Beweis zu (3): Seien θ eine Belegung und $\underline{\sigma}$, $\underline{\sigma}'$ iterationsäquivalente Zustandsfolgen.
Definitionsgemäß gibt es eine monoton wachsende Indexabbbildung $\iota: I(\underline{\sigma}) \rightarrow I(\underline{\sigma}')$ mit

$\iota(0)=0$, so daß für alle $i \in I(\underline{\sigma})$ gilt:

- $\sigma_i = \sigma'_{\iota(i)}$ und
- $\sigma'_{\iota(i)} = \sigma'_j$ für alle $j \in I(\underline{\sigma}')$ mit $\iota(i) \leq j$ und, falls $i+1 \in I(\underline{\sigma})$, $j < \iota(i+1)$

Nun gelte $[\underline{\sigma},\theta] \models$ **always** ψ {**before** | **until**} τ. Wenn die Argumentformeln ψ, τ in einer Restfolge $\underline{\sigma}_i$ gelten, so gelten sie auch in $\underline{\sigma}'_j$ mit $\iota(i) \leq j < \iota(i+1)$, weil solche Restfolgen untereinander iterationsäquivalent sind und die Formeln als iterationsinvariant vorausgesetzt waren. Deshalb folgt insbesondere

$$\mu\tau' = \min \{ k \in I(\underline{\sigma}') \mid [\underline{\sigma}'_k,\theta] \models \tau \} = \iota(\mu\tau),$$

und für alle i,j wie oben gilt $j < \mu\tau' \Leftrightarrow i < \mu\tau$. Damit bestätigen sich $[\underline{\sigma}',\theta] \models$ (**always** ψ **before** τ) und wegen $[\underline{\sigma}_{\mu\tau},\theta] \models \psi \Rightarrow [\underline{\sigma}'_{\iota(\mu\tau)},\theta] \models \psi$ auch $[\underline{\sigma}',\theta] \models$ (**always** ψ **until** τ).

Die Behauptung (0) gilt, da iterationsäquivalente Folgen $\underline{\sigma}, \underline{\sigma}'$ in ihren Anfangszuständen übereinstimmen. (1) und (2) sind erfüllt, da die Konstruktionen nicht auf einzelne Restfolgen Bezug nehmen.   □

Korollar 3.25: Alle Formeln, in denen als temporale Operatoren außer

- always ... before und always ... until

nur die folgenden Operatoren vorkommen, sind iterationsinvariant:

- **always**	(wegen 3.16a)
- **sometime, sometime ... before, sometime ... until**	(wegen 3.16b/d/f)
- **from ... holds**	(wegen 3.22e)
- **always-from ... holds**	(wegen 3.19c)
- **BEFORE, UNTIL**	(wegen 3.21) □

Begründung: Gemäß den angegebenen Regeln lassen sich alle Operatoren direkt oder rekursiv durch Konstrukte ersetzen, die nach Satz 3.24 iterationsinvariant sind.   □

Für die anderen temporalen Operatoren **next, atnext, after** und **always-after**, die sich jeweils auf die erste echte Restfolge beziehen, findet man jedoch leicht Gegenbeispiele. (Im Vergleich zum obigen Beweis liegt das Problem darin, daß für die Indexabbildung nicht unbedingt $\iota(1)=1$ gilt.)

Natürlich sind noch weitere als die so konstruierbaren Formeln iterationsinvariant, insbesondere alle dazu äquivalenten Formeln. Zur Spezifikation von Integritätsbedingungen beschränken wir uns aber auf die Operatoren des Korollars; nur im Rahmen von Äquivalenzumformungen werden auch andere Operatoren benötigt.

3.3 Normalformen

Jede temporale Formel kann in einen "aktuellen" nichttemporalen Teil und einen "zukünftigen" temporalen Teil zerlegt werden, so daß die Formel in einer Zustandsfolge genau dann gültig ist, wenn der aktuelle Teil im Anfangszustand und der zukünftige Teil in der Restfolge gilt. In diesem Abschnitt wird eine ausgezeichnete Normalform, die diesem Prinzip genügt, für eine große Klasse temporaler Formeln eingeführt. Diese Normalform werden wir im nächsten Kapitel einsetzen, um Transitionsgraphen für die Überwachung solcher Formeln zu konstruieren. Interpretiert werden Formeln hier ausschließlich in unendlichen Zustandsfolgen.

Zunächst dienen die folgenden *temporalen Rekursionen* dazu, die Argumente von einzelnen temporalen Quantifizierungen so mit logischen Verknüpfungen abzuspalten, daß die ursprüngliche Quantifizierung nur noch in Verbindung mit dem Operator **next** vorkommt.

Lemma 3.26: Für beliebige temporale Formeln ψ und τ gilt:

(a)	**always** ψ	$\Leftrightarrow$	$\psi \wedge$ **next** (**always** ψ)
(b)	**sometime** ψ	$\Leftrightarrow$	$\psi \vee$ **next** (**sometime** ψ)
(c)	**always** ψ **before** τ	$\Leftrightarrow$	$\tau \vee (\psi \wedge$ **next** (**always** ψ **before** τ))
(d)	**always** ψ **until** τ	$\Leftrightarrow$	$(\psi \wedge \tau) \vee (\psi \wedge$ **next** (**always** ψ **until** τ))
(e)	**sometime** ψ **before** τ	$\Leftrightarrow$	$(\neg\tau \wedge \psi) \vee (\neg\tau \wedge$ **next** (**sometime** ψ **before** τ))
(f)	**sometime** ψ **until** τ	$\Leftrightarrow$	$\psi \vee (\neg\tau \wedge$ **next** (**sometime** ψ **until** τ)) $\qquad \square$

Beweis: Wir betrachten nur die Behauptung (c) ausführlich. Die anderen Fälle können daraus mit Hilfe der Ableitungsregeln (3.22) und (3.16) gefolgert werden. Definition 3.15 besagt für unendliche Zustandsfolgen $\underline{\sigma}$:

$$[\underline{\sigma},\theta] \models \textbf{always } \psi \textbf{ before } \tau \qquad \text{gdw.:} \qquad (*) \quad \text{für alle i, } 0 \leq i < \mu\tau: \ [\underline{\sigma}_i,\theta] \models \psi$$
$$\text{wobei} \quad \mu\tau = \min (\{ j \in I(\underline{\sigma}) \mid [\underline{\sigma}_j,\theta] \models \tau \} \cup \{\infty\})$$

Falls bereits $[\underline{\sigma}_O,\theta] \models \tau$ gilt, reduziert sich $(*)$ zu **true**. Ansonsten muß $[\underline{\sigma}_O,\theta] \models \psi$ und für jedes i, $1 \leq i < \mu\tau$, $[\underline{\sigma}_i,\theta] \models$ **always** ψ **before** τ gelten. Also ist $(*)$ äquivalent zu

$$\tau \vee (\psi \wedge \textbf{next} (\textbf{always } \psi \textbf{ before } \tau)) \qquad\qquad \square$$

Bemerkung: Für die anderen Operatoren kann man keine so einfach aufgebauten Rekursionen angeben (bis auf **from ... holds**, das aber ein Spezialfall von **always ... until** ist). Deshalb setzen wir im folgenden bei Umformungen und anderen Konstruktionen immer voraus, daß diese Operatoren vorher durch ihre Ableitungen aus den temporalen Quantoren und **next** ersetzt worden sind. Der Übersicht halber stellen wir die betreffenden Regeln nochmals zusammen:

(3.22e)	**from** α **holds** ψ	$\Leftrightarrow$	**always** $(\neg\alpha \vee \psi)$ **until** α
(3.22b)	ψ **atnext** τ	$\Leftrightarrow$	**next** (**from** τ **holds** ψ)
(3.18b)	**after** α **holds** ψ	$\Leftrightarrow$	**from** α **holds next** ψ
(3.18c)	**always-from** α **holds** ψ	$\Leftrightarrow$	$(\alpha \Rightarrow \psi) \wedge$ **always**$(\neg\alpha \Rightarrow$ **from** α **holds** $\psi)$
(3.18d)	**always-after** α **holds** ψ	$\Leftrightarrow$	**always-from** α **holds next** ψ

Die nur rekursiv ableitbaren Operatoren **UNTIL** und **BEFORE** sind gemäß Lemma 3.21 vollständig aufzulösen.

$\qquad\qquad\qquad\qquad\qquad\qquad\qquad\qquad\qquad\qquad\qquad\qquad\qquad\qquad\qquad\qquad\qquad\quad \square$

Zur Herleitung der gewünschten Normalform soll bis auf die obigen Regeln 3.26 nicht weiter mit den temporalen Quantoren gerechnet werden; ebenso nicht mit deren Negationen, die ja dem jeweils dualen Quantor entsprechen. Es werden aber noch folgende Verträglichkeiten zwischen dem **next**-Operator und den logischen Verknüpfungen herangezogen.

Lemma 3.27: Für beliebige temporale Formeln ψ, ψ_1 und ψ_2 gilt:

    (a)   **next true** $\Leftrightarrow$ **true**

    (b)   **next** $(\psi_1 \wedge \psi_2)$ $\Leftrightarrow$ **next** ψ_1 $\wedge$ **next** ψ_2

    (c)   **next** $(\psi_1 \vee \psi_2)$ $\Leftrightarrow$ **next** ψ_1 $\vee$ **next** ψ_2

    (d)   **next** $(\neg \psi)$ $\Leftrightarrow$ $\neg$ **next** ψ $\square$

Demnach darf **next** mit allen logischen Verknüpfungen vertauscht werden.

Eine Normalform soll hier für solche Formeln gebildet werden, die zwar beliebige nichttemporale Grundformeln, sonst aber nur logische Verknüpfungen und temporale Operatoren enthalten dürfen.

Definitionen 3.28: Sei GF eine Menge von "Grundformeln". Eine ***propositionale Formel über GF*** ist eine Formel, die mit Hilfe von logischen Verknüpfungen aus Grundformeln gebildet wird. In einer ***propositional-temporalen Formel über GF*** dürfen außerdem temporale Operatoren vorkommen. PL(GF) bzw. PTL(GF) bezeichnen die entsprechenden Mengen ("Logiken") von Formeln über GF. Eine *(verallgemeinerte)* ***propositional-temporale Formel*** ist eine propositional-temporale Formel über beliebigen nichttemporalen Formeln.

Sei φ eine solche propositional-temporale Formel. Die Menge GF_φ der ***Grundformeln von*** $\boldsymbol{\varphi}$ besteht aus allen minimalen nichttemporalen Teilformeln von φ, die als Argumente von logischen oder temporalen Operatoren außerhalb von Objektquantifizierungen vorkommen. Die Grundformeln von φ bilden zusammen mit denjenigen Teilformeln von φ, die durch einen temporalen Operator geklammert sind, die Menge TTF_φ der ***temporalen Teilformeln von*** $\boldsymbol{\varphi}$.

Zwei Formeln heißen ***propositional äquivalent*** gdw. sie allein aufgrund aussagenlogischer Äquivalenzen ineinander umgewandelt werden können, wobei ihre temporalen Teilformeln wie atomare Formeln behandelt werden. Wenn dabei auch noch die Negationen der temporal geklammerten Teilformeln als atomar betrachtet werden, sind die Formeln ***schwach-propositional äquivalent***. $\square$

Bemerkung: Offensichtlich gilt: $\varphi \in PL(TTF_\varphi) \subseteq PTL(GF_\varphi)$ $\square$

Wie in der reinen Aussagenlogik (propositional logic) sind in der propositionalen temporalen Logik bei [MaP81, Wo83, Kr87 u.a.] Grundformeln auf sogenannte aussagenlogische Variablen, d.h. konstante Prädikate, beschränkt. Die obige Definition verallgemeinert diese Logik wesentlich, da sie beliebige Formeln der Prädikatenlogik erster Stufe als Grundbausteine von propositional-temporalen Formeln zuläßt. Es hat sich herausgestellt, daß die Verfahren im Kapitel 4, deren Grundlagen wir hier vorbereiten, auch für die allgemeinere Logik funktionieren. In den Formeln dürfen insbesondere freie Objektvariablen auftauchen; nur Objektquantifizierungen sind außerhalb der Grundformeln verboten. Die Abgrenzung der Grundformeln ist so gewählt, daß in allen späteren Rechnungen so weit wie möglich Regeln (bzw. Algorithmen) der Aussagenlogik ausgenutzt werden.

Beispiel 3.29: Gegeben seien die zwei Formeln:

$\varphi_1 \equiv$ **always** (owner(c) = g $\Rightarrow$ **always** owner(c) = g **before** is-PERSON (owner(c)))

$\varphi_2 \equiv$ **from** operating(m) **holds**

(**always-from** ¬operating(m) **holds** (¬∃c owns(m,c) ∧ ¬permitted(m)))

Ihre Grundformeln lauten:

$$GF_{\varphi 1} = \{ \text{ owner(c) = g, is-PERSON (owner(c)) } \}$$
$$GF_{\varphi 2} = \{ \text{ operating(m), } \exists c \text{ owns(m,c), permitted(m) } \}$$

Zu den temporalen Teilformeln gehören außer den Grundformeln noch

$TTF_{\varphi 1}$: φ_1 , **always** owner(c) = g **before** is-PERSON (owner(c))

$TTF_{\varphi 2}$: φ_2 , **always-from** ¬operating(m) **holds** ...

Für die Formel $\varphi \equiv \varphi_1 \wedge \varphi_2$ gilt:

$$GF_\varphi = GF_{\varphi 1} \cup GF_{\varphi 2} \qquad TTF_\varphi = TTF_{\varphi 1} \cup TTF_{\varphi 2} \qquad \Box$$

Normalformsatz 3.30 [LiS87]:

Jede propositional-temporale Formel φ kann mit Hilfe schwach-propositionaler Äquivalenzumformungen und der Regeln in den obigen Lemmata in eine äquivalente Formel φ' der Form

$$\varphi' \equiv \bigvee_k (\beta_k \wedge \textbf{next } \gamma_k)$$

umgewandelt werden, in der

- jedes β_k eine Konjunktion einiger, eventuell negierter Grundformeln von φ ist
- und jedes γ_k eine Konjunktion von temporalen Teilformeln von φ oder deren Negationen ist.

(Wie üblich steht eine leere Disjunktion für **false**.)

Dabei soll φ' weitestgehend vereinfacht worden sein. Wir nennen φ' eine *(disjunktive) Normalform von φ.* Disjunktive Normalformen sind bis auf schwach-propositionale Äquivalenz eindeutig bestimmt. $\Box$

Bemerkungen:

- Es gilt $\beta_k \in PL(GF_\varphi)$ und $\gamma_k \in PL(TTF_\varphi)$.
- In den temporalen Rekursionsregeln (Lemma 3.26) bilden die rechten Seiten bereits

disjunktive Normalformen der linken Seiten, wenn ψ und τ Grundformeln sind. Nur müssen die fehlenden β- oder γ-Teile durch **true** ergänzt werden. $\Box$

Beweis: Die gegebene Formel φ kann durch folgende äquivalenzerhaltende Schritte in eine disjunktive Normalform umgewandelt werden:

1. Durch Anwendung bekannter Algorithmen der Aussagenlogik erhält man eine Disjunktion von Konjunktionen von eventuell negierten temporalen Teilformeln:

$$\bigvee_p \bigwedge_q [\neg]\, \psi_{pq} \,, \qquad \psi_{pq} \in TTF_\varphi$$

2. Die temporalen Rekursionsregeln (Lemma 3.26) werden auf alle äußeren temporalen Quantifizierungen außer **next** angewendet. Mit Hilfe der Regeln 3.27 kann jeder **next**-Operator entlang logischer Verknüpfungen so weit nach innen verteilt werden, daß nur noch temporale Teilformeln als Argumente auftreten.

Dann werden die Schritte 1 und 2 solange wiederholt, bis die Formel unverändert bleibt. Dieses Verfahren terminiert, da jede Anwendung einer Rekursionsregel die Anzahl der temporalen Quantifizierungen, die nicht durch **next** geklammert sind, verringert. Um schließlich jede Konjunktion in die gewünschte Form ($\beta \wedge$ **next** γ) zu bringen, muß noch jede Negation eines **next**-Operators in das Argument von **next** gezogen werden, und alle konjunktiv verknüpften **next**-geklammerten Teilformeln werden zu einer Konjunktion γ mit vorangestelltem **next** kombiniert. $\Box$

Der Normalformsatz verallgemeinert die temporalen Rekursionen auf beliebige propositional-temporale Formeln: Eine Formel wird aufgrund ihrer "propositional-temporalen" Struktur disjunktiv in ihre "aktuellen" und zugehörigen "zukünftigen" Teile zerlegt. Das folgende Gültigkeitskriterium formalisiert diese Eigenschaft der Zerlegung.

Korollar 3.31: Sei φ eine temporale Formel mit einer disjunktiven Normalform φ' wie im obigen Satz. Dann gilt für beliebige (unendliche) Zustandsfolgen $\underline{\sigma}$ und Belegungen θ:

$$[\underline{\sigma},\theta] \vDash \varphi \quad \text{gdw.:} \quad \text{es gibt ein k, so daß } [\sigma_0,\theta] \vDash \beta_k \text{ und } [\underline{\sigma}_1,\theta] \vDash \gamma_k \qquad \Box$$

Um φ in der Folge $\underline{\sigma}$ zu prüfen, reicht es, die nichttemporalen β-Teile im Anfangszustand σ_0 und die jeweils zugehörigen γ-Teile in der Restfolge $\underline{\sigma}_1$ zu prüfen. Mindestens eine Kombination muß zutreffen, damit φ in $\underline{\sigma}$ gültig wird.

Beispiel 3.32: Eine Normalform soll für die propositional-temporale Formel

$$\varphi \;\equiv\; \textbf{from } \alpha \textbf{ holds } (\textbf{sometime } (\textbf{always } \psi)\ \textbf{BEFORE } \tau)$$
$$\equiv\; \textbf{always } \left(\neg\alpha \vee (\textbf{sometime } (\textbf{always } \psi \textbf{ before } \tau)\ \textbf{before } \tau)\right)\ \textbf{until } \alpha$$

berechnet werden; α, ψ und τ seien die Grundformeln. Eine sinnvolle Ausprägung folgt etwa aus den Integritätsbedingungen des Beispiels 2.0:

$$\textbf{from exists(c) holds } (\textbf{sometime } (\textbf{always registered(c)})\ \textbf{BEFORE } \neg\textbf{exists(c)}$$

Sie besagt, daß ein Wagen c, nachdem er erstmals in der Datenbank vorkommt, irgendwann ständig angemeldet bleibt, bevor er aus der Datenbank verschwindet.

Aus dem Beweis des obigen Satzes ergibt sich für φ folgende Rechnung, wobei wir als Abkürzungen $\varphi_1 \equiv$ (**always** ψ **before** τ) und $\varphi_2 \equiv$ (**sometime** φ_1 **before** τ) benutzen:

$$
\begin{aligned}
\varphi \;\Leftrightarrow\;\; & \textbf{always } (\neg\alpha \vee \varphi_2) \textbf{ until } \alpha \\
\Leftrightarrow\;\; & (\alpha \wedge (\neg\alpha \vee \varphi_2)) \vee ((\neg\alpha \vee \varphi_2) \wedge \textbf{next } \varphi) && \text{(wegen 3.26d)} \\
\Leftrightarrow\;\; & (\alpha \wedge \varphi_2) \vee (\neg\alpha \wedge \textbf{next } \varphi) && \text{(beachte: } \alpha \text{ nichttemporal)}
\end{aligned}
$$

$$
\begin{aligned}
\alpha \wedge \varphi_2 \;\equiv\;\; & \alpha \wedge \textbf{sometime } (\textbf{always } \psi \textbf{ before } \tau) \textbf{ before } \tau \\
\Leftrightarrow\;\; & \alpha \wedge ((\neg\tau \wedge \textbf{always } \psi \textbf{ before } \tau) \vee (\neg\tau \wedge \textbf{next } \varphi_2)) && \text{(wegen 3.26e)} \\
\Leftrightarrow\;\; & (\alpha \wedge \neg\tau \wedge \textbf{always } \psi \textbf{ before } \tau) \vee (\alpha \wedge \neg\tau \wedge \textbf{next } \varphi_2) \\
\Leftrightarrow\;\; & (\alpha \wedge \neg\tau \wedge (\tau \vee (\psi \wedge \textbf{next } \varphi_1))) \vee (\alpha \wedge \neg\tau \wedge \textbf{next } \varphi_2) && \text{(wegen 3.26c)} \\
\Leftrightarrow\;\; & (\alpha \wedge \neg\tau \wedge \psi \wedge \textbf{next } \varphi_1) \vee (\alpha \wedge \neg\tau \wedge \textbf{next } \varphi_2) && \text{(}\tau \text{ nichttemp.)}
\end{aligned}
$$

Insgesamt lautet die erhaltene Normalform von φ:

$$
((\alpha \wedge \neg\tau \wedge \psi) \wedge \textbf{next } \varphi_1) \vee ((\alpha \wedge \neg\tau) \wedge \textbf{next } \varphi_2) \vee (\neg\alpha \wedge \textbf{next } \varphi) \qquad \square
$$

Normalformsatz und Gültigkeitskriterium lassen sich auf die Abspaltung der ersten n Zustände einer Zustandsfolge verallgemeinern, indem die Normalformbildung n-mal iteriert wird und die Teilformeln nach der Anzahl der äußeren **next**-Operatoren zusammengefaßt werden.

Korollar 3.33: Jede propositional-temporale Formel φ kann in eine äquivalente Formel $\varphi^{(n)}$, $n \in \mathbb{N}$, der Form

$$
\varphi^{(n)} \;\equiv\; \bigvee_k \left(\left(\bigwedge_{i=0}^{n-1} \textbf{next}^i \, \beta_{ki} \right) \wedge \textbf{next}^n \, \gamma_k \right)
$$

umgewandelt werden, für deren Bestandteile analoge Restriktionen gelten wie im Normalformsatz. ("**next**^{i}" steht für die i-fache Anwendung des **next**-Operators.) Die Formel $\varphi^{(n)}$ bezeichnen wir als *n-te Normalform* von φ. $\qquad \square$

Analog zum Korollar 3.31 gilt für eine temporale Formel φ mit n-ter Normalform $\varphi^{(n)}$:

Korollar 3.34: Für beliebige (unendliche) Zustandsfolgen $\underline{\sigma}$ und Belegungen θ sind folgende Behauptungen äquivalent:

(i) $[\underline{\sigma}, \theta] \models \varphi$

(ii)   es gibt ein k, so daß

$$
[\langle \sigma_0, \sigma_1, \ldots, \sigma_{n-1} \rangle, \theta] \models \left(\bigwedge_{i=0}^{n-1} \textbf{next}^i \, \beta_{ki} \right) \quad \text{und} \quad [\underline{\sigma}_n, \theta] \models \gamma_k \qquad \square
$$

Anmerkung: Saake untersucht in [Sa88] Rekursionen und Normalformen auch für endliche Zustandsfolgen. Entscheidend ist dabei die Unterscheidung zwischen einem starken **next**-Operator (wie hier), der die Existenz eines Nachfolgezustands fordert, und einem schwachen **next**-Operator, der bei fehlendem Nachfolgezustand trivial erfüllt ist, also ... **atnext true** entspricht. Es ergibt sich eine Normalform der Art

$$\varphi' \;\equiv\; \bigvee_k \; (\; \beta_k \wedge \text{next } \gamma_k \wedge \delta_k \text{ atnext true}) \;,$$

wobei in manchen Disjunktionsargumenten der **next**-Teil oder **atnext**-Teil fehlen darf. Das obige Gültigkeitskriterium fällt dann entsprechend differenzierter aus.

3.4 Partielle Gültigkeit

Bisher haben wir die Gültigkeit von temporalen Formeln nur für vollständige und normalerweise unendliche Zustandsfolgen, die ganze Lebensläufe von Datenbanken modellieren sollen, diskutiert. Zur Laufzeit einer Datenbank kennt man jedoch immer nur eine endliche Teilfolge, nämlich die vom initialen bis zum aktuellen Zustand. Deshalb erscheint es für eine Integritätsüberwachung notwendig, die Korrektheit von Datenbankverhalten bereits aus solchen Präfixen beurteilen zu können. Zu diesem Zweck führen wir Begriffsbildungen für unterschiedliche Grade der *partiellen Gültigkeit* ein.

Definitionen 3.35: Seien eine endliche Zustandsfolge $\underline{\sigma} = \langle \sigma_0, \sigma_1, ..., \sigma_{n-1} \rangle$, $n \geq 0$, eine Belegung θ und eine temporale Formel φ gegeben.

(a) φ heißt *streng gültig* in $\underline{\sigma}$ (unter θ) gdw. φ gemäß Def. 3.8 (für endliche Zustandsfolgen) in $\underline{\sigma}$ gültig ist, d.h. daß $[\underline{\sigma},\theta] \vDash \varphi$ gilt.

(b) φ heißt *stationär gültig* in $\underline{\sigma}$ (unter θ), $\underline{\sigma} \neq \underline{\lambda}$, gdw. φ in der stationär fortgesetzten Folge $(\underline{\sigma} \circ \langle \sigma_{n-1}, \sigma_{n-1}, ... \rangle)$ gültig ist.

(c) φ heißt *potentiell gültig* in $\underline{\sigma}$ (unter θ) gdw. es eine unendliche Fortsetzung $\underline{\sigma}' = \langle \sigma'_1, \sigma'_2, ... \rangle$ gibt, so daß $[\underline{\sigma} \circ \underline{\sigma}',\theta] \vDash \varphi$ gilt.

$\underline{\sigma}$ heißt *potentiell/stationär/usw. zulässig* bzgl. φ gdw. φ unter allen Belegungen in $\underline{\sigma}$ potentiell/stationär usw. gültig ist. $\square$

Für iterationsinvariante Formeln sind die Begriffe (a) und (b) äquivalent. Im allgemeinen folgt aus strenger (a) nicht auch stationäre Gültigkeit (b), weil man z.B. durch Formeln wie **"false atnext true"** jede (nichtleere) Fortsetzung ausschließen kann. Definition (c) hingegen beinhaltet eine schwächere Bedingung als (b), da (b) explizit eine geeignete Fortsetzung angibt.

Lemma 3.36: Für jede temporale Formel φ gilt (bei beliebig gewählter nichtleerer Zustandsfolge und Belegung):

$$\varphi \text{ stationär gültig} \;\Longrightarrow\; \varphi \text{ potentiell gültig} \qquad\qquad \square$$

Im Kontext der Integrität von Datenbanken besagen "strenge" bzw. "stationäre" Zulässigkeit, daß das Verhalten bis zum aktuell erreichten Zustand σ_{n-1} vollständig korrekt ist. Man weiß also, daß man zu diesem Zeitpunkt Änderungen der Datenbank ohne Integritätsverletzung einstellen kann: Alle zur Erfüllung der Integritätsbedingung φ nötigen Manipulationen müssen schon erledigt sein.

Anmerkung: Für unsere Modellvorstellung von Datenbankbetrieb und dynamischer Integrität spielt der formale Unterschied zwischen den Definitionen (a) und (b) keine Rolle. Für nicht iterationsinvariante Formeln kann strenge Zulässigkeit (a) durchaus den Fall einschließen, daß jede Wiederholung des aktuellen Zustandes (etwa nach Transaktionen ohne Datenmanipulation) die Bedingung φ verletzen kann; diese Kenntnis erscheint aber wenig nützlich. "Stationäre" Zulässigkeit (b) läßt auf jeden Fall eine Benutzung der Datenbank für Anfragen zu.

In vielen Situationen kann nur die schwächere Forderung nach "potentieller" Zulässigkeit erfüllt werden, weil man erwartet, daß zukünftige Manipulationen die noch ausstehenden Teilbedingungen, z.B. **sometime**-Argumente, herstellen. Daher scheint dieser Begriff am besten als Ziel einer Integritätsüberwachung geeignet: Geprüft wird, ob es noch eine Fortsetzungsmöglichkeit zu einer zulässigen Zustandsfolge gibt. Natürlich kann dadurch nicht ausgeschlossen werden, daß Benutzer anschließend eine falsche Fortsetzung wählen.

Eine Überwachung auf potentielle Zulässigkeit dürfte typischerweise Vorausberechnungen über die Zukunft erfordern. Verzichtet man jedoch auf jeglichen Lookahead und nimmt optimistisch an, daß spätestens in der "Zukunft" jede Bedingung erfüllt werden kann, reicht der anschließend eingeführte Begriff der "vorläufigen" Zulässigkeit aus. Dadurch sollen alle endgültigen Integritätsverletzungen, die bis zum aktuellen Zustand aufgetreten sind, ausgeschlossen werden, z.B. Überschreitungen einer **sometime...before** - Endebedingung. Im Gegensatz zur potentiellen Zulässigkeit bleiben dann unvermeidbare zukünftige Fehler unentdeckt.

Die folgende Definition präzisiert ***vorläufige Gültigkeit*** für propositional-temporale Formeln induktiv über den Aufbau von Formeln und die Länge von Zustandsfolgen.

Definition 3.37: Für beliebige propositional-temporale Formeln φ, nichtleere endliche Zustandsfolgen $\underline{\sigma}$ und Belegungen θ gilt:

(0) In der leeren Zustandsfolge $\underline{\lambda}$ ist jede Formel φ vorläufig gültig.

(1) Eine nichttemporale Formel $\varphi \equiv \rho$ ist in $\underline{\sigma}$ (nichtleer) unter θ vorläufig gültig gdw. $[\sigma_0, \theta] \models \rho$.

(2) $\varphi \equiv$ (**next** ψ) ist in $\underline{\sigma}$ vorläufig gültig gdw. ψ in $\underline{\sigma}_1$ vorläufig gültig ist. Wegen Regel (0) ist also **next** ψ in jeder singulären Zustandsfolge $\underline{\sigma}$ ($|\underline{\sigma}|=1$, d.h. $\underline{\sigma}_1 = \underline{\lambda}$) ohne Einschränkung vorläufig gültig.

(3) $\varphi \equiv (\psi \wedge \psi')$ ist vorläufig gültig gdw. ψ und ψ' vorläufig gültig sind. ($\vee$ analog)

(4) Alle anderen Formeln φ sind vorläufig gültig gdw. eine aufgrund folgender Äquivalenzen (eigentlich Ersetzungen) erhaltene Formel φ' vorläufig gültig ist:

    (a) **sometime** ψ **before** τ $\Leftrightarrow$ $(\neg \tau \wedge \psi) \vee (\neg \tau \wedge$ **next** (**sometime** ψ **before** τ))

        u.a. temporale Rekursionen wie im Lemma 3.26

    (b) $\neg (\psi \wedge \psi')$ $\Leftrightarrow$ $\neg\psi \vee \neg\psi'$ $\neg (\psi \vee \psi')$ $\Leftrightarrow$ $\neg\psi \wedge \neg\psi'$ $\neg\neg\psi \Leftrightarrow \psi$

        $\neg$ **next** ψ $\Leftrightarrow$ **next** $(\neg \psi)$ $\square$

Die Definitionsregeln (0,2) beinhalten die erwähnte "optimistische Annahme" über die Zukunft. Durch Regel (1) ist für den aktuellen Zustand die übliche Prädikatenlogik eingeschlossen. Die Regeln (4a) definieren die temporalen Operatoren (außer **next**), indem sie deren Wirkungsweise in der restlichen (hier endlichen) Zukunft als bekannt annehmen und die Auswirkungen im aktuellen Zustand angeben. Daraus ist ablesbar, wann Bedingungen endgültig verletzt sind: für eine Formel (**sometime** ψ **before** τ) etwa muß ($\neg\tau$) aktuell verletzt sein, d.h. bei nichttemporalen Argumenten muß die Endebedingung bereits eingetreten sein. Ansonsten kann die Erfüllung der Bedingung auf die Zukunft verschoben werden.

Man beachte, daß im Gegensatz zu den logischen Verknüpfungen $\wedge,\vee$ der $\neg$-Operator nicht wie üblich erklärt wird (vgl. Def. 3.8), weil der aktuelle Anteil einer Formel $\neg\varphi$ nicht unbedingt mit der Negation des aktuellen Anteils von φ übereinstimmt; vgl. z.B.:

$$\textbf{always } \psi \Leftrightarrow \underline{\psi} \wedge \textbf{next (always } \psi) \qquad \neg\textbf{always } \psi \Leftrightarrow \underline{\neg\psi} \vee (\textbf{true} \wedge \textbf{next } (\neg\textbf{always } \psi))$$

Insgesamt zielt die Definition darauf ab, die vorläufige Gültigkeit von negierten Formeln auf die vorläufige Gültigkeit von Formeln zurückzuführen, in denen bis auf nichttemporale Anteile keine Negationen vorkommen. So lassen sich u. a. die temporalen Dualitäten per Induktion über Zustandsfolgen aus den temporalen Rekursionen folgern; das entspricht der Auffassung, daß sich ein negierter Quantor wie sein dualer Quantor verhält.

Lemma 3.38: Neben den zur Definition 3.37 benutzten Gesetzen sind auch folgende Gesetze Äquivalenzen bzgl. vorläufiger Gültigkeit:

- die Assoziativ-, Kommutativ-, Idempotenz- und Distributivgesetze für $\wedge$ und $\vee$
- die temporalen Dualitäten (mit/ohne **before**- oder **until**-Klausel):

$$\neg \textbf{ always } \psi \ldots \quad \Leftrightarrow \quad \textbf{sometime } \neg \psi \ldots$$
$$\neg \textbf{ sometime } \psi \ldots \quad \Leftrightarrow \quad \textbf{always } \neg \psi \ldots \qquad \qquad \square$$

Folgerung: Jede Formel φ kann in eine bzgl. vorl. Gültigkeit äquivalente *negationsnormierte* Formel φ' umgewandelt werden, in der Negationen nur vor nichttemporalen Teilformeln stehen. Dazu reicht aus, die Definitionsregeln (4b) und die Dualitäten wiederholt anzuwenden. $\qquad\qquad\square$

Generell ist jedoch bei Herleitungen einige Vorsicht geboten. Die Formeln

$$(\textbf{always } \rho \wedge \textbf{sometime } \neg\rho) \quad \text{und} \quad (\textbf{always } \rho \wedge \neg\textbf{always } \rho)$$

etwa sind bzgl. ihrer vorläufigen Gültigkeit äquivalent, führen aber beide nicht auf einen Widerspruch. Tatsächlich gibt es Zustandsfolgen, in denen diese Formel vorläufig gültig ist, nämlich solche, wo ρ in allen Zuständen gilt; die Erfüllung der **sometime**-Forderung bleibt ewig verschoben.

Ohne Induktion über den Formelaufbau kann vorläufige Gültigkeit mit Hilfe der

Normalform aus Satz 3.30 charakterisiert werden:

Satz 3.39: φ ist in $\underline{\sigma}$ (unter θ) vorläufig gültig

gdw. eine disjunktive Normalform φ' von φ, $\varphi' \equiv \bigvee_k (\beta_k \wedge \text{next } \gamma_k)$, in $\underline{\sigma}$ vorläufig gültig ist

gdw. (für $\underline{\sigma} \neq \lambda$) ein k existiert, so daß $[\sigma_O, \theta] \models \beta_k$ und γ_k in $\underline{\sigma}_1$ vorläufig gültig ist. $\Box$

Beweisskizze: Die erste Äquivalenz gilt, da in die Herleitung der Normalform nur Regeln eingehen, die auch bzgl. vorläufiger Gültigkeit zutreffen (vgl Lemma 3.38). Die zweite Äquivalenz folgt direkt aus der Definition der vorläufigen Gültigkeit. $\Box$

Bemerkung: Damit ist die frühere Normalform auch eine Normalform bzgl. der vorläufigen Gültigkeit. Diese Doppelaufgabe erklärt nachträglich die für ihre Herleitung gewählten Restriktionen. $\Box$

Eine direkte Charakterisierung kann mittels n-ter Normalformen (Kor. 3.33) angegeben werden:

Korollar 3.40: φ ist in $\underline{\sigma}$, $|\underline{\sigma}|=n \geq 1$, (unter θ) vorläufig gültig gdw. bzgl. einer n-ten Normalform

$$\varphi^{(n)} \equiv \bigvee_k \left(\left(\bigwedge_{i=O}^{n-1} \text{next}^i \beta_{ki} \right) \wedge \text{next}^n \gamma_k \right)$$

ein k existiert, so daß $[\underline{\sigma}, \theta] \models \bigwedge_{i=O}^{n-1} \text{next}^i \beta_{ki}$ gilt. $\Box$

Wie zu erwarten war, beinhaltet vorläufige Gültigkeit eine echte Abschwächung der potentiellen Gültigkeit.

Satz 3.41: Für jede propositional-temporale Formel φ gilt (bei beliebig gewählter Zustandsfolge $\underline{\sigma}$ und Belegung θ):

$$\varphi \text{ potentiell gültig} \implies \varphi \text{ vorläufig gültig}$$

Die Umkehrung gilt nicht allgemein. $\Box$

Beweis: Für die leere Zustandsfolge $\underline{\sigma}=\lambda$ gilt die Implikation trivial. Ansonsten folgt aus der potentiellen Gültigkeit in $\underline{\sigma}$ mit einer geeigneten Fortsetzung $\underline{\sigma}'$ und einer Normalform von φ (Kor. 3.31):

$$\text{es gibt ein k, so daß } [\sigma_O, \theta] \models \beta_k \text{ und } [(\underline{\sigma} \circ \underline{\sigma}')_1, \theta] \models \gamma_k$$

d.h. es gibt ein k, so daß $[\sigma_O, \theta] \models \beta_k$ und γ_k in $\underline{\sigma}_1$ potentiell gültig ist

Per Induktion über die Länge von Zustandsfolgen sieht man anhand von Satz 3.39, daß die Behauptung auf jede endliche Zustandsfolge zutrifft. $\Box$

Gegenbeispiel zur Umkehrung: Die oben diskutierte Formel (**always** $\rho \wedge$ **sometime** $\neg\rho$) ist in der vollen temporalen Logik äquivalent zu **false**, also in keiner Zustandsfolge potentiell gültig. $\Box$

3.5 Spezifikation von Integritätsbedingungen

Zum Schluß dieses Kapitels wenden wir uns dem Gebrauch temporaler Logik für die Formulierung dynamischer Integritätsbedingungen zu. Um die Theorie der vorangegangenen Abschnitte und des nächsten Kapitels auszunutzen, beschränken wir uns auf die verallgemeinerte propositional-temporale Logik (Def. 3.28).

Aus der vorgestellten Semantik temporaler Formeln resultieren zunächst zwei wichtige pragmatische Eigenschaften, die den Spezifikationsstil wesentlich bestimmen und auch von einigen anderen Ansätzen unterscheiden:

1. Integritätsbedingungen beziehen sich implizit auf eine *relative* Datenbank-"Zeit", die durch die Abfolge von Zuständen bestimmt ist. Informationen über die *absolute* Systemzeit müssen explizit, z.B. durch Objektfunktionen wie **this-year**, dargestellt werden. Ohne Integritätsbedingungen dürfte man diese wie alle anderen Informationen in der Datenbank beliebig manipulieren.

Natürlich empfiehlt es sich, Standard-Zeitkonzepte geeignet vorzudefinieren. Unser Ansatz bietet für solche Ergänzungen [vgl. Se80, An82, Sch85] folgende Möglichkeiten:

- Datentypen wie **year, date** usw. (zustandsinvariante Wertemengen / Operatoren)

- Objektfunktionen wie **this-year, today** usw. (zustandsvariante Informationen)
  mit Integritätsbedingungen wie

$$\textbf{always } (\textbf{this-year=}y \Rightarrow \textbf{always this-year}\geq y)$$
$$\textbf{always } (\textbf{this-year=}y \Rightarrow \textbf{sometime this-year=}y\textbf{+1})$$

- abgeleitete spezielle temporale Operatoren wie

$$\textbf{in } 1987\text{: } \varphi \quad \equiv \quad \textbf{from this-year=}1987 \textbf{ holds } (\varphi \textbf{ BEFORE this-year>}1987)$$
$$\textbf{on-newyear } \varphi \equiv \textbf{this-year=}y \Rightarrow (\textbf{from this-year=}y\textbf{+1 holds } \varphi)$$

Literatur- bzw. Projekt-Überblicke zum Thema "Zeit in Datenbanken" finden sich in [BoADW82, DaBG85, Mc86, Sn86].

2. Die hier verwendeten temporalen Operatoren sind ausschließlich *zukunftsbezogen*, da sie immer nur in späteren Zuständen bzw. Restfolgen (relativ zu Anfangszuständen) ausgewertet werden. Deshalb müssen Integritätsbedingungen den frühesten Zustand, der zur Auswertung relevant sein kann, als Bezugspunkt berücksichtigen. Daraus erklären sich auch einige, indirekt erscheinende Formulierungen im Beispiel 2.0. In einzelnen verwandten Ansätzen [Se80/FiS86, CaCF82, Ku84a-85b] sind zwar *vergangenheitsbezogene* Operatoren wie "sometime in the past" vorgekommen, aber vermutlich lassen sich die meisten solcher Bedingungen auch zukunftsbezogen ausdrücken. Für eine Integritätsüberwachung, bei der vermieden werden muß, vorsorglich die gesamte Geschichte einer Datenbank zu speichern, kommen nur zukunftsbezogene Formeln als Ausgangspunkt in Frage.

Nach dieser Abgrenzung des Sprachrahmens sollen nun typische Verwendungsmuster für die zur Verfügung stehenden temporalen Operatoren diskutiert werden.

In der Einführung (Abschnitt 1.3) wurde argumentiert, daß die Gültigkeit von Integritätsbedingungen nicht durch Zustandswiederholungen beeinflußt werden soll. Deshalb liegt es nahe, nur die *iterationsinvarianten* Operatoren aus Korollar 3.25 zu benutzen, um auf jeden Fall Anforderungen an direkte Nachfolgezustände zu vermeiden. Wie im Beispiel 2.0 ist für viele Anwendungen zu erwarten, daß zwar mehrere dieser Operatoren vorkommen, meist aber nicht in komplizierten Schachtelungen.

Problematisch für die Formulierung realistischer Bedingungen ist vielmehr, daß sie laut Definition von Zulässigkeit für alle möglichen Variablenbelegungen gelten müssen (vgl. Def. 3.6/7). Damit betreffen sie beliebige, meist unendlich viele Objekte des Universums. Normalerweise sollen jedoch nur für Objekte, die in der Datenbank vorhanden sind, Integritätsbedingungen aufgestellt werden, nicht aber für bereits gelöschte oder erst noch einzufügende Objekte. Als Gültigkeitszeitraum ist dann nur das Intervall von der Einfügung bis zur Löschung gemeint.

Solche Integritätsbedingungen kann man spezifizieren, indem man das Prädikat **exists** geeignet einsetzt. Dazu werden anschließend einige Standardformulierungen analysiert, die eine Spezifikation erleichtern. Als Grundformeln dürfen natürlich nur prädikatenlogische Formeln (mit Quantifizierungen nur über aktuelle Objekte; vgl. 3.9/3.12) verwendet werden.

Die in einer gegebenen temporalen Formel φ frei vorkommenden Objektvariablen seien in diesem Abschnitt $X = \{x_1, ..., x_n\}$. "exists(X)" stehe als Abkürzung für

$$\textbf{exists}(x_1) \wedge ... \wedge \textbf{exists}(x_n) \ .$$

   - Soll die Bedingung φ nur für (erstmalig) neu eingefügte Objekte relevant sein, so ergänzt man φ zu:

(3.42a)   **from exists**(X) **holds** φ

Damit muß φ für jede Belegung in der Restfolge ab dem Zustand gelten, in dem erstmals alle Objekte der Belegung aktuell sind. φ kann sich so aber noch auf Zustände auswirken, in denen einige Objekte bereits gelöscht oder erneut eingefügt worden sind.

   - Soll die Bedingung φ zusätzlich nur bis zur Löschung von Objekten (aus- oder einschließlich) relevant sein, lautet die vollständige Integritätsbedingung:

(3.42b)   **from exists**(X) **holds** (φ **BEFORE** $\neg$ **exists**(X))
(3.42c)   oder   **from exists**(X) **holds** (φ **UNTIL** $\neg$ **exists**(X))

Damit muß φ für jede Belegung bis vor/zu dem Zustand gelten, in dem erstmals ein Objekt der Belegung gelöscht worden ist.

   - Soll φ nicht nur im ersten, sondern in allen Abschnitten, in denen die Belegung aktuell ist, gelten, ist oben "**from**" jeweils durch "**always-from**" zu ersetzen.

Definition 3.43: Wie bereits im Beispiel 2.0 geschehen, werden die Formeln (3.42b/c) abgekürzt durch:

        (b)   **DURING-EXISTENCE(X)** φ

        (c)   **DURING-EXISTENCE-UNTIL-DELETION(X)** φ

φ wird als *Rumpfbedingung* bezeichnet. Solche Integritätsbedingungen (mit propositional-temporalen Rumpfbedingungen über prädikatenlogischen Grundformeln) heißen im folgenden *existenzbeschränkt* (b) bzw. *schwach existenzbeschränkt* (c).   □

Eine Überwachung von Bedingungen der allgemeineren Form "**[always-]from exists(X) holds** φ" (3.42a) dürfte erfordern, daß gelöschte Objekte vermerkt werden, damit sie bei erneuter Einfügung "wiederzuerkennen" sind. Um von vornherein jeden versteckten Bezug auf nicht-aktuelle Objekte zu vermeiden, treffen wir zwei Annahmen:

(1)   Einmal gelöschte Objekte werden nicht wieder eingefügt.

(2)   Integritätsbedingungen sind nur für vorhandene Objekte und für diese nur von ihrer Einfügung bis zu ihrer Löschung relevant.

Die erste Annahme schließt nicht aus, daß später ein Objekt mit gleichen Funktionswerten eingefügt werden darf; das wird dann aber wie ein neues Objekt behandelt. Formal lauten diese Annahmen wie folgt:

Annahmen 3.44:

(1)   Alle vorkommenden Zustandsfolgen erfüllen zu jeder Objektsorte s die Formel

$$\underline{\forall}\,x{:}s \ \textbf{from exists}(x) \ \textbf{holds} \ (\textbf{from} \ \neg\textbf{exists}(x) \ \textbf{always} \ \neg\textbf{exists}(x))\,.$$

(2)   Alle Integritätsbedingungen sind (evtl. schwach) existenzbeschränkt.   □

Definition 3.45: Unter der Annahme (1) bestimmt jede Belegung θ innerhalb einer endlichen oder unendlichen Zustandsfolge $\underline{\sigma}$ genau ein (evtl. unendliches) *Existenzintervall* $\underline{\sigma}_\theta$, das diejenigen Zustände enthält, in denen alle Objekte von θ aktuell sind. Das *erweiterte Existenzintervall* $\underline{\sigma}_\theta^+$ schließt noch den unmittelbar folgenden Zustand ein.

Zu einer Integritätsbedingung φ und einer Zustandsfolge $\underline{\sigma}$ heißt jede Belegung θ der freien Variablen von φ mit *nichtleerem* Existenzintervall $\underline{\sigma}_\theta$ eine *relevante Belegung*. Wir nennen φ *existenzbeschränkt gültig* in $\underline{\sigma}$ gdw. für jede relevante Belegung $[\underline{\sigma}_\theta,\theta] \vDash \varphi$ gilt. *Schwach existenzbeschränkte Gültigkeit* sei analog mit Hilfe des erweiterten Existenzintervalls definiert.   □

Aus den Definitionen der Operatoren **from**, **BEFORE** und **UNTIL** (3.17, 3.20) folgt für jede Zustandsfolge $\underline{\sigma}$:

Lemma 3.46: $\underline{\sigma}$ ist bzgl. einer [schwach] existenzbeschränkten Integritätsbedingung zulässig gdw. die zugehörige Rumpfbedingung [schwach] existenzbeschränkt gültig ist, d.h.:

$$\underline{\sigma} \models \textbf{DURING-EXISTENCE}(X)\ \varphi$$

gdw. für beliebige relevante Belegungen θ: $[\underline{\sigma}_\theta, \theta] \models \varphi$

$$\underline{\sigma} \models \textbf{DURING-EXISTENCE-UNTIL-DELETION}(X)\ \varphi$$

gdw. für beliebige relevante Belegungen θ: $[\underline{\sigma}_\theta^+, \theta] \models \varphi$ □

Obwohl schwach existenzbeschränkte Integritätsbedingungen einen Zustand nach der Löschung von Objekten einbeziehen und sich so (kurzzeitig) auch auf nicht-aktuelle Objekte erstrecken, sind sie in der Praxis unverzichtbar.

Beispiele 3.47: Voll existenzbeschränkte Integritätsbedingungen beziehen sich genau auf die Lebenszeit der angegebenen Objekte, beschreiben also Eigenschaften, die diese Objekte "erleben". Daß etwa ein Objekt x bis zum Eintreten einer Bedingung τ nicht gelöscht werden darf, läßt sich indirekt dadurch ausdrücken, daß τ während dessen Existenz eintreten muß:

$$\textbf{DURING-EXISTENCE}(x)\ \textbf{sometime}\ \tau$$

Auf diese Weise kann im Rahmen des Automobil-Meldewesens (Bsp. 2.0) die Forderung, daß die Information über einen Wagen bis zum Anfang des dritten Jahres nach seiner Zerstörung aufbewahrt werden soll, spezifiziert werden:

DURING-EXISTENCE(c)
from destroyed(c) **holds** this-year=y $\Rightarrow$ (**sometime** this-year>y+2)

Direkter erscheint die Formulierung

from exists(c) $\wedge$ destroyed(c) **holds**
$\qquad$ this-year=y $\Rightarrow$ (**always** exists(c) **until** this-year>y+2),

die übrigens äquivalent ist zu

DURING-EXISTENCE-UNTIL-DELETION(c)
from destroyed(c) **holds** this-year=y $\Rightarrow$ (**always** exists(c) **until** this-year>y+2) .

Kann man keine solche "Erlebnisbedingung" τ angeben, z.B. wenn die Information nicht unbedingt bis zum Anfang des dritten Jahres, sondern nur bis zum Ende des zweiten Jahres aufbewahrt werden soll, *muß* man auf die schwache Existenzbeschränkung zurückgreifen (Bsp. 2.0, I3b):

DURING-EXISTENCE-UNTIL-DELETION(c)
from destroyed(c) **holds** this-year=y $\Rightarrow$ (**always** exists(c) **before** this-year>y+2) .

Insbesondere benötigt man schwach existenzbeschränkte Integritätsbedingungen, um Forderungen nach der Löschung von Objekten zu spezifizieren (auch (I3b)):

DURING-EXISTENCE-UNTIL-DELETION(c)
from destroyed(c) **holds** this-year=y $\Rightarrow$ (**sometime** ¬exists(c) **before** this-year>y+3) □

In diesen typischen Beispielen spielen die späteren Zustände nach der Löschung keine Rolle für die Gültigkeit; es reicht, das jeweilige Existenzintervall und den anschließenden Zustand anzusehen. Zur Überwachung müssen also Objekte maximal einen Zustand länger als in der Datenbank gespeichert werden, was aber für eine etwaige Rücksetzung von Transaktionen sowieso nötig ist.

Im Unterschied zum Lemma 3.46 über Zulässigkeit bzgl. existenzbeschränkter Bedingungen hängt partielle Zulässigkeit, das eigentliche Ziel einer Integritätsüberwachung, wie folgt mit der partiellen Gültigkeit der Rumpfbedingung zusammen:

Satz 3.48: $\underline{\sigma}$ sei eine endliche Zustandsfolge und φ eine iterationsinvariante Rumpfbedingung. $\underline{\sigma}$ ist bzgl. einer [schwach] existenzbeschränkten Integritätsbedingung

$$\textbf{DURING-EXISTENCE}[\textbf{-UNTIL-DELETION}]\ (X)\ \ \varphi$$

potentiell zulässig gdw. die Rumpfbedingung φ unter jeder relevanten Belegung θ nur im [erweiterten] Existenzintervall $\underline{\sigma}_\theta\ [\underline{\sigma}_\theta^+]$

$$\left[\begin{array}{lll} \text{falls } \underline{\sigma}_\theta \text{ früher als } \underline{\sigma} \text{ endet:} & \text{stationär} & \text{gültig ist,} \\ \text{sonst:} & \text{potentiell} & \text{gültig ist.} \end{array} \right]$$

Gleiches gilt für vorläufige statt potentieller Zulässigkeit/Gültigkeit.   □

Bemerkung: Im ersten Fall sind Objekte von θ bereits im Verlauf der Zustandsfolge $\underline{\sigma}$ wieder gelöscht worden. Daß deren Existenzintervall nicht fortgesetzt werden kann, legt nahe, stationäre Gültigkeit zu verlangen. Es sei daran erinnert, daß für iterationsinvariante Formeln stationäre und strenge Gültigkeit zusammenfallen. □

Beweis zur potentiellen Gültigkeit:

$\quad \varphi^{DE} :\equiv$ (**DURING-EXISTENCE**$(X)\ \varphi$) ist in $\underline{\sigma}$ unter θ potentiell gültig

$\quad$ gdw.$\quad [\underline{\sigma} \circ \underline{\sigma}', \theta] \vDash \varphi^{DE}\quad$ für eine unendliche Fortsetzung $\underline{\sigma}'$

$\quad$ gdw.$\quad [(\underline{\sigma} \circ \underline{\sigma}')_\theta, \theta] \vDash \varphi\quad$ (nach Lemma 3.46)

Da φ iterationsinvariant ist, besagt das für die stationäre Fortsetzung $\underline{\sigma}''$ von $(\underline{\sigma} \circ \underline{\sigma}')_\theta$:

$$[(\underline{\sigma} \circ \underline{\sigma}')_\theta \circ \underline{\sigma}'', \theta] \vDash \varphi\ .$$

Falls $\underline{\sigma}_\theta$ vor $\underline{\sigma}$ endet, gilt $(\underline{\sigma} \circ \underline{\sigma}')_\theta = \underline{\sigma}_\theta$, d.h. φ ist in $\underline{\sigma}_\theta$ stationär gültig. Sonst gilt $(\underline{\sigma} \circ \underline{\sigma}')_\theta \circ \underline{\sigma}'' = \underline{\sigma}_\theta \circ \underline{\sigma}'''$ mit einer geeigneten Fortsetzung $\underline{\sigma}'''$, so daß φ in $\underline{\sigma}_\theta$ potentiell gültig ist. Analog ergibt sich die Behauptung für eine schwach existenzbeschränkte Bedingung, da im ersten Fall auch $(\underline{\sigma} \circ \underline{\sigma}')_\theta^+ = \underline{\sigma}_\theta^+$ gilt.   □

Beweis zur vorläufigen Gültigkeit:

In der leeren Zustandsfolge $\underline{\lambda}$ trifft die Behauptung trivial zu, da keine relevanten Belegungen existieren. Sei nun $\underline{\sigma}$ nichtleer und θ eine relevante Belegung. Die nachstehenden Äquivalenzen beziehen sich immer auf vorläufige Gültigkeit unter θ.

Zu einer beliebigen Formel ψ bezeichne ψ^B die Formel (ψ **BEFORE** $\neg$**exists**(X)), so daß insbesondere $\varphi^{DE} \equiv$ (**from exists**(X) **holds** φ^B). Wie im Beispiel 3.32 folgt dafür:

$$\varphi^{DE} \Leftrightarrow (\textbf{exists}(X) \wedge \varphi^B) \vee (\neg\textbf{exists}(X) \wedge \textbf{next}\ \varphi^{DE})$$

Demnach ist φ^{DE} in $\underline{\sigma}$ vorläufig gültig gdw. φ^B in der Restfolge $\underline{\sigma}_i$ ab dem ersten Zustand, in dem θ aktuell ist, vorläufig gültig ist.

Per Induktion über die Anzahl temporaler Operatoren in φ und die Länge der Rest-folgen $\underline{\sigma}'$ von $\underline{\sigma}_i$ kann gezeigt werden:

$(*)\ \varphi^B$ ist vorläufig gültig in $\underline{\sigma}'$ gdw. $\begin{cases}\text{falls } \underline{\sigma}'_\Theta \text{ vor } \underline{\sigma}' \text{ endet: } \varphi \text{ streng gültig in } \underline{\sigma}'_\Theta \\ \text{sonst:} \qquad\qquad\qquad \varphi \text{ vorläufig gültig in } \underline{\sigma}'_\Theta \end{cases}$

Die Behauptung des Satzes folgt daraus wegen $(\underline{\sigma}_i)_\Theta = \underline{\sigma}_\Theta$.

Für $\underline{\sigma}' = \underline{\lambda}$ gilt $(*)$ trivial. Ansonsten werden entsprechend der Formelstruktur von φ die (definierenden) Ableitungsregeln für den **BEFORE**-Operator (3.21) und die tempo-ralen Rekursionen (3.26) angewendet:

(i) φ nichttemporal: $\varphi^B \Leftrightarrow (\mathbf{exists}(X) \wedge \varphi) \vee (\neg\mathbf{exists}(X) \wedge \overline{\varphi})$
           ($\overline{\varphi}$ bezeichnet die Auswertung von φ in $\underline{\lambda}$.)

(ii) $\varphi \equiv \mathbf{always}\ \psi\ \mathbf{before}\ \tau$: $\varphi^B \Leftrightarrow \mathbf{always}\ \psi^B\ \mathbf{before}\ (\neg\mathbf{exists}(X) \vee \tau^B)$
                          $\Leftrightarrow (\neg\mathbf{exists}(X) \vee \tau^B) \vee (\psi^B \wedge \mathbf{next}\ \varphi^B)$

(iii) $\varphi \equiv \mathbf{sometime}\ \psi\ \mathbf{before}\ \tau$: $\varphi^B \Leftrightarrow \mathbf{sometime}\ \psi^B\ \mathbf{before}\ (\neg\mathbf{exists}(X) \vee \tau^B)$
                          $\Leftrightarrow (\mathbf{exists}(X) \wedge \neg\tau^B) \wedge (\psi^B \vee \mathbf{next}\ \varphi^B)$

Der Übersichtlichkeit halber wird hier auf die Analyse weiterer Fälle verzichtet.

Wenn $\mathbf{exists}(X)$ im Anfangszustand σ'_O gilt, ist φ^B äquivalent zu:

(i) φ (in $\underline{\sigma}'$ und $\underline{\sigma}'_\Theta$)   (ii) $\tau^B \vee (\psi^B \wedge \mathbf{next}\ \varphi^B)$ (iii) $\neg\tau^B \wedge (\psi^B \vee \mathbf{next}\ \varphi^B)$

Mit Hilfe der Induktionsannahme für kleinere Formeln $(\psi^B, \tau^B, \neg\tau^B)$ bzw. kürzere Restfolgen $(\mathbf{next}\ \varphi^B)$ und wiederum mit Hilfe der temporalen Rekursionen ergibt sich in den Fällen (ii) und (iii) die rechte Seite der Induktionsbehauptung $(*)$; im Fall (i) gilt sie offensichtlich für φ. Man beachte beim Fall (iii), daß auch unter vorläufiger Gültigkeit $\neg(\tau^B) \Leftrightarrow (\neg\tau)^B$ gilt.

Wenn $\neg\mathbf{exists}(X)$ in σ'_O gilt und damit $\underline{\sigma}'_\Theta = \underline{\lambda}$ trivialerweise vor $\underline{\sigma}'$ endet, können die obigen Formeln zu

(i) $\overline{\varphi}$ (ii) **true**   (iii) **false** ,

ausgewertet werden, was mit der strengen Gültigkeit von φ in $\underline{\lambda}$ übereinstimmt. $\square$

Dieser Satz wird der Integritätsüberwachung die Möglichkeit eröffnen, die Prüfung temporaler Formeln

        - inhaltlich (auf relevante Belegungen)
        - und zeitlich (auf Existenzintervalle)

einschränken zu können.

4 Universelle Integritätsüberwachung mit Transitionsgraphen

In diesem Kapitel stellen wir theoretische und algorithmische Grundlagen einer universellen Integritätsüberwachung vor.

Ein naiver Ansatz, in temporaler Logik formulierte Integritätsbedingungen zu überwachen, würde darin bestehen, Formeln direkt gemäß der im vorigen Kapitel definierten Semantik in Zustandsfolgen auszuwerten. Diese Idee erfordert, daß die gesamte Geschichte einer Datenbank gespeichert wird; sie erscheint von daher illusorisch. Tatsächlich werden aber zur Überwachung von vorab bekannten Bedingungen nur bestimmte "historische" Informationen benötigt. Dementsprechend kann eine realistischere Überwachungsmethode durch Verwendung von Transitionsgraphen entwickelt werden, die beschreiben, welche Lebensläufe von Datenbankobjekten zu temporalen Formeln passen. Mit ihrer Hilfe brauchen außer den Graphen selbst nur der jeweils aktuelle Datenbankzustand und einige nichttemporale Bedingungen inspiziert werden.

Die Grundlage für die Überwachung temporaler Formeln bilden Untersuchungen, ob temporale Spezifikationen von Programmeigenschaften überhaupt konsistent sind, also ob sie durch irgendein Programm (bzw. dessen Zustandsfolgen) erfüllt werden können, und wie sich ein solches Programm synthetisieren läßt. Entscheidungsverfahren für die Erfüllbarkeit von Formeln existieren für die (lineare) propositional-temporale Logik im engeren Sinne, d.h. die Erweiterung der Aussagenlogik um temporale Operatoren [ReU71 ... GaPSS80]. Ausführlich sind solche Verfahren von Wolper in [Wo81/Wo83, Wo82/MaW82] dargestellt worden, der zudem noch eine Erweiterung um expressivere Operatoren einführt (vgl. auch [CaF84]). In [SiC85] wird die Komplexität von Entscheidungsverfahren für mehrere Varianten dieser Logik behandelt.

Kern der Verfahren sind sogenannte "Modellgraphen" [insbesondere Wo83, MaW84], die aus temporalen Formeln konstruiert werden können, und deren Pfade genau den zulässigen Zustandsfolgen entsprechen. Erfüllbar ist eine Formel genau dann, wenn der konstruierte Graph nicht leer ist, es also mindestens einen Pfad gibt. In mehreren Arbeiten unserer Gruppe [Sa85, LiSE86 / LiS87 / SaL87, FeL87] haben wir diese Methoden zum ersten Mal von Programm- auf Datenbanksysteme übertragen und in einigen Aspekten verallgemeinert; u.a. werden in propositional-temporalen Formeln soweit wie möglich prädikatenlogische Grundformeln berücksichtigt. Im Rahmen dieser Arbeit geben wir eine neu systematisierte und erweiterte Darstellung unseres Ansatzes. Die Graphen werden im Hinblick auf die Prüfung von Zustandsübergängen abweichend von Wolper als "Transitionsgraphen" bezeichnet.

Ein Transitionsgraph kann zur Entwurfszeit einer Datenbank aus einer als temporale Formel spezifizierten Integritätsbedingung konstruiert werden, z.B. mittels iterierter

Normalformbildung. Der initiale Knoten des Graphen enthält die ursprüngliche Bedingung, die anderen Knoten enthalten solche Teile oder Modifikationen der Bedingung, die nach Erreichen der Knoten zukünftig noch zu überwachen sind. Die Kanten sind mit nichttemporalen Formeln beschriftet, die nach jedem Zustandsübergang geprüft werden sollen. Zur Laufzeit muß dann ein Monitor diesen Graphen interpretieren, indem er die einer gegebenen Zustandsfolge entsprechenden Pfade durch den Graphen verfolgt: In jedem neuen Zustand prüft er die von erreichten Knoten ausgehenden Kantenbeschriftungen. Solange mindestens eine Kante zutrifft, kann er in den nächsten Knoten übergehen, und die Zustandsfolge ist bis dahin akzeptiert.

Dadurch, daß Transitionsgraphen den Monitorablauf kontrollieren, läßt sich die Überwachung von dynamischen Bedingungen in Zustandsfolgen auf zustandslokale Prüfungen von wechselnden statischen Bedingungen zurückführen. Frühere Zustände brauchen nicht gespeichert werden. Dieses Grundprinzip hatten wir bereits in unseren ersten einschlägigen Arbeiten [EhLG84, LiEG85] erkannt, die ad-hoc-Schemata zur Überwachung einfacher dynamischer Bedingungen enthielten; sie haben sich als Spezialfälle herausgestellt.

An Fehlern im Datenbankverhalten können mindestens alle Integritätsverletzungen bis zum jeweils aktuellen Zustand entdeckt werden, also alle Verletzungen der vorläufigen Zulässigkeit. Wenn der Transitionsgraph zusätzlich um "unerfüllbare" Teile reduziert wird, lassen sich sogar viele in der Zukunft unvermeidbare Fehler im voraus erkennen. Dadurch kommt man dem Ziel, potentielle Zulässigkeit zu garantieren, deutlich näher.

Am Anfang dieses Kapitels steht eine allgemeine Theorie von Transitionsgraphen: Wichtige Eigenschaften werden definiert und auf Zusammenhänge untersucht. Der Hauptsatz präzisiert, in welchem Sinne Pfade durch korrekte Transitionsgraphen zulässigen Zustandsfolgen entsprechen, so daß sich die Graphen zur Integritätsüberwachung einsetzen lassen; das Prinzip des Monitor-Algorithmus ist ebenfalls angegeben. Danach stellt der Abschnitt 4.2 mehrere Konstruktionsverfahren für Transitionsgraphen zusammen, deren Ergebnisse auf die gewünschten Eigenschaften verifiziert werden. Schließlich werden im Abschnitt 4.3 Transitionsgraphen zu Integritätsbedingungen aus unserem Beispielschema konstruiert, und der Monitor wird auf typische Bedingungsmuster spezialisiert.

4.1 Transitionsgraphen

4.1.1 Grundbegriffe

Zunächst definieren wir die (im wesentlichen) syntaktische Struktur von Transitionsgraphen.

Definition 4.1: Gegeben sei eine propositional-temporale Formel φ mit Grundformeln GF_φ (vgl. Def. 3.28). Ein ***Transitionsgraph zu*** φ ist ein knoten- und kantenbeschrifteter gerichteter Wurzelgraph $T = \langle V, E, \nu, \eta, v_0 \rangle$, der aus folgenden Komponenten besteht:

- einer endlichen Knotenmenge V
- einer Kantenmenge $E \subseteq V \times V$
- einer Knotenbeschriftung durch propositional-temporale Formeln über GF_φ:
$$\nu: V \rightarrow PTL(GF_\varphi)$$
- einer Kantenbeschriftung durch propositionale Formeln über GF_φ:
$$\eta: E \rightarrow PL(GF_\varphi)$$
- einem Wurzelknoten $v_0 \epsilon V$ mit $\nu(v_0) = \varphi$, dem sogenannten initialen Knoten (sofern V nichtleer ist)

Die Beschriftungen der Knoten müssen paarweise schwach-propositional inäquivalent sein, ebenso die Beschriftungen der ausgehenden Kanten an jedem Knoten. Zudem darf keine Kantenbeschriftung propositional äquivalent zu **false** sein. (Propositionale und schwach-propositionale Äquivalenz stimmen für nichttemporale Formeln überein.)   □

Während die Beschriftungen eines beliebigen Transitionsgraphen bis auf ihre syntaktischen Bestandteile unabhängig voneinander gewählt werden dürfen, muß ein "korrekter" Transitionsgraph, der zur schrittweisen Überwachung von Formeln in Zustandsfolgen dienen soll, noch folgende semantische Eigenschaft erfüllen:

Definition 4.2: Ein Transitionsgraph T ist ***korrekt*** gdw. für jeden Knoten v mit ausgehenden Kanten $e_k = (v, v_k)$, $k=1,\dots,d$ $(d \geq 0)$, gilt (bzgl. unendlicher Zustandsfolgen):

$$\nu(v) \Leftrightarrow \bigvee_{k=1}^{d} \left(\eta(e_k) \wedge \text{next } \nu(v_k) \right)$$

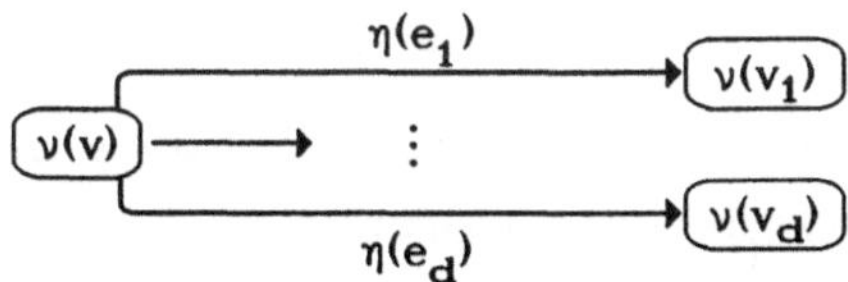

□

Bezogen auf eine beliebige Zustandsfolge $\underline{\sigma}$ und eine beliebige Variablenbelegung θ ist eine Knotenbeschriftung genau dann gültig, wenn mindestens eine Kantenbeschriftung (nichttemporal!) im Anfangszustand und die Beschriftung des zugehörigen Zielknotens in der ersten Restfolge gültig ist.

Lemma 4.3: Die nachstehenden Bedingungen sind äquivalent:

(i) $[\underline{\sigma}, \theta] \models \nu(v)$

(ii)   es gibt ein k, so daß $[\sigma_0, \theta] \models \eta(e_k)$ und $[\underline{\sigma}_1, \theta] \models \nu(v_k)$

(iii) $[\underline{\sigma}_1, \theta] \models \bigvee_{\substack{k=1 \\ [\sigma_0, \theta] \models \eta(e_k)}}^{d} \nu(v_k)$ (Eine leere Disjunktion steht für **false**.)

□

Beispiel 4.4: Der folgende Transitionsgraph mit Grundformel ρ ist aufgrund der Regeln (3.14a - Dualität) und (3.26a - temporale Rekursion) korrekt:

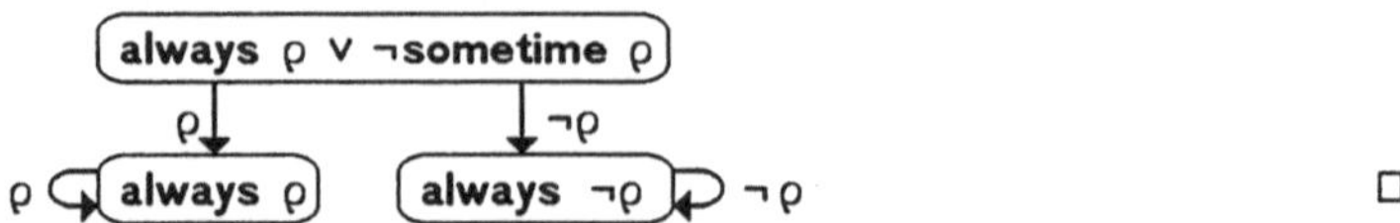

Die Analogie der Korrektheitsanforderung zum Aufbau der Normalform (Satz 3.30) ist offensichtlich; hier wird jedoch von der Herleitung der Äquivalenz abstrahiert. Wie obiges Lemma basiert auch das frühere Korollar 3.31 nur auf der Zerlegung einer Formel in irgendwelche aktuellen und zukünftigen Teile. Tatsächlich kann man durch iterierte Normalformbildung spezielle korrekte Transitionsgraphen konstruieren, wie wir später sehen werden.

Zuvor soll das "dynamische Verhalten" von beliebigen Transitionsgraphen erklärt werden, aus dem sich die algorithmische Struktur der Integritätsüberwachung ableiten läßt. Jeder Transitionsgraph kann entlang einer Zustandsfolge $\underline{\sigma}$ so durchlaufen werden, daß zu jedem Zeitpunkt n eine bestimmte Menge $M_T(\underline{\sigma},n)$ von Knoten erreicht bzw. "markiert" ist, und daß die Beschriftungen der dazwischenliegenden Knotenübergänge in den jeweiligen Zuständen erfüllt sind; anfangs ist der initiale Knoten markiert. Insgesamt wird einer Zustandsfolge also eine Folge von Knotenmarkierungen zugeordnet, die man auch als eine Menge von Pfaden durch den Graphen auffassen kann.

Im folgenden sei eine beliebige Variablenbelegung θ fest gewählt, die zur Vereinfachung nicht explizit in den Notationen auftaucht.

Definition 4.5: Σ bezeichne die Menge aller Zustände, $\underline{\Sigma}$ die Menge aller endlichen und unendlichen Zustandsfolgen und $\mathfrak{P}(V)$ die Potenzmenge zur Knotenmenge V.

Die ***Markierung*** eines Transitionsgraphen T ist eine (partielle) Funktion

$$M_T: \underline{\Sigma} \times \mathbb{N} \longrightarrow \mathfrak{P}(V) \, ,$$

die wie folgt induktiv definiert ist:

$$M_T(\underline{\sigma},0) = \{v_0\}$$
$$M_T(\underline{\sigma},n+1) = \text{trans}(\, M_T(\underline{\sigma},n) \, , \sigma_n \,) \, , \quad \text{falls } n+1 \le |\underline{\sigma}| \quad \text{(sonst undefiniert)}$$

Hierbei steht "trans" für die Funktion $\text{trans}: \mathfrak{P}(V) \times \Sigma \longrightarrow \mathfrak{P}(V)$ mit

$$\text{trans}(M,\sigma) = \{ \, v' \epsilon V \mid \exists v \epsilon M \; \exists e=(v,v') \epsilon E: \; [\sigma,\theta] \vDash \eta(e) \, \}$$

Die Knoten in $M_T(\underline{\sigma},n)$ heißen "zum Zeitpunkt n ***markiert***". Für eine endliche Zustandsfolge $\underline{\sigma}$ der Länge n notieren wir kurz $M_T(\underline{\sigma}) := M_T(\underline{\sigma},n)$. $\qquad\qquad\Box$

Die Definition der Hilfsfunktion "trans", die die schrittweise Abarbeitung des Graphen formalisiert, nennen wir auch ***Transitionsregel:*** Ein Knoten v' ist zum Zeitpunkt n+1 markiert gdw. eine Kante e von einem vorher markierten Knoten v nach v' führt, deren Beschriftung $\eta(e)$ im Zustand σ_n gültig ist (unter der gewählten Belegung). Wenn in diesem Sinne keine der Kanten, die von der alten Markierung ausgehen, zutrifft, wird kein Knoten markiert, und die Zustandsfolge gilt als nicht "akzeptiert". Dann kann auch zu späteren Zeitpunkten kein Knoten mehr markiert werden (wegen $\text{trans}(\emptyset,\sigma)=\emptyset$).

Definition 4.6: Ein Transitionsgraph T **akzeptiert** eine endliche Zustandsfolge (bzw. einen Präfix) $\underline{\sigma}$ gdw. die Markierung $M_T(\underline{\sigma})$ nicht leer ist. Im anderen Fall heißt $\underline{\sigma}$ **abgelehnt.** $\square$

Aus der Transitionsregel folgt per Induktion über die Länge von Zustandsfolgen:

Lemma 4.7: Ein Transitionsgraph T akzeptiert eine Zustandsfolge $\underline{\sigma} = \langle \sigma_0, ..., \sigma_{n-1} \rangle$ ($n \geq 0$) gdw. es in T mindestens einen Pfad der Länge n gibt,

 - der vom initialen Knoten ausgeht
 - und auf dem jede i-te Kantenbeschriftung $(0 < i \leq n)$ in σ_{i-1} gilt.

Ein solcher Pfad heißt auch **akzeptierender Pfad zu $\underline{\sigma}$.** $\square$

Offensichtlich hängt die Akzeptierung von Zustandsfolgen nicht von den Knotenbeschriftungen ab, so daß folgende Aussage gilt:

Lemma 4.8: Zwei Transitionsgraphen akzeptieren die gleichen Zustandsfolgen, wenn sie **isomorph** sind, d.h. wenn es zwischen ihnen einen Graphenisomorphismus gibt, der die initialen Knoten ineinander und alle Kanten in Kanten mit äquivalenten Beschriftungen überführt. $\square$

Passend zur Verhaltensbeschreibung kann ein Transitionsgraph auch als ein endlicher nichtdeterministischer Akzeptor über einem Alphabet $\mathfrak{W}(GF_\varphi)$ aufgefaßt werden, das aus allen Abbildungen der Grundformeln GF_φ in die Wahrheitswerte {**true,false**} besteht (Zeilen einer Wahrheitstafel). Jede Kantenbeschriftung entspricht, da sie eine logische, nicht propositional zu **false** äquivalente Verknüpfung der Grundformeln ist, einer nichtleeren Teilmenge von $\mathfrak{W}(GF_\varphi)$; auch für die Berechnung der Markierung ist nur wichtig, wie die Grundformeln in den Zuständen interpretiert sind.

Da allerdings beliebige prädikatenlogische Grundformeln erlaubt sind, treten möglicherweise bestimmte Kombinationen von Wahrheitswerten nie auf, z.B. bei den Grundformeln $(\forall x\, p(x))$ und $(\exists x\, \neg p(x))$. Deshalb können propositional inäquivalente Kantenbeschriftungen im Sinne der Prädikatenlogik durchaus äquivalent sein (für einzelne oder sogar für alle Belegungen). Grundformeln, die sich voll wie atomare Formeln der Aussagenlogik verhalten sollen, müssen "unabhängig" sein.

Definition 4.9: Eine Menge GF von Grundformeln heißt **unabhängig** gdw. es zu jeder Belegung θ und jeder Abbildung $\mathfrak{w}: GF \to$ {**true,false**} einen Zustand σ gibt, so daß für alle Grundformeln ρ gilt: $[\sigma,\theta] \models \rho$ gdw. $\mathfrak{w}(\rho) = $ **true** $\square$

Lemma 4.10: Falls die Grundformeln der Formel φ unabhängig sind, ist in Transitionsgraphen zu φ jede Kantenbeschriftung erfüllbar, und jeder Pfad, der von der Wurzel ausgeht, ist auch akzeptierender Pfad zu irgendeiner Zustandsfolge.   □

Beweis: Wegen der Unabhängigkeit der Grundformeln ist jede Kantenbeschriftung nicht nur propositional inäquivalent zu **false**, sondern auch prädikatenlogisch unter jeder Belegung in irgendeinem Zustand erfüllt. Somit existiert entlang jedes Pfades eine zugehörige Zustandsfolge.   □

Bemerkung: Die obige Definition schließt ein, daß jede Grundformel selbst erfüllbar sein muß.   □

Abgelehnt werden Zustandsfolgen ab dem Zustand, in dem keine der ausgehenden Kanten aller markierten Knoten zutrifft. Gelegentlich benutzen wir "vervollständigte" Graphen, die stattdessen Übergänge in einen Fehlerknoten aufweisen.

Definition 4.11: Zur *Vervollständigung* eines Graphen wird ein zusätzlicher Knoten **error** (mit Beschriftung **false**) und für jeden Knoten v mit ausgehenden Kanten e_k eine zusätzliche Kante e mit Beschriftung $\left(\neg \bigvee_k \eta(e_k)\right)$, d.h. dem logischen Komplement der anderen Kantenbeschriftungen, eingeführt. Die Korrektheitsbedingung bleibt davon unberührt; von Markierungen ist der Knoten **error** jedoch ausgeschlossen.   □

Einige Vorteile in Konstruktion und Anwendung bringen Transitionsgraphen mit sich, in denen die Beschriftungen der ausgehenden Kanten eines jeden Knoten eine disjunkte Fallunterscheidung ergeben.

Definition 4.12: Ein Transitionsgraph ist *deterministisch* gdw. für jeden Knoten v mit ausgehenden Kanten $e_k=(v,v_k)$, $k=1,\ldots,d$, gilt:

$$\eta(e_k) \wedge \eta(e_l) \Leftrightarrow \textbf{false} \quad \text{für alle } k,l=1,\ldots,d,\ k\neq l \qquad\qquad □$$

Somit kann in jedem Zustand von den ausgehenden Kanten höchstens eine erfüllt sein; ist der Graph zudem vervollständigt, trifft genau eine Kante zu.

Für derartige Graphen spezialisieren bzw. vereinfachen sich einige Begriffe.

Lemma 4.13: Ein vervollständigter deterministischer Transitionsgraph T ist korrekt gdw. für jeden Knoten v und jede ausgehende Kante $e_k=(v,v_k)$, $k=1,\ldots,d$, gilt:

$$\nu(v) \wedge \eta(e_k) \Leftrightarrow \eta(e_k) \wedge \textbf{next } \nu(v_k) \qquad\qquad □$$

Beweis zu "$\Rightarrow$": Wenn T korrekt ist, gilt für jeden Knoten v:

$$\nu(v) \wedge \eta(e_k) \Leftrightarrow \eta(e_k) \wedge \bigvee_{k=1}^{d} (\eta(e_k) \wedge \textbf{next } \nu(v_k)) \Leftrightarrow \eta(e_k) \wedge \textbf{next } \nu(v_k)$$

Die erste Äquivalenz benutzt die Definition der Korrektheit, die zweite basiert in der $\Rightarrow$-Richtung auf dem vorausgesetzten Determinismus.   □

Beweis zu "$\Leftarrow$": Für einen vervollständigten Graphen gilt **true** $\Leftrightarrow \bigvee_k \eta(e_k)$, so daß folgt:

$$\nu(v) \;\Leftrightarrow\; \bigvee_{k=1}^{d} (\nu(v) \wedge \eta(e_k)) \;\overset{\text{Vor.}}{\Leftrightarrow}\; \bigvee_{k=1}^{d} (\eta(e_k) \wedge \textbf{next}\; \nu(v_k)) \qquad\qquad \square$$

Lemma 4.14: In einem deterministischen Transitionsgraphen ist bei gegebener Zustandsfolge $\underline{\sigma}$ zu jedem Zeitpunkt n *höchstens ein* Knoten markiert. $\qquad \square$

Beweis: Die Behauptung $|M_T(\underline{\sigma},n)| \leq 1$ folgt per Induktion über n, da $M_T(\underline{\sigma},0) = \{v_0\}$ und da jede Anwendung der Transitionsregel 4.5 auf eine einelementige Knotenmenge in einem deterministischen Graphen eine höchstens einelementige Menge liefert. $\qquad \square$

Folgerung 4.15: Ein deterministischer Transitionsgraph T akzeptiert eine endliche Zustandsfolge $\underline{\sigma}$ gdw. es in T *genau einen* akzeptierenden Pfad zu $\underline{\sigma}$ gibt. $\qquad \square$

Schließlich interessieren uns wie bei temporalen Formeln besonders solche Graphen, die sich unter lokalen Iterationen von Zuständen invariant verhalten.

Definition 4.16: Ein Transitionsgraph T heißt *Iterationsinvariant* gdw. für alle Zustände σ und alle Knotenmengen M (unter beliebigen Belegungen) gilt:

$$\text{trans}(M,\sigma) = \text{trans}(\,\text{trans}(M,\sigma),\sigma) \qquad\qquad \square$$

Bemerkung: Da somit die markierten Knoten bei der Wiederholung von Zuständen unverändert bleiben, werden mit jeder Zustandsfolge auch alle dazu iterationsäquivalenten Zustandsfolgen akzeptiert. $\qquad \square$

Hinreichend für diese Eigenschaft ist folgendes Kriterium, das mit Hilfe der Transitionsregel folgt. Falls der Graph deterministisch ist und die vorkommenden Grundformeln unabhängig sind, ist die Bedingung sogar notwendig (vgl. Lemma 4.10).

Lemma 4.17: Ein Transitionsgraph T ist iterationsinvariant, wenn zu jeder Kante $e = (v,v')$ eine Schleife $e' = (v',v')$ existiert, so daß für die Beschriftungen $\eta(e) \Rightarrow \eta(e')$ gilt.

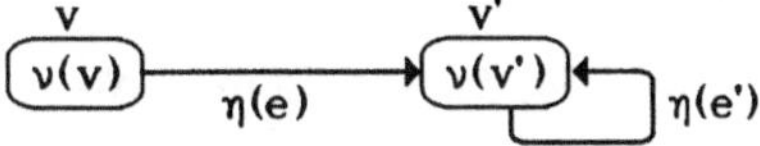

Diese Situation bezeichnen wir als *kantenbezogene Iterationsinvarianz*. $\qquad \square$

4.1.2 Akzeptanz und Gültigkeit

Der anschließende Satz stellt die grundlegende Beziehung zwischen der Gültigkeit einer Formel φ in einer Zustandsfolge und dem zugehörigen Durchlauf durch einen *korrekten* Transitionsgraphen zu φ her. Dieser Satz präzisiert, in welchem Sinne zulässige Zustandsfolgen und akzeptierende Pfade einander entsprechen. Nun muß auch die Information in den Knoten herangezogen werden.

Hauptsatz über Transitionsgraphen 4.18:

Seien eine propositional-temporale Formel φ, ein korrekter Transitionsgraph T zu φ und eine unendliche Zustandsfolge $\underline{\sigma} = \langle \sigma_O, \sigma_1, \dots \rangle$ gegeben. Dann gilt unter einer fest gewählten Belegung θ für jeden Zeitpunkt $n\in\mathbb{N}$:

(a) φ ist in $\underline{\sigma}$ gültig gdw. die Disjunktion der Beschriftungen aller markierten Knoten

$$\varphi_T(\underline{\sigma},n) = \bigvee_{v\in M_T(\underline{\sigma},n)} \nu(v)$$

in der Restfolge $\underline{\sigma}_n$ gültig ist. $\varphi_T(\underline{\sigma},n)$ heißt **aktuelle Formel zum Zeitpunkt n**.

Oder kurz: $\qquad\qquad [\underline{\sigma},\theta] \vDash \varphi \quad$ gdw. $\quad [\underline{\sigma}_n,\theta] \vDash \varphi_T(\underline{\sigma},n)$.

(b) Wenn φ in $\underline{\sigma}$ gültig ist, akzeptiert T den Präfix $\langle \sigma_O, \dots, \sigma_{n-1} \rangle$. $\qquad\qquad\square$

Beweis: (b) folgt aus (a), weil die aktuelle Formel gültig sein muß. Damit kann sie nicht **false** lauten und die Markierung nicht leer sein.

(a) läßt sich per Induktion über n zeigen: Für n=0 trifft die Behauptung trivial zu, da $\underline{\sigma}_n = \underline{\sigma}$ und $\varphi_T(\underline{\sigma},0) = \nu(v_O) = \varphi$ gelten.

Für n>0 wird angenommen:

$\quad$ (1) $\quad [\underline{\sigma},\theta] \vDash \varphi \quad$ gdw. $\quad [\underline{\sigma}_n,\theta] \vDash \varphi_T(\underline{\sigma},n) = \bigvee_{v\in M_T(\underline{\sigma},n)} \nu(v)$

Da T ein korrekter Transitionsgraph ist, gilt für jeden Knoten $v\in M_T(\underline{\sigma},n)$ mit ausgehenden Kanten $e_k=(v,v_k)$ aufgrund von Lemma 4.3:

$\quad$ (2) $\quad [\underline{\sigma}_n,\theta] \vDash \nu(v) \quad$ gdw. $\quad [\underline{\sigma}_{n+1},\theta] \vDash \bigvee_{\substack{k \\ [\sigma_n,\theta]\vDash\eta(e_k)}} \nu(v_k)$

Die Markierung $M_T(\underline{\sigma},n+1)$ enthält zu jedem Knoten $v\in M_T(\underline{\sigma},n)$ genau alle Nachfolgeknoten v_k, für die $[\sigma_n,\theta]\vDash\eta(e_k)$ gilt. Also ergibt sich die aktuelle Formel $\varphi_T(\underline{\sigma},n+1)$ als die Substitution der Disjunktionen in (2) für die Argumente $\nu(v)$ der Disjunktion in (1). Aus (2) und (1) folgt damit:

$$[\underline{\sigma}_{n+1},\theta] \vDash \varphi_T(\underline{\sigma},n+1) \quad \text{gdw.} \quad [\underline{\sigma}_n,\theta] \vDash \varphi_T(\underline{\sigma},n) \quad \text{gdw.} \quad [\underline{\sigma},\theta] \vDash \varphi \qquad\square$$

Bemerkung: In einem deterministischen Transitionsgraphen deckt sich die aktuelle Formel mit der Beschriftung des einzigen markierten Knoten oder lautet "**false**". $\quad\square$

Akzeptanz bis zum aktuellen Zustand ist also nur eine notwendige Bedingung für Gültigkeit; hinreichend ist erst, daß die aktuelle Formel in der Zukunft gültig ist. Obwohl der Präfix akzeptiert wird, kann die aktuelle Formel unerfüllbar, also (in der vollen temporalen Logik) äquivalent zu **false** sein. In diesem Fall sind alle markierten Knoten mit unerfüllbaren Formeln beschriftet, wobei laut Definition auch "**false**" selbst als Beschriftung vorkommen kann. Die Ungültigkeit der Ausgangsformel wird dann nicht zum frühesten Zeitpunkt, eventuell sogar nie erkannt, wie folgender trivial korrekter Transitionsgraph zeigt.

Beispiel 4.19: $\boxed{\text{always } \rho \ \wedge \ \text{sometime } \neg\rho} \ \rho$ □

Immerhin sind alle erkannten Fehler echte Verletzungen der potentiellen Gültigkeit, so daß keine zulässigen Zustandsfolgen abgelehnt werden.

Korollar 4.20: Wenn φ in einer endlichen Zustandsfolge $\underline{\sigma}$ potentiell gültig ist, wird $\underline{\sigma}$ von jedem korrekten Transitionsgraphen T zu φ akzeptiert. Oder äquivalent: Wenn $\underline{\sigma}$ von T nicht akzeptiert wird, ist φ in $\underline{\sigma}$ nicht potentiell gültig.   □

Beweis: Wenn φ in $\underline{\sigma} = \langle \sigma_O, \ ..., \ \sigma_{n-1} \rangle$ potentiell gültig ist, gibt es eine unendliche Fortsetzung $\underline{\sigma}'$, so daß φ in $(\underline{\sigma} \circ \underline{\sigma}')$ gültig ist. Aus Satz 4.18 folgt, daß T den Präfix der Länge n von $(\underline{\sigma} \circ \underline{\sigma}')$, also $\underline{\sigma}$, akzeptiert.   □

Wünschenswert erscheint natürlich, mit Hilfe eines Transitionsgraphen genau alle Verletzungen der potentiellen Gültigkeit zu erkennen. Dazu müssen Transitionsgraphen eine weitere Eigenschaft aufweisen.

Definition 4.21: Ein korrekter Transitionsgraph T heißt *reduziert* gdw. alle Knotenbeschriftungen unter allen Belegungen erfüllbar, also im Sinne der temporalen Logik inäquivalent zu **false** sind.   □

Lemma 4.22: Für einen reduzierten korrekten Transitionsgraphen T zu φ gilt: Wenn eine endliche Zustandsfolge $\underline{\sigma}$ von T akzeptiert wird, so ist φ in $\underline{\sigma}$ potentiell gültig. (Die Umkehrung gilt bereits nach obigem Korollar.)

Falls die Grundformeln von φ unabhängig sind, ist bei einem deterministischen Graphen die Reduziertheit sogar eine notwendige Bedingung für diese Behauptung.   □

Beweis: Sei T reduziert. Wenn $\underline{\sigma}$ akzeptiert wird, ist die aktuelle Formel $\varphi_T(\underline{\sigma})$ eine nichtleere Disjunktion von Knotenbeschriftungen und damit erfüllbar, etwa in einer unendlichen Zustandsfolge $\underline{\sigma}'$. Aus Satz 4.18 folgt, daß φ in $(\underline{\sigma} \circ \underline{\sigma}')$ gültig, also in $\underline{\sigma}$ potentiell gültig ist.

Nehmen wir nun an, daß die Behauptung zutrifft, und zeigen, daß dann der Transitionsgraph reduziert sein muß. Jeder Knoten v kann von der Wurzel aus über einen Pfad erreicht werden, also im Fall unabhängiger Grundformeln entlang einer endlichen Zustandsfolge $\underline{\sigma}$ (Lemma 4.10). Da $\underline{\sigma}$ somit akzeptiert wird, ist φ in $\underline{\sigma}$ potentiell gültig und für eine geeignete Fortsetzung $\underline{\sigma}'$ in $(\underline{\sigma} \circ \underline{\sigma}')$ gültig. Also ist auch die Knotenbeschriftung $\nu(v)$, die in einem deterministischen Graphen mit $\varphi_T(\underline{\sigma})$ übereinstimmt, nach Satz 4.18 in $\underline{\sigma}'$ erfüllt.   □

Ohne eine solche Einschränkung wie Reduziertheit kann man zu jeder Formel korrekte Transitionsgraphen angeben, die sogar beliebige Zustandsfolgen akzeptieren. Man braucht nur in einem vervollständigten Graphen den **error**-Knoten als normalen (!) Knoten mit einer "**true**"-beschrifteten Schleife aufzufassen:

(4.23)

Die Reduziertheit ist allerdings eine sehr restriktive semantische Eigenschaft, insbesondere wenn beliebige prädikatenlogische Grundformeln erlaubt sind, deren Erfüllbarkeit nicht entscheidbar ist. Als Mindestrestriktion erscheint sinnvoll, nur vorläufig zulässige Zustandsfolgen zu akzeptieren, also wenigstens endgültige Verletzungen einer Bedingung bis zum aktuellen Zustand auszuschließen. Die folgende Definition liefert ein nützliches knotenlokales Kriterium, das dafür hinreicht.

Definition 4.24: Ein Transitionsgraph T heißt *normal* gdw. für jeden Knoten v und jede ausgehende Kante $e_k = (v, v_k)$ bzgl. vorläufiger Gültigkeit die Implikation

$$\eta(e_k) \wedge \textbf{next } \nu(v_k) \implies \nu(v)$$

gilt. (Lies: Wenn $(\eta(e_k) \wedge \textbf{next } \nu(v_k))$ vorläufig gültig ist, dann ist es auch $\nu(v)$.)   □

Bemerkung: Die Prämisse besagt für eine nichtleere endliche Zustandsfolge $\underline{\sigma} = \langle \sigma_0, ..., \sigma_{n-1} \rangle$ $(n \geq 1)$, daß $\eta(e_k)$ in σ_0 gültig und $\nu(v_k)$ in $\underline{\sigma}_1$ vorläufig gültig ist. Gefordert ist, daß dann $\nu(v)$ auch in der nach vorne verlängerten Zustandsfolge $(\langle \sigma_0 \rangle \circ \underline{\sigma}_1)$ vorläufig gilt.   □

In singulären Zustandsfolgen darf eine ausgehende Kante also nur zutreffen, wenn sie auf den aktuellen Anteil der Knotenbeschriftung paßt; entsprechendes gilt für längere Zustandsfolgen und Pfade. U.a. wird damit die triviale Ergänzung (4.23) verhindert, da zwar (**true** ∧ **next false**) in singulären, nicht aber **false** in singulären Zustandsfolgen vorläufig gültig ist. Die Umkehrung der Implikation ist nicht gefordert, weil man ja eigentlich mehr Zustandsfolgen ausschließen will.

Lemma 4.25: Für einen normalen Transitionsgraphen zu φ gilt:

Wenn eine Zustandsfolge $\underline{\sigma}$ von T akzeptiert wird, so ist φ in $\underline{\sigma}$ vorläufig gültig.   □

Beweis: Da jede i-te Kantenbeschriftung auf einem akzeptierenden Pfad im Zustand σ_{i-1} gültig und jede Knotenbeschriftung in der leeren Zustandsfolge vorläufig gültig ist, folgt die Behauptung per Induktion über die Länge von Zustandsfolgen.   □

4.1.3 Transitionsgraphen als Integritätsmonitor

Anschließend soll die algorithmische Grundstruktur für einen Integritätsmonitor angegeben werden. Die Darstellung beschränkt sich auf den Ablaufrahmen, wie er sich aus der bisherigen Theorie ergibt. Aufgabe des Monitors ist es, eine schrittweise entstehende Folge von Datenbankzuständen auf ihre Zulässigkeit, d.h. idealerweise zu jedem Zeitpunkt auf ihre potentielle Zulässigkeit bzgl. gegebener Integritätsbedingungen zu testen. Zu diesem Zweck muß der Monitor geeignete Transitionsgraphen entlang der Zustandsfolge durchlaufen. Von diesen Graphen hängt natürlich ab, welchen Grad von Zulässigkeit der Monitor garantieren bzw. welche Fehler er erkennen kann. Wir nehmen hier an, daß zu jeder Integritätsbedingung φ bereits ein Graph T_φ konstruiert worden ist, etwa mit einem der Verfahren, die im nächsten Abschnitt 4.2 eingeführt werden.

Da in Integritätsbedingungen freie Variablen erlaubt sind, müssen zur Prüfung auf Zulässigkeit sämtliche Variablenbelegungen beachtet werden. Eine Belegung θ ist nichts anderes als eine passende Kombination von Daten und möglichen Objekten. Dabei ignorieren wir zunächst, daß es unendlich viele Belegungen geben kann; die nötigen Modifikationen werden wir im Abschnitt 4.3 diskutieren.

Somit hat der Monitor separat für jeden Graphen T_φ und für jede Belegung θ eine Folge von Knotenmarkierungen zu berechnen und zu verwalten. Diese Mengen von aktuell markierten Knoten werden in globalen Variablen $marking_\varphi(\theta)$ gespeichert.

Algorithmus 4.26: Vorausgesetzt sei, daß für jede Integritätsbedingung φ ein korrekter Transitionsgraph T_φ zu φ vorliegt. Die folgende Prozedur MONITOR wird nach jedem Übergang in einen Datenbankzustand σ aufgerufen, ebenso bereits nach der Initialisierung für $\sigma=\sigma_O$:

> **procedure** MONITOR:
>
>   /* globale Variablen: σ, $marking_{...}(...)$ */
>
>   **for each** Integritätsbedingung φ
>   **for each** Belegung θ
>   **do** CHECK(φ,θ) **od.**

> **procedure** CHECK(φ,θ):
>
>   /* CHECK berechnet gemäß der Transitionsregel in Def. 4.5 eine neue
>   Knotenmarkierung aus der alten Markierung und dem aktuellen
>   Zustand : $marking_\varphi(\theta) := trans(marking_\varphi(\theta), \sigma)$ */
>
>   **for each** Knoten $v \in marking_\varphi(\theta)$
>   **for each** ausgehende Kante e von v zu einem Knoten v'
>   **do if** VALID($\theta,\eta(e)$) **then** markiere v' **fi od;**
>
> $marking_\varphi(\theta) := \{$ neu markierte Knoten $\}$;
>   **if** $marking_\varphi(\theta) = \emptyset$ **then** ERROR **fi.**

Vor dem ersten Aufruf, also vor Beginn des Datenbankbetriebs, muß der initiale Knoten von T_φ in $marking_\varphi(\theta)$ (zu allen Belegungen θ) gespeichert worden sein.

CHECK benutzt zwei weitere Prozeduren mit folgenden Aufgaben:

boolean procedure VALID(θ,ρ):

/* VALID prüft, ob die nichttemporale Formel ρ im Zustand σ unter
der Belegung θ gültig ist ($[\sigma,\theta] \vDash \rho$)   */

procedure ERROR: (mit geeigneten Parametern)

/* ERROR muß auf Integritätsverletzungen reagieren, etwa den letzten
und evtl. frühere Zustandsübergänge rückgängig machen (sofern
nicht mit den Integritätsbedingungen andere Fehlerbehandlungen
spezifiziert worden sind).   */

(Alg. 4.26) □

Sprechweise: Eine endliche Folge von Zuständen (bis zum jeweils aktuellen Zustand)
gilt als von MONITOR *akzeptiert* gdw. die Prozedur ERROR nicht aufgerufen worden
ist; sonst gilt sie als *abgelehnt*.   □

Aufgrund der früheren Diskussion wissen wir, daß bei Verwendung korrekter Transitionsgraphen jede abgelehnte Folge nicht potentiell zulässig ist; jede Ablehnung
zeigt also tatsächlich einen im zukünftigen Systemverhalten unvermeidbaren Fehler
an. Nur mit *reduzierten* Graphen können *alle* solche Fehler, und zwar zum frühesten
Zeitpunkt erkannt werden. *Normale* Transitionsgraphen berücksichtigen immerhin
mindestens alle Verletzungen der vorläufigen Zulässigkeit, d.h. Fehler im Systemverhalten bis zum jeweils aktuellen Zustand. Dazwischen liegt ein Spektrum von Graphen,
mit denen sich zusätzlich einige Fehler im voraus, aber nicht unbedingt zum frühesten Zeitpunkt erkennen lassen.

Transitionsgraphen mit speziellen Eigenschaften erlauben Verbesserungen des Integritätsmonitors:

- Bei *deterministischen* Graphen reicht es, sich jeweils genau einen Knoten zu mer-
ken und im aktuellen Zustand auch nur Ausgangsbedingungen an einem Knoten zu
prüfen. Damit dürfte bereits ein deutlicher Effizienzgewinn bei der Überwachung
verbunden sein.

- Bei *iterationsinvarianten* Graphen braucht die Prozedur MONITOR nur nach echten
Zustandsänderungen (also nicht nach jedem Zustandsübergang) aktiviert werden.

Der Algorithmus zeigt, daß die Überwachung der dynamischen Integrität im wesentlichen auf das Testen statischer Bedingungen in der Prozedur VALID zurückgeführt
wird. Der Ablauf dieser Prüfungen ergibt sich aus der universellen Kontrollstruktur
des Monitors und aus den schemaspezifischen Transitionsgraphen. Anstatt Zustandsfolgen vollständig abzuspeichern, werden nur Knotenmarkierungen festgehalten.
Darin steckt für jede Kombination von Datenbankobjekten genau die geschichtliche
Information, die zur Überwachung benötigt wird.

4.2 Konstruktion von Transitionsgraphen

Nun stellen wir einige Verfahren vor, um Transitionsgraphen mit den diskutierten, wünschenswerten Eigenschaften zu konstruieren.

4.2.1 Normalform-Transitionsgraphen

Wie schon angedeutet, können korrekte Transitionsgraphen durch wiederholte Anwendung der Normalformbildung konstruiert werden. Der folgende Algorithmus aus [LiS87] präzisiert diese Idee:

Algorithmus 4.27: Sei eine propositional-temporale Formel φ gegeben. Der zugehörige **Normalform-Transitionsgraph** NT_φ wird wie folgt konstruiert:

(1.) Initialisiere NT_φ als den Graphen, der nur aus einem Knoten mit Beschriftung φ besteht.

(2.) **for each** Knoten v in NT_φ

　　do transformiere die Knotenbeschriftung $\psi = v(v)$ in eine disjunktive Normalform

$$\psi' \equiv \bigvee_{k=1}^{d} \beta_k \wedge \mathbf{next}\ \gamma_k \quad \text{(Satz 3.30)}$$

　　　for $k := 1$ **to** d

　　　do suche einen Knoten v_k, der mit γ_k oder einer dazu schwach-propositional äquivalenten Formel beschriftet ist;

　　　　if kein solcher Knoten in NT_φ existiert

　　　　　then füge einen neuen Knoten v_k mit Beschriftung γ_k in NT_φ ein

　　　　fi;

　　　　füge eine neue Kante von v nach v_k mit Beschriftung β_k ein;

　　　　/* Da ψ' weitestgehend vereinfacht ist, sind die verschiedenen γ-Teile nicht schwach-propositional äquivalent, so daß von v nach v_k nicht bereits eine Kante eingefügt worden sein kann. Wegen der Vereinfachung sind auch die β-Teile nicht propositional äquivalent zu **false**. */

　　od

　od.　　　　　　　　　　　　　　　　　　　　　　　　□

Satz 4.28: Der obige Algorithmus terminiert und konstruiert einen korrekten Transitionsgraphen NT_φ.　　　　　　　　　　　　　　　　□

Beweis: Die Terminierung folgt, weil als Knotenbeschriftungen nur vereinfachte Konjunktionen einiger, eventuell negierter temporaler Teilformeln von φ erzeugt werden können. Deren Anzahl ist durch $3^{|TTF_\varphi|}$ beschränkt. Insbesondere werden damit die syntaktischen Restriktionen eingehalten, denn die Grundformeln jeder Knotenbeschriftung sind eine Teilmenge der Grundformeln von φ. Die Korrektheit (Def. 4.2) wird durch den Normalformsatz 3.30 und obige Konstruktion (innere **for**-Schleife) offensichtlich garantiert.　　　　　　　　　　　　　　　　□

Beispiele 4.29 (Normalform-Transitionsgraphen):

Für nichttemporale Formeln ρ ergibt sich trivialerweise folgender Graph:

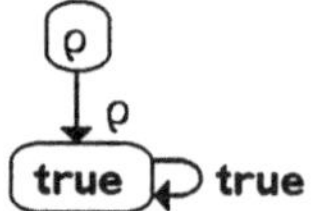

(Die **true**-Schleife am **true**-Knoten wird im folgenden weggelassen.)

Für einfache temporale Quantifikationen mit Grundformeln ψ, τ und α kann man die benötigten Normalformen aus den temporalen Rekursionen 3.26 ablesen:

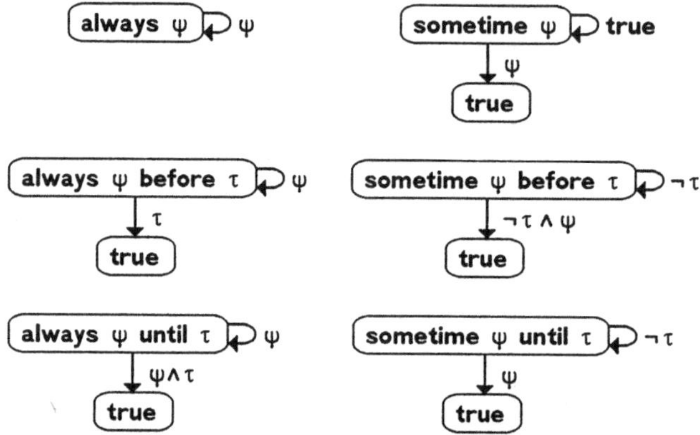

Als Beispiel für eine zusammengesetzte temporale Formel betrachten wir

$$\varphi \equiv \textbf{from } \alpha \textbf{ holds (sometime (always } \psi\textbf{) BEFORE } \tau\textbf{)}$$
$$\equiv \textbf{always } \left(\neg\alpha \vee (\textbf{sometime (always } \psi \textbf{ before } \tau\textbf{) before } \tau)\right) \textbf{ until } \alpha$$

Ihre im Beispiel 3.32 berechnete Normalform lautet

$$((\alpha \wedge \neg\tau \wedge \psi) \wedge \textbf{next } \varphi_1) \vee ((\alpha \wedge \neg\tau) \wedge \textbf{next } \varphi_2) \vee (\neg\alpha \wedge \textbf{next } \varphi)$$

mit den Abkürzungen $\varphi_1 \equiv (\textbf{always } \psi \textbf{ before } \tau)$ und $\varphi_2 \equiv (\textbf{sometime } \varphi_1 \textbf{ before } \tau)$. Zusammen mit der ähnlich berechneten Normalform für φ_2, nämlich

$$((\neg\tau \wedge \psi) \wedge \textbf{next } \varphi_1) \vee (\neg\tau \wedge \textbf{next } \varphi_2)$$

und dem obigen Graphen für $\varphi_1 \equiv (\textbf{always } \psi \textbf{ before } \tau)$ ergibt sich der folgende Transitionsgraph:

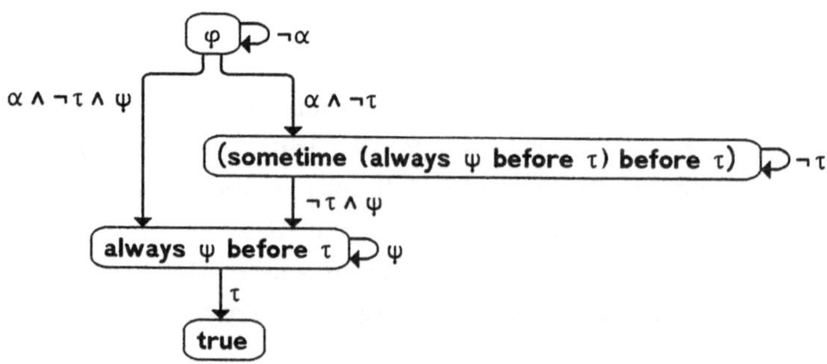

Für die konkrete Ausprägung

from exists(c) holds $\bigl($**sometime** (**always** registered(c)) **BEFORE** ¬exists(c)$\bigr)$

vereinfachen sich einige Kantenbeschriftungen:

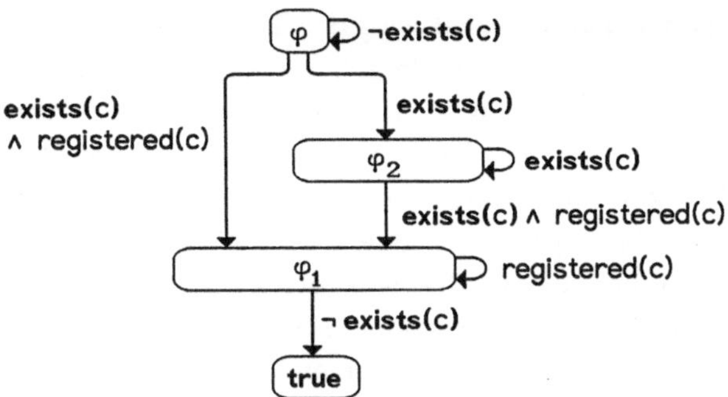

□

Satz 4.30: Eine endliche Zustandsfolge $\underline{\sigma}$ wird von NT_φ akzeptiert gdw. φ in $\underline{\sigma}$ vorläufig gültig ist.   □

Beweis: Die Korrektheitsbedingung besteht an jedem Knoten aus einer Normalformbeziehung. Nach Satz 3.39 sind dies auch Äquivalenzen im Sinne der vorläufigen Gültigkeit (so daß der Graph insbesondere normal ist; vgl. Def. 4.24). Da die anderen im Beweis von Hauptsatz 4.18 benutzten Umformungen (Verträglichkeiten von ∧,∨) ebenfalls diese Eigenschaft haben, gilt der Hauptsatz auch für vorläufige Gültigkeit und nichtleere Restfolgen:

φ ist also in $\underline{\sigma} = \langle \sigma_0, ..., \sigma_{n-1} \rangle$ $(n{\geq}1)$ vorläufig gültig

gdw. die aktuelle Formel $\varphi_{NT_\varphi}(\underline{\sigma},n\text{-}1)$ in $\langle \sigma_{n-1} \rangle$ vorläufig gültig ist

gdw. mindestens ein β-Teil von $\varphi_{NT_\varphi}(\underline{\sigma},n\text{-}1)$ in σ_{n-1} gültig ist

gdw. mindestens eine von Knoten in $M_{NT_\varphi}(\underline{\sigma},n\text{-}1)$ ausgehende Kantenbeschriftung

   in σ_{n-1} gültig ist

gdw. $M_{NT_\varphi}(\underline{\sigma}) = M_{NT_\varphi}(\underline{\sigma},n)$ nichtleer ist, d.h. $\underline{\sigma}$ von NT_φ akzeptiert wird.   □

Dieses Konstruktionsverfahren setzt eine Umrechnung der gesamten Ausgangsformel voraus; außerdem entstehen typischerweise nichtdeterministische Transitionsgraphen. [Wo83, Sa85] verwenden zur Formelzerlegung eine sogenannte Tableau-Methode, welche Regeln zur Aufspaltung bzw. Transformation von Teilformelmengen benutzt und einzeln für jede Interpretation der Grundformeln durchgeführt werden muß. Die obige Normalformbildung erscheint uns als die direktere Methode, weil sie die zugrundeliegenden Rechenregeln explizit macht und unabhängig von konkreten Wahrheitswerten arbeitet. Allerdings können so recht große Zwischenformeln entstehen, was die Überschaubarkeit manueller Rechnungen verringert.

4.2.2 Deterministische Transitionsgraphen

Ein anderes, von uns in [FeL87] eingeführtes Verfahren erlaubt, *deterministische* Transitionsgraphen *bottom-up*, d.h. entsprechend dem Aufbau der Ausgangsformel aus Teilformeln, zu konstruieren. Dabei wird der Transitionsgraph schrittweise durch Zusammensetzung oder Manipulation einfacherer Graphen gebildet. Somit braucht bei der Ergänzung einer gegebenen Formel ein vorhandener Transitionsgraph nur analog ergänzt, aber nicht wie bei der Normalformbildung von Anfang an neu aufgebaut werden. Zudem kann man bereits bekannte Teilgraphen, insbesondere solche zu typischen Formelmustern, häufig (original oder modifiziert) wiederverwenden. Die andere Besonderheit, nämlich daß die Graphen deterministisch sein müssen, vereinfacht nicht nur die Überwachung, sondern wird auch benötigt, um überhaupt eine korrekte bottom-up Konstruktion durchführen zu können.

Der Kern des anschließenden Algorithmus besteht darin, Operatoren auf Transitionsgraphen anzuwenden, die den logischen und temporalen Operatoren entsprechen. Dabei werden immer Transitionsgraphen benutzt bzw. konstruiert, die gemäß Definition 4.11 vervollständigt sind: Außer zur Formel **true** enthält jeder Graph genau einen mit "**false**" beschrifteten Knoten, der hinsichtlich der Akzeptanz von Zustandsfolgen als **error**-Knoten fungiert.

Algorithmus 4.31: Sei eine propositional-temporale Formel φ gegeben. Der zugehörige **Standard-Transitionsgraph** ST_φ, in den Diagrammen auch durch $(\!(\varphi)\!)$ notiert, wird wie folgt induktiv über den Aufbau von φ konstruiert:

(1) Für $\varphi \equiv$ **true** oder $\varphi \equiv$ **false** setzen wir einfach:

$$(\!(\text{true})\!) := \text{true} \circlearrowleft \text{true} \qquad (\!(\text{false})\!) := \underset{\text{error}}{\text{false}} \circlearrowleft \text{true}$$

(Die **true**-Schleifen an **true**- und **false**-Knoten werden im folgenden weggelassen.)

(2) Für sonstige Grundformeln ρ:

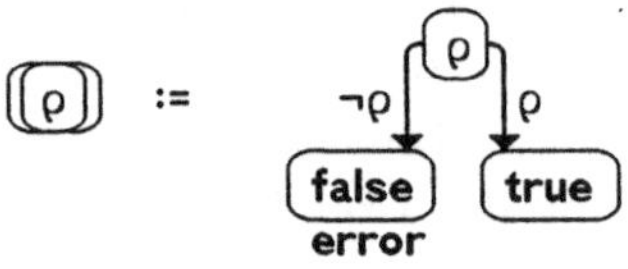

$$(\!(\rho)\!) := \quad \rho \longrightarrow \begin{cases} \neg\rho \searrow & \rho \searrow \\ \underset{\text{error}}{\text{false}} & \text{true} \end{cases}$$

(Mit Hilfe der anschließenden Vorschriften (3) und (4) kann man zeigen, daß diese Vorschrift auf beliebige nichttemporale Formeln anwendbar ist, sofern sie nicht zu **true** oder **false** propositional äquivalent sind.)

(3ff.) Sei nun φ aus einem logischen oder temporalen Operator sowie Formeln φ_1 und φ_2 zusammengesetzt. Durch das nachstehende System von (rekursiven) Vorschriften werden entsprechende Operatoren auf Standard-Transitionsgraphen definiert. Dazu nehmen wir induktiv an, daß zu φ_1 und φ_2 schon Standard-Transitionsgraphen konstruiert seien. Die von den initialen Knoten ausgehenden Kanten und deren Zielknoten seien wie folgt beschriftet:

(Mit dieser Darstellung soll nicht ausgeschlossen sein,
daß ein Zielknoten mit dem Quellknoten zusammenfällt.)

Damit liegen auch Standard-Transitionsgraphen zu den γ-Formeln vor, nämlich die Teilgraphen, die von den entsprechend beschrifteten Knoten erreichbar sind.

(3) Im Fall $\varphi \equiv \varphi_1 \wedge \varphi_2$ wird ein Knoten mit Beschriftung "$\varphi_1 \wedge \varphi_2$" erzeugt, von dem für alle Paare (i,j) (i=1,...,d / j=1,...,e) Kanten mit Beschriftung "$\beta_{1i} \wedge \beta_{2j}$" ausgehen, die in den Standard-Transitionsgraphen zu $\gamma_{1i} \wedge \gamma_{2j}$ führen. Dieser ist durch rekursive Anwendung der Vorschrift zu konstruieren. (Analog für $\varphi_1 \vee \varphi_2$.)

Abgekürzt stellen wir diese Vorschriften durch folgende Diagramme dar:

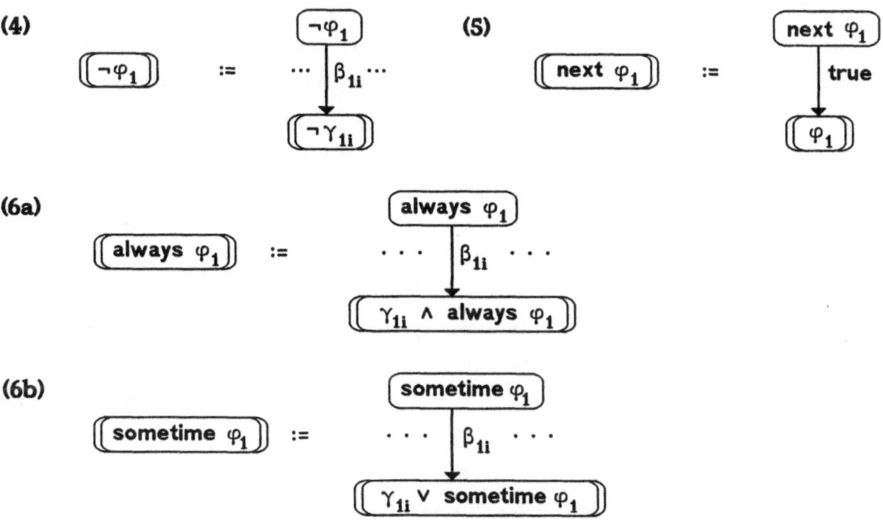

Für die anderen Fälle geben wir die Konstruktionsvorschrift nur als Diagramm an.

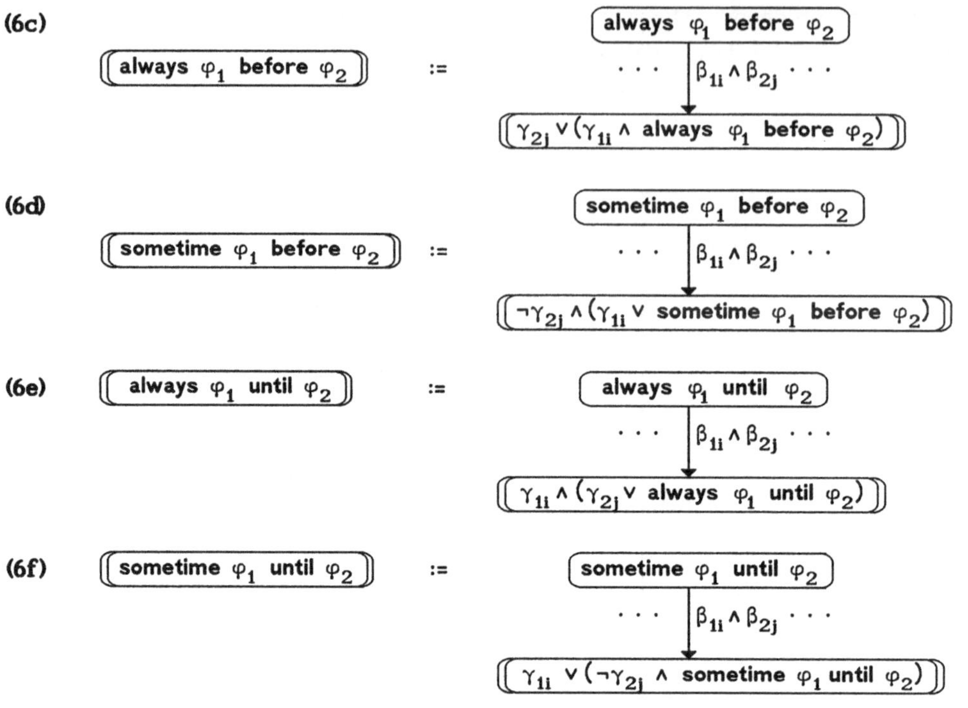

Auch die obigen direkten Rekursionen, also Anwendungen der Operatoren auf gleiche Argumente wie in "$\gamma_{1i} \wedge$ **always** φ_1", sind wohldefiniert, weil zur Konstruktion einer neuen "Stufe" des Graphen nur die äußerste Stufe der Argumentgraphen benötigt wird, die aber gerade durch die jeweilige Vorschrift bestimmt ist.

Bei der Konstruktion ist ständig zu beachten, daß nur solche Kanten in den Transitionsgraphen aufgenommen werden, deren Beschriftung propositional inäquivalent zu **false** ist. Jede neu eingeführte Knotenbeschriftung muß sofort durch schwach-propositionale Äquivalenzumformungen weitestgehend vereinfacht werden (entscheidend für die Terminierung!). Außerdem sind schwach-propositional äquivalent beschriftete Knoten zu verschmelzen, so daß nur ein Knoten beibehalten, eingehende Kanten umorientiert und ausgehende Mehrfachkanten durch eine Kante ersetzt werden, die mit der Disjunktion der ursprünglichen Beschriftungen versehen wird.

Genaugenommen braucht man diese Anforderungen nur zu bestimmten Zeitpunkten und nur für jeweils neu konstruierte Teile prüfen; ihre Integration in den Konstruktionsablauf ist in [FeL87] genauer dokumentiert. Bei allen, auch rekursiven Anwendungen der Operatoren muß für die Verschmelzung von Knoten immer der ganze, bis dahin schon konstruierte Teilgraph (als globaler Kontext) berücksichtigt werden.

(Alg. 4.31) □

Bemerkung: Zur Verwendung im Integritätsmonitor (Algorithmus 4.26) ist am Schluß der Konstruktion noch der **error**-Knoten zu entfernen.   □

Satz 4.32 [FeL87]: Zu jeder Formel φ terminiert der obige Algorithmus und konstruiert einen korrekten deterministischen Transitionsgraphen ST_φ. $\qquad\square$

Beweis der Terminierung: Per Induktion über den Aufbau von Formeln und damit über den Ablauf des Algorithmus kann man zeigen, daß nur endlich viele verschiedene Knoten erzeugt werden. Trivial gilt das in den Fällen (1,2). Wenn die Standard-Transitionsgraphen zu φ_1 und φ_2 endliche Knotenanzahlen haben, so gilt das offensichtlich auch für die Fälle $\varphi \equiv \neg\varphi_1$ (4) und $\varphi \equiv$ **next** φ_1 (5), welche die Knotenanzahl nicht bzw. um +1 verändern. Im Fall $\varphi \equiv \varphi_1 \wedge \varphi_2$ (3) entstehen nur paarweise Konjunktionen bisheriger Knotenbeschriftungen. Die Knotenbeschriftungen von ST_φ zu

$$\varphi \equiv \text{always } \varphi_1 \text{ before } \varphi_2 \quad (6c)$$

sind bis auf schwach-propositionale Äquivalenz von der Form

$$\xi_1 \vee (\zeta_1 \wedge \xi_2) \vee \ldots \vee (\zeta_1 \wedge\ldots\wedge \zeta_p \wedge \xi_q) \vee (\zeta_1 \wedge\ldots\wedge \zeta_p \wedge \varphi) \ ,$$

wobei die ζ_i Knotenbeschriftungen in ST_{φ_1} und die ξ_j Knotenbeschriftungen in ST_{φ_2} sind. Somit können nur endlich viele schwach-propositional inäquivalente Kombinationen gebildet werden. Analog kann man in den anderen Fällen argumentieren. $\qquad\square$

Bemerkung: Theoretisch kann ein Standard-Transitionsgraph, da er deterministisch ist, mehr Knoten als der Normalform-Transitionsgraph zur gleichen Formel haben: Weil im Algorithmus 4.27 keine Disjunktionen als Knotenbeschriftungen zugelassen sind, bestehen dort weniger Beschriftungsmöglichkeiten. Praktische Beispiele legen jedoch die Vermutung nahe, daß im Standardgraphen häufig Knoten des Normalformgraphen disjunktiv zusammengefaßt sind, so daß sich die Knotenanzahl verringert. $\qquad\square$

Die restlichen Behauptungen des Satzes wie auch die zwei folgenden Sätze beinhalten knotenlokale Eigenschaften des konstruierten Graphen. Zu ihrem Beweis muß untersucht werden, wie jeder Knoten und seine Umgebung im Algorithmus erzeugt worden ist (Induktion über Konstruktionsschritte). Wir beziehen uns dabei nur auf die explizit angegebenen Konstruktionsgleichungen (1-6), weil alle anderen Manipulationen wie das Verschmelzen von schwach-propositional äquivalenten Knoten für diese Eigenschaften unschädlich sind.

Beweis des Determinismus: Der Algorithmus stellt induktiv sicher, daß die Beschriftungen der von einem Knoten ausgehenden Kanten paarweise inäquivalent sind, weil jede Konjunktion $(\eta(e_k) \wedge \eta(e_l))$ zu Kanten $e_k \neq e_l$ bereits propositional äquivalent zu **false** ist (vgl. Def. 4.12): In den Fällen (1,2) gilt das wieder trivial. Ansonsten werden die Kantenbeschriftungen von "einfacheren" Graphen entweder direkt oder paarweise zu Konjunktionen kombiniert übernommen. $\qquad\square$

Beweis der Korrektheit: Zum Beweis kann für jeden Knoten wahlweise die Korrektheitsdefinition 4.2 oder das Lemma 4.13 benutzt werden. Nehmen wir induktiv an, daß die Behauptung schon für die Transitionsgraphen zu φ_1 und φ_2 gilt. Die den zugehörigen Knoten benachbarten Kanten und Knoten seien wie im Algorithmus mit β_{1i}/β_{2j} bzw. γ_{1i}/γ_{2j} beschriftet.

Das Kriterium 4.13 gilt im Fall $\varphi \equiv \varphi_1 \wedge \varphi_2$ (3) gemäß den nachstehenden Äquivalenzen, da die ausgehenden Kanten mit Konjunktionen $\beta_{1i} \wedge \beta_{2j}$ und deren Zielknoten mit Konjunktionen $\gamma_{1i} \wedge \gamma_{2j}$ beschriftet sind:

$$
\begin{aligned}
(\varphi_1 \wedge \varphi_2) \wedge (\beta_{1i} \wedge \beta_{2j}) \;&\Leftrightarrow\; (\varphi_1 \wedge \beta_{1i}) \wedge (\varphi_2 \wedge \beta_{2j}) \\
&\overset{\text{Ind.}}{\Leftrightarrow}\; (\beta_{1i} \wedge \textbf{next } \gamma_{1i}) \wedge (\beta_{2j} \wedge \textbf{next } \gamma_{2j}) \\
&\Leftrightarrow\; (\beta_{1i} \wedge \beta_{2j}) \wedge \textbf{next } (\gamma_{1i} \wedge \gamma_{2j})
\end{aligned}
$$

(Ind. = nach Induktionsannahme)

Anschließend führen wir die entscheidenden Äquivalenzen zu den Fällen (4) und (6) auf; der Fall (5) ist trivial.

$$
\begin{aligned}
(4) \quad \neg\varphi_1 \wedge \beta_{1i} \;&\overset{\text{Ind.}}{\Leftrightarrow}\; \neg\Big(\bigvee_{k=1}^{n} (\beta_{1k} \wedge \textbf{next } \gamma_{1k})\Big) \wedge \beta_{1i} \\
&\Leftrightarrow\; \beta_{1i} \wedge (\neg\beta_{1i} \vee \textbf{next }\neg\gamma_{1i}) \wedge \bigwedge_{k \neq i} (\neg\beta_{1k} \vee \textbf{next }\neg\gamma_{1k}) \\
&\Leftrightarrow\; (\beta_{1i} \wedge \textbf{next }\neg\gamma_{1i}) \wedge \Big(\bigwedge_{k \neq i} (\neg\beta_{1k}) \vee \bigwedge_{k \neq i} (\textbf{next }\neg\gamma_{1k})\Big) \\
&\overset{(*)}{\Leftrightarrow}\; \beta_{1i} \wedge \textbf{next }\neg\gamma_{1i}
\end{aligned}
$$

(*) gilt, weil die Kantenbeschriftungen in vervollständigten deterministischen Transitionsgraphen eine Partition bilden, so daß $\beta_{1i} \Leftrightarrow \bigwedge_{k \neq i} (\neg\beta_{1k})$.

(6) Die Korrektheit der Vorschriften für die temporalen Operatoren ergibt sich aus den zugehörigen temporalen Rekursionen 3.26, z.B.:

$$
\begin{aligned}
(6c) \quad (\textbf{always } \varphi_1 \;\textbf{before } \varphi_2) \wedge (\beta_{1i} \wedge \beta_{2j}) \\
\overset{\text{tR.}}{\Leftrightarrow}\; (\varphi_2 \vee (\varphi_1 \wedge \textbf{next } (\textbf{always } \varphi_1 \;\textbf{before } \varphi_2))) \wedge (\beta_{1i} \wedge \beta_{2j}) \\
\Leftrightarrow\; ((\varphi_2 \wedge \beta_{2j}) \wedge \beta_{1i}) \vee ((\varphi_1 \wedge \beta_{1i}) \wedge \beta_{2j} \wedge \textbf{next } (\textbf{always } \varphi_1 \;\textbf{before } \varphi_2)) \\
\overset{\text{Ind.}}{\Leftrightarrow}\; ((\beta_{2j} \wedge \textbf{next } \gamma_{2j}) \wedge \beta_{1i}) \vee ((\beta_{1i} \wedge \textbf{next } \gamma_{1i}) \wedge \beta_{2j} \wedge \textbf{next } (\textbf{always } \varphi_1 \;\textbf{before } \varphi_2)) \\
\Leftrightarrow\; (\beta_{1i} \wedge \beta_{2j}) \wedge \textbf{next } (\gamma_{2j} \vee (\gamma_{1i} \wedge \textbf{always } \varphi_1 \;\textbf{before } \varphi_2))
\end{aligned}
$$

(tR. = temporale Rekursion)

Die anderen Fälle folgen analog.   □

Bemerkung: Am Beweis für den Negationsoperator wird deutlich, daß die Graphkonstruktion nur für deterministische Transitionsgraphen korrekt funktioniert.   □

Beispiel 4.33: Der Standard-Transitionsgraph zur Formel

$$
\begin{aligned}
\varphi \;&\equiv\; \textbf{from } \alpha \;\textbf{holds } (\textbf{sometime } (\textbf{always } \psi) \;\textbf{BEFORE } \tau) \\
&\equiv\; \textbf{always } \big(\neg\alpha \vee (\textbf{sometime } (\textbf{always } \psi \;\textbf{before } \tau) \;\textbf{before } \tau)\big) \;\textbf{until } \alpha
\end{aligned}
$$

mit Grundformeln α, ψ und τ wird durch den obigen Algorithmus in folgenden Schritten konstruiert (vgl. auch Bsp. 4.29).

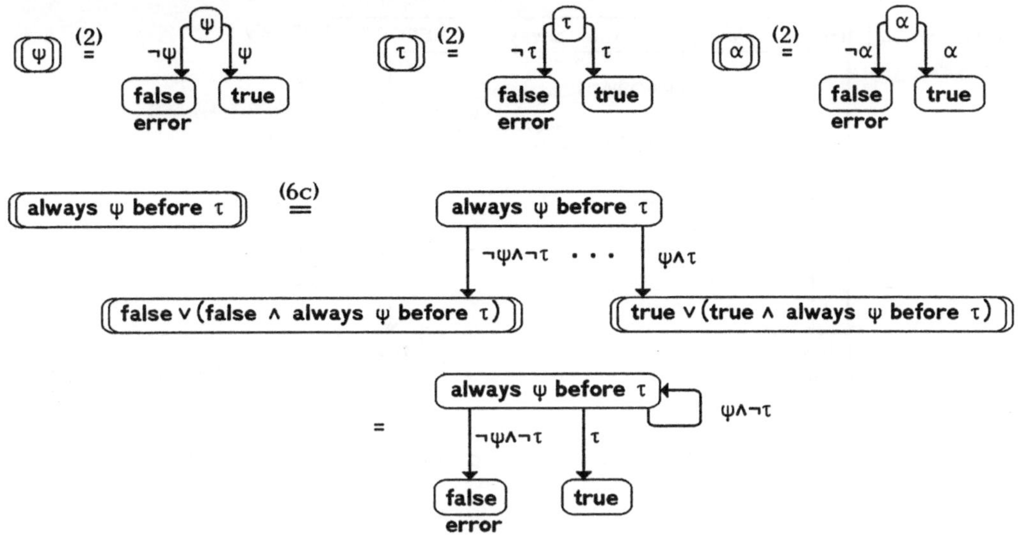

Abkürzung: $\varphi_1 \equiv$ always ψ before τ

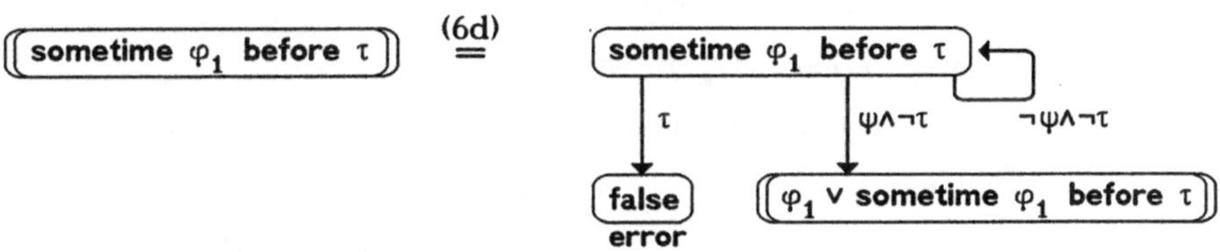

Abk.: $\varphi_2 \equiv$ sometime φ_1 before τ

Für Formeln der Form

$$\text{from } \alpha \text{ holds } \varphi_2 \equiv \text{always } (\neg\alpha \vee \varphi_2) \text{ until } \alpha$$

mit einer nichttemporalen Anfangsbedingung α kann man aus den den Vorschriften (4,3,6e) folgende Regel ableiten:

Insgesamt ergibt sich für $\varphi \equiv$ **from** α **holds** φ_2 mit

$$\varphi_1 \equiv \textbf{always } \psi \textbf{ before } \tau, \quad \varphi_2 \equiv \textbf{sometime } \varphi_1 \textbf{ before } \tau :$$

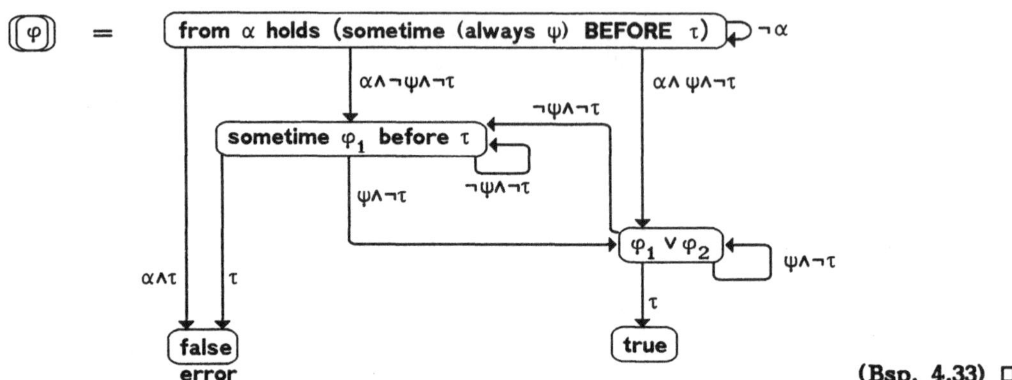

(Bsp. 4.33) □

Satz 4.34: Wenn eine endliche Zustandsfolge $\underline{\sigma}$ von ST_φ akzeptiert wird, dann ist φ in $\underline{\sigma}$ vorläufig gültig.   □

Beweis (Skizze): Wegen Lemma 4.25 reicht es zu zeigen, daß ST_φ normal ist: Für jeden Knoten v, v≠**error**, und jede ausgehende Kante $e_k= (v,v_k)$ muß folgende Implikation bzgl. der vorläufigen Gültigkeit zutreffen:

$$(\eta(e_k) \wedge \textbf{next } \nu(v_k)) \implies \nu(v)$$

Das folgt genau wie im obigen Beweis der knotenlokalen Korrektheitseigenschaft

$$\nu(v) \wedge \eta(e_k) \iff \eta(e_k) \wedge \textbf{next } \nu(v_k) ,$$

weil dort - außer für den Negationsoperator ! - nur Äquivalenzen bzgl. vorläufiger Gültigkeit benutzt worden sind. Damit ist jeder Standard-Transitionsgraph normal, der ohne Anwendung der Vorschrift (4) für die Negation konstruiert wird.

Nach Lemma 3.38 kann jede Formel in eine bzgl. vorl. Gültigkeit äquivalente negationsnormierte Formel umgewandelt werden. Die dafür nötigen Gesetze, z.B. Dualitäten, werden durch das Konstruktionsverfahren respektiert (∗): In diesen Fällen entstehen isomorphe Transitionsgraphen, in denen die einander entsprechenden Knoten bzgl. vorl. Gültigkeit äquivalent und die entsprechenden Kanten gleich beschriftet sind. Deshalb überträgt sich sogar die Normalitätseigenschaft.

Zu (∗) vergleiche man etwa folgende Konstruktionsgleichungen:

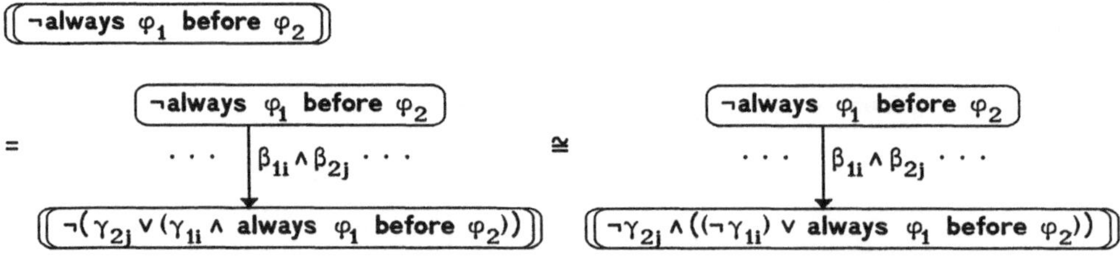

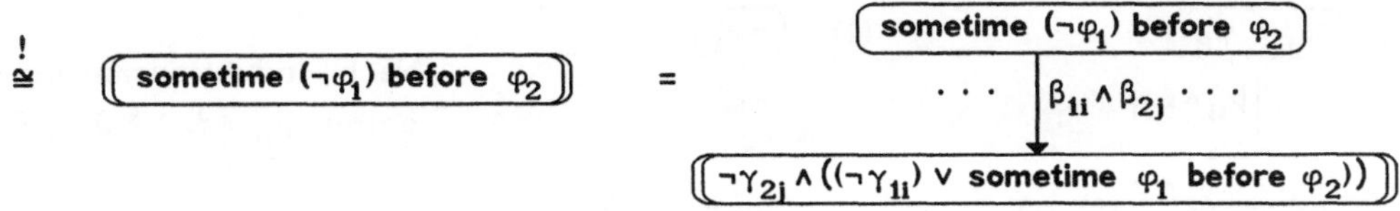

Daß die kompletten Graphen isomorph sind, kann man induktiv über ihre stufenweise Entwicklung aus gegebenen Graphen ST_{φ_1} und ST_{φ_2} schließen.

Also ist ST_φ isomorph zu dem Transitionsgraphen, der entsteht, wenn anstelle der Vorschrift (4) immer die jeweilige Knoteninschrift in eine negationsnormierte Form umgewandelt wird. Per Induktion über die Anzahl der auftretenden Negationen folgt, daß dieser Graph normal ist, und damit auch ST_φ.   □

Satz 4.35: Standard-Transitionsgraphen zu propositional-temporalen Formeln, in denen nur die im Korollar 3.25 aufgeführten Operatoren vorkommen, sind (kantenbezogen) iterationsinvariant.   □

Beweis: Da wir annehmen, daß vor jeder Konstruktion alle temporalen Operatoren durch ihre Ableitung aus den temporalen Quantoren und **next** ersetzt worden sind, ist im Algorithmus 4.31 nur der **next**-Operator ausgeschlossen. Dieser wird auch nicht versteckt durch die Operatoren **from**, **always-from**, **BEFORE** und **UNTIL** eingeführt (vgl. Bemerkung zum Lemma 3.26).

Zu zeigen ist, daß an jedem Knoten mit einer Beschriftung φ das Kriterium 4.17 erfüllt wird: Zu jeder ausgehenden Kante mit Beschriftung β existiert eine mit β' beschriftete Schleife, so daß $\beta \Rightarrow \beta'$ gilt und folgende Situation im Graphen vorliegt:

Für φ werden wieder die Fälle des Algorithmus 4.31 unterschieden. Graphen für nichttemporale Formeln (Fälle 1,2) enthalten trivialerweise die verlangten Schleifen, nämlich die impliziten "**true**"-Schleifen am "**true**"/"**false**"-Knoten.

Nehmen wir nun induktiv an, daß zu φ_1/β_{1i} und zu φ_2/β_{2j} passende Schleifen β'_{1i} und β'_{2j} existieren:

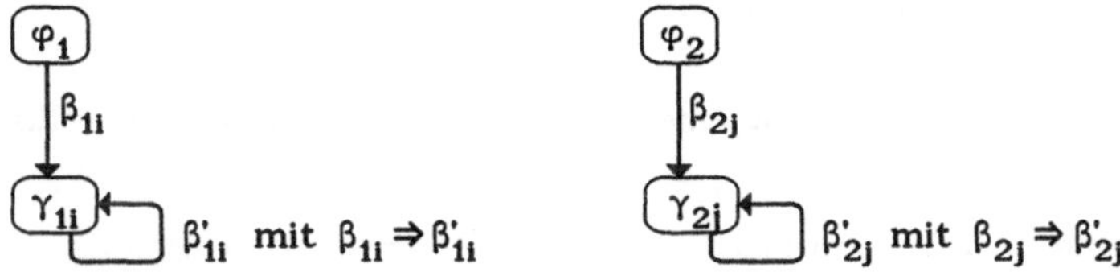

Zu zusammengesetzten Beschriftungen sieht die Entwicklung von zwei Stufen des Standard-Transitionsgraphen entlang dieser Kanten wie folgt aus:

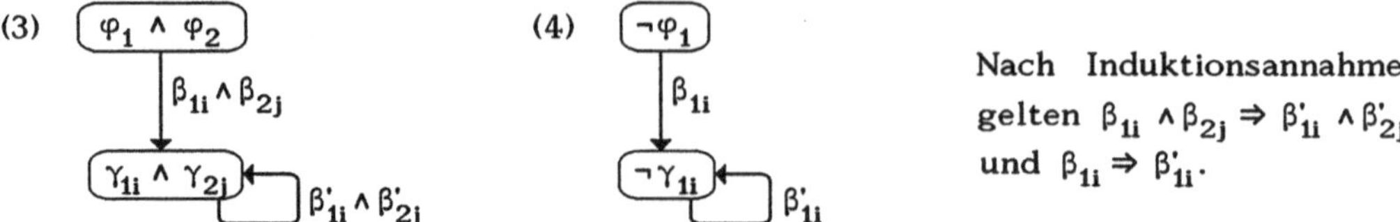

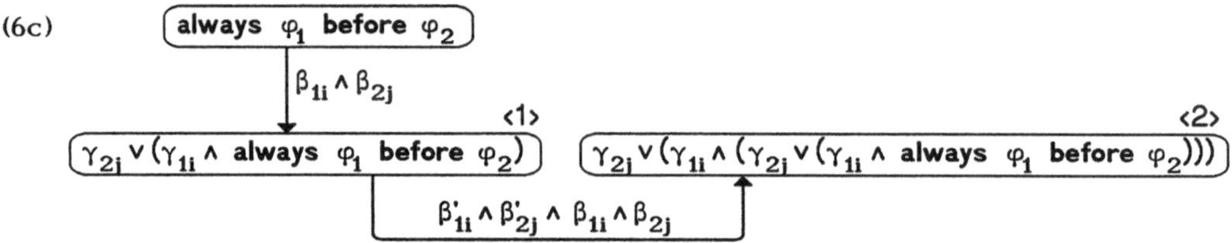

Die zweite Kante ergibt sich durch kombinierte Anwendung der Vorschriften
für ∨, ∧ und **always ... before**. Die Knoten ⟨1⟩ und ⟨2⟩ sind schwach-propositional
äquivalent beschriftet, denn mittels Idempotenzgesetzen folgt:

$$\gamma_{2j} \vee (\gamma_{1i} \wedge (\gamma_{2j} \vee (\gamma_{1i} \wedge \text{ always } \varphi_1 \text{ before } \varphi_2)))$$

$$\Leftrightarrow \gamma_{2j} \vee (\gamma_{1i} \wedge \gamma_{2j}) \vee (\gamma_{1i} \wedge \gamma_{1i} \wedge \text{ always } \varphi_1 \text{ before } \varphi_2)$$

$$\Leftrightarrow \gamma_{2j} \vee \quad\quad (\gamma_{1i} \wedge \text{ always } \varphi_1 \text{ before } \varphi_2)$$

Also fallen sie zusammen, und nach Induktionsannahme gilt für die Schleife

$$\beta_{1i} \wedge \beta_{2j} \Rightarrow \beta'_{1i} \wedge \beta'_{2j} \wedge \beta_{1i} \wedge \beta_{2j} \ .$$

Ähnliche Rechnungen führen auch für die anderen Fälle unter (6) zum Erfolg. $\square$

4.2.3 Reduktionen

Bei den bisher vorgestellten Konstruktionen von Transitionsgraphen entstehen häufig
Kanten und Knoten, die für die Überwachung überflüssig oder sogar störend sind.
Deren Entfernung ist nun Aufgabe der **Reduktion**, welche man in die Grundkonstruk-
tion integrieren oder daran anschließen kann.

Wenn nicht anders angegeben, ist ab diesem Teilabschnitt Gültigkeit und Erfüllbarkeit immer im Sinne der vollen temporalen Logik gemeint. Die betrachteten Transitionsgraphen seien mit Hilfe eines der obigen Verfahren (Alg. 4.27, 4.31) aus propositional-temporalen Formeln konstruiert.

Zunächst beschäftigen wir uns mit einer (idealen) Forderung, die überflüssige Prüfungen einsparen soll:

> **Forderung I:** Jede Kantenbeschriftung soll unter allen Belegungen
> erfüllbar, d.h. inäquivalent zu **false** sein.

Wegen Lemma 4.10 kann diese Forderung nur durch abhängige Grundformeln verletzt werden. Die obigen Konstruktionen können wohl aussagenlogische Inkonsistenzen wie $(\rho \wedge \neg\rho)$ zu einer Grundformel ρ erkennen, nicht aber z.B. $(\rho_1 \wedge \rho_2)$ zu Grundformeln

$$\rho_1 \equiv (\forall x\, p(x)) \quad \text{und} \quad \rho_2 \equiv (\exists x\, \neg p(x))$$

Verschiedene Grundformeln werden dort wie unabhängige aussagenlogische Variablen behandelt.

In [Sa85, LiS87] haben wir vorgeschlagen, bekannte Abhängigkeiten χ zwischen Grundformeln (prädikatenlogische, aber nicht propositionale Tautologien) wie

$$\chi \equiv (\rho_1 \Leftrightarrow \neg\rho_2)$$

explizit als zusätzliche Integritätsbedingung in die Konstruktion einzubringen. Dann wird der Transitionsgraph nicht zur Originalformel φ, sondern zu $\varphi^\chi \equiv (\varphi \wedge \text{always } \chi)$ konstruiert. Solche Abhängigkeiten können aus Gesetzen der Prädikatenlogik (Dualität $\forall/\exists$, Gleichungsaxiome, Eindeutigkeit von Funktionswerten), aus Axiomen der unterliegenden Datentypen oder aus anderen Integritätsbedingungen folgen. Tatsächlich garantieren beide Konstruktionsverfahren, daß die Abhängigkeit χ bei der Berechnung aller Kantenbeschriftungen berücksichtigt wird:

- Normalform-Transitionsgraphen: Bei der Normalformbildung wird $(\gamma \wedge \text{always } \chi)$ (mit einer beliebigen Formel γ) in

$$\gamma \wedge \chi \wedge \text{next always } \chi$$

transformiert, so daß sich induktiv alle Knotenbeschriftungen von NT_{φ^χ} aus den zugehörigen Knoten in NT_φ durch Hinzufügen von "$\wedge$ always χ" ergeben (und ggf. weitere Vereinfachung); wie gewünscht, werden alle Kantenbeschriftungen durch "$\wedge \chi$" ergänzt und entsprechend vereinfacht.

- Standard-Transitionsgraphen: Aufgrund der Struktur des Graphen zu always χ

$$\chi \circlearrowleft \boxed{\text{always } \chi} \xrightarrow{\neg\chi} \boxed{\text{false}}$$

und der Konstruktionsvorschrift zu "$\wedge$" ändert sich der Aufbau von ST_φ genauso.

Somit lassen sich Inkonsistenzen, die auf den angegebenen Abhängigkeiten beruhen, bereits mit Hilfe der Grundkonstruktion beseitigen. Voraussetzung ist allerdings, daß die Abhängigkeiten durch propositionale Formeln über den Grundformeln ausgedrückt werden können. Nach der Modifikation der Integritätsbedingung werden die gleichen Zustandsfolgen akzeptiert wie vorher, denn spätestens bei der Überwachung wären inkonsistente Kanten sowieso durchgefallen (in der VALID-Prozedur des Monitor-Algorithmus 4.26). Vermieden wird jedoch, Bedingungen, die unter allen Belegungen unerfüllbar sind, für jede Belegung und jeden Zustand erneut prüfen zu müssen.

Es verbleiben auf jeden Fall Inkonsistenzen, die zwar in allen Zuständen, aber nur für bestimmte Variablenbelegungen auftreten. Z.B. sind die Grundformeln

$$\rho_1 \equiv (x=y) \quad \text{und} \quad \rho_2 \equiv (z=x+y \wedge f(x)=y)$$

mit freien Variablen x, y, z und einer Objektfunktion f offensichtlich nur für bestimmte Belegungen erfüllbar (ρ_1 sogar in allen Zuständen), sind also im Sinne von Definition 4.9 nicht unabhängig. Deren Behandlung bleibt dem Monitor überlassen, außer man würde für jede Belegung (Objektkombination) vorab einen modifizierten Graphen berechnen.

Wichtiger im Hinblick auf die akzeptierten Zustandsfolgen ist die nächste Forderung:

> **Forderung II:** Der Transitionsgraph soll reduziert sein, d.h.
> jede Knotenbeschriftung soll unter allen Belegungen erfüllbar sein.

Nach Lemma 4.22 ist das die notwendige und hinreichende Bedingung dafür, daß von einem Transitionsgraphen nur potentiell zulässige Zustandsfolgen akzeptiert werden; vorausgesetzt war, daß die Grundformeln unabhängig bzw. alle Kantenbeschriftungen erfüllbar sind.

In einem reduzierten Transitionsgraphen gibt es zu jedem Knoten eine unendliche Zustandsfolge, die die Beschriftung des Knotens erfüllt; ist der Graph korrekt, so muß nach Hauptsatz 4.18 von dem Knoten mindestens ein "unendlich" langer, akzeptierender Pfad ausgehen. Deshalb werden zunächst genau alle Pfade entfernt, die sich nicht unendlich fortsetzen lassen.

Algorithmus 4.36: Aus einem korrekten Transitionsgraphen T_φ zu φ wird wie folgt ein *teilreduzierter Transitionsgraph* rT_φ konstruiert:

> **while** Knoten mit Ausgangsgrad 0 vorhanden
> **do**   entferne jeden Knoten mit Ausgangsgrad 0
>   und alle seine eingehenden Kanten
> **od.**

(Der *Ausgangsgrad* eines Knotens bezeichnet die Anzahl der ausgehenden Kanten.) □

Lemma 4.37: Der erhaltene Transitionsgraph rT_φ ist korrekt.   □

Beweis: In einem korrekten Transitionsgraphen trägt jeder Knoten ohne ausgehende Kanten eine Beschriftung, die unter allen Belegungen äquivalent zu **false** ist (vgl. Def. 4.2). Also kann dieser Knoten und seine eingehenden Kanten entfernt werden, ohne die Korrektheitsbedingung für die restlichen Knoten zu gefährden. Per Induktion über die Anzahl der Schleifendurchläufe folgt, daß dann auch das Endergebnis des Algorithmus korrekt ist.   □

Satz 4.38: (Unter jeder Belegung gilt:) rT_φ akzeptiert eine endliche Zustandsfolge $\underline{\sigma}$ gdw. es eine unendliche Fortsetzung $\underline{\sigma}'$ gibt, so daß alle Präfixe von $\underline{\sigma}\circ\underline{\sigma}'$ von T_φ akzeptiert werden.   □

Beweis zu "$\Rightarrow$": Sei $\underline{\sigma}$ von rT_φ entlang eines Pfades p akzeptiert. Da von jedem übriggebliebenen Knoten mindestens eine Kante ausgeht, beginnt auch an jedem

Knoten mindestens ein Pfad mit Zyklus. Insbesondere geht vom Endknoten des Pfades p ein unendlicher Pfad p' aus. Analog zum Lemma 4.10 sind alle Präfixe von $p \circ p'$ akzeptierende Pfade zu Präfixen einer unendlichen Zustandsfolge $\underline{\sigma} \circ \underline{\sigma}'$, und zwar sowohl in rT_φ als auch im Obergraph T_φ.

"$\Leftarrow$": T_φ akzeptiere alle Präfixe einer Zustandsfolge $\underline{\sigma} \underline{\sigma}'$, also insbesondere $\underline{\sigma}$ selbst. Falls $\underline{\sigma}$ von rT_φ (einem korrekten Teilgraphen!) nicht mehr akzeptiert würde, so müßte die Konstruktion alle akzeptierenden Pfade zu $\underline{\sigma}$ abgeschnitten haben. Das widerspricht aber der Voraussetzung, nach der sich mindestens ein Pfad in T_φ unendlich fortsetzen läßt. $\square$

Da die früher konstruierten Transitionsgraphen mindestens alle Verletzungen der vorläufigen Zulässigkeit entdecken, werden durch diese Teilreduktion alle Pfade, die bei jeder Zustandsfolge auf eine solche Integritätsverletzung führen, entfernt. Damit können alle "endlich fernen" unvermeidbaren Fehler im voraus entdeckt werden.

Übrig bleiben "unendlich ferne" Fehler: Jede von rT_φ akzeptierte Zustandsfolge läßt sich zwar unendlich fortsetzen, so daß alle Präfixe akzeptiert werden, aber die fortgesetzte Zustandsfolge kann insgesamt unzulässig sein. Ein Beispiel liefert die bekannte Formel

$$\textbf{always } \rho \wedge \textbf{sometime } \neg\rho$$

mit dem (Normalform-)Transitionsgraphen 4.19; die Formel ist zu **false** äquivalent und dennoch in jeder Folge von Zuständen, die ρ erfüllen, vorläufig gültig. Daran zeigt sich das typische Phänomen, daß die **sometime**-Bedingung nie erfüllt wird, die Entdeckung dieser Unerfüllbarkeit aber beliebig lange hinausgeschoben werden kann. In diesem Sinne problematisch sind genau die "Existenzbedingungen", die eine existentielle Quantifizierung über Zuständen beinhalten.

Definition 4.39: Eine temporale Formel heißt *Existenzbedingung* gdw. sie von der Form

$$\textbf{sometime } \psi \text{ [before/until } \tau] \qquad \text{oder} \qquad \neg\,\textbf{always } \psi \text{ [before/until } \tau]$$

ist. Eine Formel φ *enthält eine Existenzbedingung* gdw. in der Darstellung als Disjunktion von Konjunktionen (negierter oder nichtnegierter) temporaler Teilformeln

$$\varphi \Leftrightarrow \bigvee_p \bigwedge_q \varphi_{pq} \, , \qquad \varphi_{pq} \in [\neg]\, TTF_\varphi \, ,$$

in jedem Disjunktionsargument p mindestens eine Existenzbedingung φ_{pq} vorkommt. $\square$

In [Wo83, Sa85, LiS87, FeL87] werden für die jeweils konstruierten Transitionsgraphen einander ähnliche Algorithmen behandelt, welche alle Knoten entfernen, deren Beschriftungen Existenzbedingungen enthalten, die unter keiner Interpretation der Grundformeln erfüllbar sind. Der Algorithmus 4.36 ist darin integriert. Details, Beweise und Beispiele zu diesen Verfahren möge der Leser der genannten Literatur entnehmen.

Satz 4.40: Es gibt einen Algorithmus, der zu jeder propositional-temporalen Formel φ, deren Grundformeln unabhängig sind, aus einem Normalform- [/Standard-] Transitionsgraphen T_φ einen reduzierten korrekten [deterministischen] Transitionsgraphen RT_φ konstruiert. φ ist unter keiner Belegung erfüllbar gdw. dabei ein leerer Graph entsteht. Damit ist die Erfüllbarkeit solcher Formeln entscheidbar.   □

Der Algorithmus kann auch bei abhängigen Grundformeln eingesetzt werden; weiterhin gilt, daß φ inkonsistent ist, *wenn* ein leerer Graph entsteht. Also ist die Reduktion zu einem nichtleeren Transitionsgraphen auf jeden Fall eine notwendige Voraussetzung für die Konsistenz einer dynamischen Integritätsbedingung. Die Konsistenz mehrerer Bedingungen läßt sich anhand des Graphen zu deren Konjunktion prüfen.

Allerdings können Knoten- oder Kantenbeschriftungen übrigbleiben, die für alle oder einige Belegungen unerfüllbar sind. Weil die Erfüllbarkeit von beliebigen prädikatenlogischen Formeln nicht entscheidbar ist, ist dieses Problem prinzipiell nicht zu lösen. Manche generell inkonsistenten Kanten lassen sich natürlich vorweg mit den zur ersten Forderung diskutierten Maßnahmen beseitigen. Um belegungsabhängige Inkonsistenzen zu berücksichtigen, müßten alle Konstruktions- und Reduktionsschritte separat für jede Belegung bzw. jede passende Klasse von Belegungen durchgeführt werden.

Anstatt die Darstellung solcher automatisierbaren, aber leider nicht voll wirksamen Verfahren zu vertiefen, sollen hier nur einige praktische Empfehlungen für die Reduktion im Einzelfall gegeben werden. Transitionsgraphen werden zur Entwurfszeit einer Datenbank aus Integritätsbedingungen konstruiert. Dabei sind die genannten Algorithmen sicher nützlich, um dem Entwerfer die Konstruktion zu erleichtern. Weil sie aber nur aussagenlogische und einige temporale Gesetze ausnutzen, stoßen sie im Kontext allgemeiner (unentscheidbarer) Logikkalküle an Grenzen, die sich am besten mit zusätzlichem Wissen des Entwerfers überwinden lassen. Deshalb bietet es sich an, die Algorithmen in eine *interaktive* Gesamtkonstruktion einzubetten.

Zur Verbesserung von Transitionsgraphen stehen folgende "unschädliche" Manipulationen zur Verfügung:

(a) Entfernen von zu **false** äquivalenten (d.h. äquivalent beschrifteten) Kanten

(b) Entfernen von zu **false** äquivalenten Knoten und deren ein-/ausgehenden Kanten
   (Ggf. sind bei (a) und (b) auch unerreichbar gewordene Teilgraphen zu entfernen.
   Unter (b) fallen insbesondere alle Knoten mit Ausgangsgrad 0.)

(c) Ersetzen von Kanten/Knoten durch äquivalente Kanten/Knoten

(d) Verschmelzen von äquivalenten Knoten
   (Dabei entstehende Mehrfachkanten sind zusammenzufassen, d.h. mit der Disjunktion der ursprünglichen Kantenbeschriftungen zu versehen.)

Satz 4.41: Die Graphmanipulationen (a-d) erhalten alle die Korrektheit; (a-c) respek-

tieren auch deterministische und iterationsinvariante Transitionsgraphen. Die Menge
der akzeptierten Zustandsfolgen wird höchstens verkleinert.   □

Beweis zu (a/b):

- Korrektheit (Def. 4.2) wird erhalten, da **false**-Beschriftungen dafür irrelevant sind.
- Determinismus (Def. 4.12) überträgt sich auf jeden Teilgraphen.
- Ebenso gilt Iterationsinvarianz (Def. 4.16) für jede Restriktion der Knotenmenge (b).
  Von (a) wird die Eigenschaft respektiert, da zu **false** äquivalente Kanten nicht in
  die Berechnung der Markierungen (Def. 4.5) eingehen.
- Akzeptierende Pfade können höchstens entfernt, aber nicht neu eingefügt werden.

zu (c/d):

- Die Korrektheitsbedingung bleibt gültig, da sie nur Äquivalenzumformungen unterworfen wird.
- Die anderen Eigenschaften werden von (c) trivialerweise respektiert.
- Da man zwischen den akzeptierenden Pfaden vor und nach der Graphmanipulation
  eine Bijektion (c) bzw. eine Surjektion (d) angeben kann, ändert sich die Klasse
  der akzeptierten Zustandsfolgen nicht.   □

Bemerkung: Die Manipulationen (c/d) dienen nur der Vereinfachung von Transitionsgraphen, ohne deren Leistung zu verändern; (d) verringert die Anzahl der Knoten
und Kanten. Bei (d) kann jedoch der Determinismus durch Zusammenfassung von
Kanten, die vorher von verschiedenen Knoten ausgingen, verletzt werden. Wenn ein
Graph deterministisch bleibt, so bleibt er auch iterationsinvariant.   □

Die resultierenden Transitionsgraphen akzeptieren, da sie korrekt sind, weiterhin
mindestens alle potentiell zulässigen Zustandsfolgen, jedoch nicht mehr unbedingt
alle vorläufig zulässigen Folgen, wie das die Normalformgraphen tun. Somit erfolgt
eine wünschenswerte Annäherung an das ideale Überwachungsziel, genau potentielle
Zulässigkeit zu garantieren. Zudem ist die Erhaltung der anderen Eigenschaften für
den Monitor günstig.

Um die benötigten Äquivalenzen festzustellen, muß die frühere Einschränkung auf
schwach-propositionale Äquivalenzen fallengelassen werden. Man sollte zumindest
(manuell) auf propositionale Äquivalenz prüfen oder besser noch Herleitungen in
allgemeiner Prädikatenlogik oder temporaler Logik verwenden. Für einige Inkonsi-
stenzprüfungen prädikatenlogischer Formeln lassen sich automatische Beweisverfah-
ren [ChL73, Lo78], z.B. Resolutions- oder Tableaumethoden [Ku84a-85a, BrM86],
einsetzen. Für temporale Logik dürften sich Theorembeweiser z.Z. in Vorbereitung
befinden (z.B. auf der Grundlage von [AbM85, CvF84, Ve85]).

Die optimale Kombination dieser Empfehlungen mit den Algorithmen für Konstruktion und Reduktion wird noch Gegenstand weiterer Forschung sein.

4.3 Überwachung von Integritätsbedingungen

Nach den allgemeinen Grundlagen diskutieren wir in diesem Abschnitt Transitionsgraphen und Überwachungsabläufe für spezielle dynamische Integritätsbedingungen, insbesondere die Beispiele aus Kapitel 2. Dabei entwickeln wir für beliebige existenzbeschränkte Integritätsbedingungen eine Verfeinerung des Monitoralgorithmus. Zum Schluß werden Möglichkeiten skizziert, den Monitor zu optimieren.

4.3.1 Spezielle Transitionsgraphen

Beispiele 4.42: Als erstes geben wir Transitionsgraphen zu einigen Integritätsbedingungen des Automobil-Meldewesens (Bsp. 2.0) an. Genaugenommen werden hier erst die zugehörigen Rumpfbedingungen betrachtet (vgl. Def. 3.43). Die Konstruktion basiert auf dem Algorithmus 4.31 für Standard-Transitionsgraphen sowie auf den Graphmanipulationen von Satz 4.41. Alle nachstehenden wie auch spätere Beispielgraphen sind (hoffentlich) korrekt, deterministisch, iterationsinvariant und reduziert.

(I1) $\varphi_1 \equiv \varphi_{11} \wedge \varphi_{12} \wedge \varphi_{13}$

$\varphi_{11} \equiv$ year-of-prod(c)=this-year $\wedge \neg$registered(c)

$\varphi_{12} \equiv$ **sometime** registered(c) **before** this-year>year-of-prod(c)+1

$\varphi_{13} \equiv$ **from** registered(c) **holds** (owner(c)=manuf(c) $\wedge$ **always** registered(c))

Aus den Graphen zu den einzelnen Zeilen

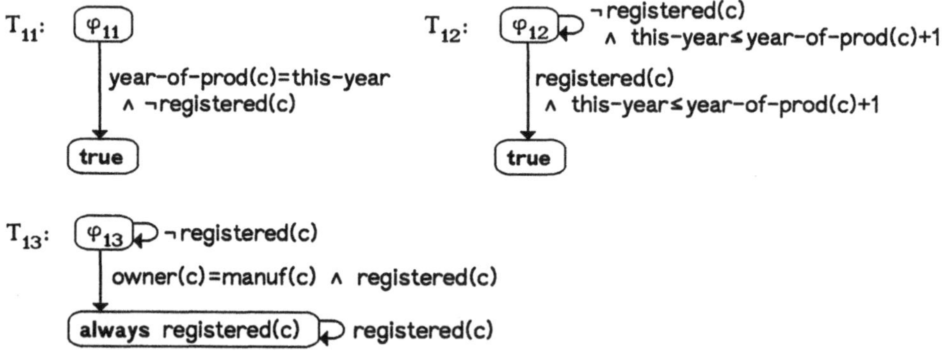

ergibt sich durch "$\wedge$"-Verknüpfung folgender Gesamtgraph (vgl. Alg. 4.31, Fall (3)):

(I2)   – Ausschnitt – $\varphi_2 \equiv \varphi_{21} \wedge \varphi_{22} \wedge \varphi_{23}$

$\varphi_{21} \equiv$ **always** (owner(c)=m $\Rightarrow$ **always** owner(c)=m **before** is-GARAGE(owner(c)))

$\varphi_{22} \equiv$ **always** (owner(c)=g $\Rightarrow$ **always** owner(c)=g **before** is-PERSON(owner(c)))

$\varphi_{23} \equiv$ **always** (¬is-MANUF(owner(c)) $\Rightarrow$ **always** ¬is-MANUF(owner(c)))

T_{21}:   〈1〉 φ_{21} ⟲ owner(c)≠m

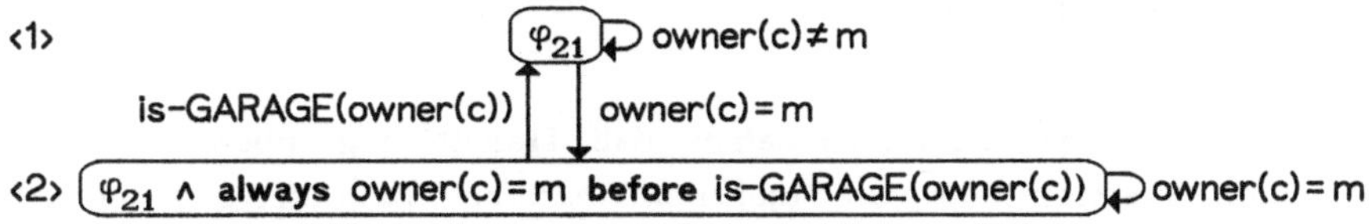

is-GARAGE(owner(c)) | owner(c)=m

〈2〉 φ_{21} ∧ **always** owner(c)=m **before** is-GARAGE(owner(c)) ⟲ owner(c)=m

T_{22}:   〈1〉 φ_{22} ⟲ owner(c)≠g

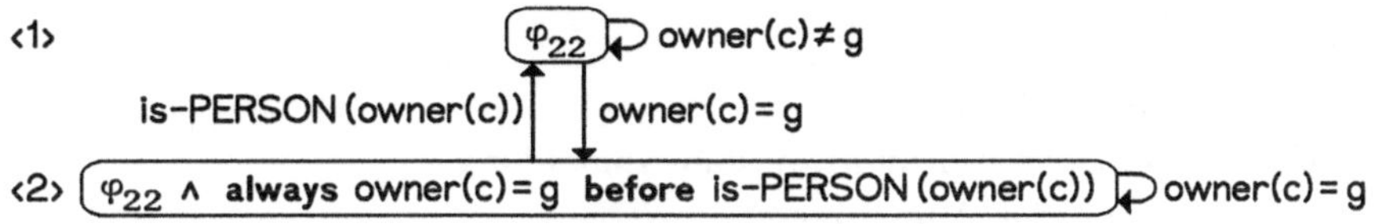

is-PERSON(owner(c)) | owner(c)=g

〈2〉 φ_{22} ∧ **always** owner(c)=g **before** is-PERSON(owner(c)) ⟲ owner(c)=g

T_{23}:   〈1〉 φ_{23} ⟲ is-MANUF(owner(c))

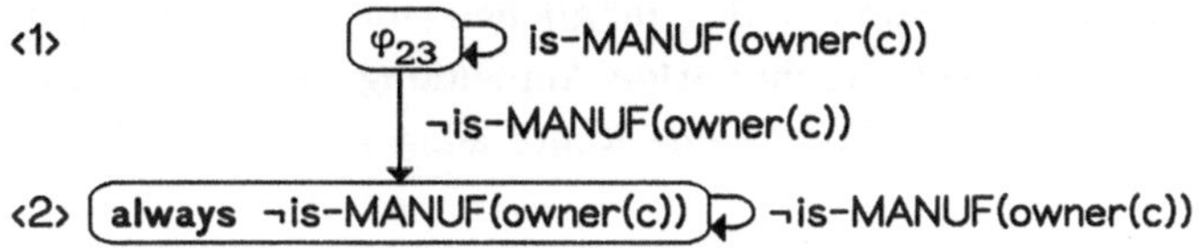

¬is-MANUF(owner(c))

〈2〉   **always** ¬is-MANUF(owner(c)) ⟲ ¬is-MANUF(owner(c))

T_2:   〈1〉 φ_2 ⟲ owner(c)≠m ∧ is-MANUF(owner(c))

owner(c)=m

〈2〉 φ_{21} ∧ **always** owner(c)=m **before** is-GARAGE(owner(c)) ∧ φ_{22} ∧ φ_{23} ⟲ owner(c)=m

owner(c)≠g ∧ is-GARAGE(owner(c))   〈4〉

←owner(c)=g

〈3〉 φ_{21} ∧ φ_{22} ∧ **always** owner(c)=g **before** is-PERSON(owner(c)) ∧ **always** ¬is-MANUF(owner(c)) ⟲ owner(c)=g

¬is-MANUF(owner(c)) ∧ owner(c)≠g | is-PERSON(owner(c)) | owner(c)=g

〈4〉 φ_{21} ∧ φ_{22} ∧ **always** ¬is-MANUF(owner(c)) ⟲ ¬is-MANUF(owner(c)) ∧ owner(c)≠g

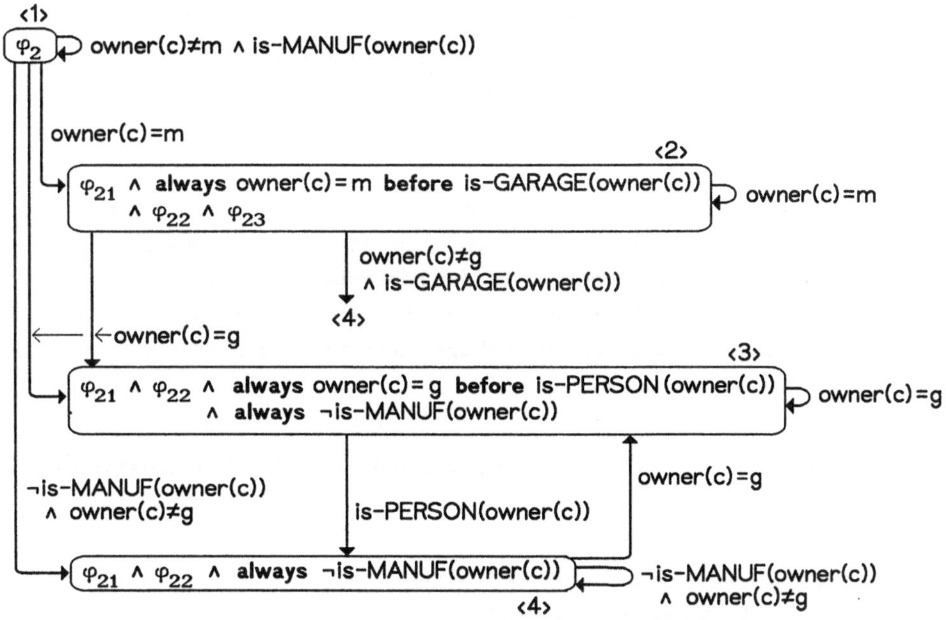

Bem.: Bei den Konstruktionen wurde aufgrund inhärenter bzw. statischer Integritätsbedingungen berücksichtigt, daß gilt:

$$owner(c)=m \Rightarrow \text{is-MANUF(owner(c))}$$
$$owner(c)=g \Rightarrow \text{is-GARAGE(owner(c))}$$
$$\neg\text{is-MANUF(owner(c))} \Rightarrow owner(c)\neq m$$

Außerdem schließen sich die Prädikate Is-MANUF, Is-GARAGE, Is-PERSON gegenseitig aus, so daß auch folgt:

$$owner(c)=m \Rightarrow owner(c) \neq g$$
$$owner(c)=g \Rightarrow owner(c) \neq m$$

Deshalb konnten einige Kanten von vornherein weglassen und andere vereinfacht beschriftet werden.

An den obigen Graphen kann man sehen, daß Transitionsgraphen die Lebensläufe von Datenbank-Objekten (oder von Objektkombinationen) bzgl. der gegebenen Integritätsbedingungen beschreiben. So entsprechen die Knoten im Graphen T_1 etwa folgenden Situationen für einen Wagen c:

⟨1⟩ ≙ in Produktion

⟨2⟩ ≙ zwischen Produktion und Anmeldung

⟨3⟩ ≙ nach der Anmeldung

Aus fehlenden Kanten können die möglichen Integritätsverletzungen geschlossen werden. Z.B. ist eine nicht rechtzeitige Anmeldung verboten, da vom Knoten ⟨2⟩ im Fall "this-year>year-of-prod(c)+1" eine Kante ausgeht.

Im Graphen T_2 beziehen sich die Knoten auf Tripel (c, m, g) aus einem Wagen c, einem Hersteller m und einer Garage g:

⟨1⟩ ≙ c im Besitz eines anderen Herstellers als m

⟨2⟩ ≙ c im Besitz des Herstellers m

⟨3⟩ ≙ c im Besitz der Garage g

⟨4⟩ ≙ c im Besitz einer Person oder einer anderen Garage als g

Offensichtlich kann nach Erreichen der Knoten ⟨3⟩ oder ⟨4⟩ nicht mehr nach ⟨1⟩/⟨2⟩ zurückgekehrt werden, so daß Rückverkäufe an Hersteller ausgeschlossen sind. Man beachte, daß der Monitor (theoretisch) die Lebensläufe für *alle* solche Objektkombinationen verfolgt. So können für verschiedene Tripel (c,m,g) ≠ (c',m',g'), z.B. für zwei Wagen c≠c', aber auch für einen Wagen und zwei Hersteller m≠m', gleichzeitig verschiedene Knoten markiert sein.

Zu drei weiteren Integritätsbedingungen seien nur die Konstruktionsergebnisse genannt:

(I3b) φ_3 ≡ **from** destroyed(c) **holds** this-year=y ⇒

                  (**always** exists(c) **before** this-year>y+2

              ∧ **sometime** ¬exists(c) **before** this-year>y+3)

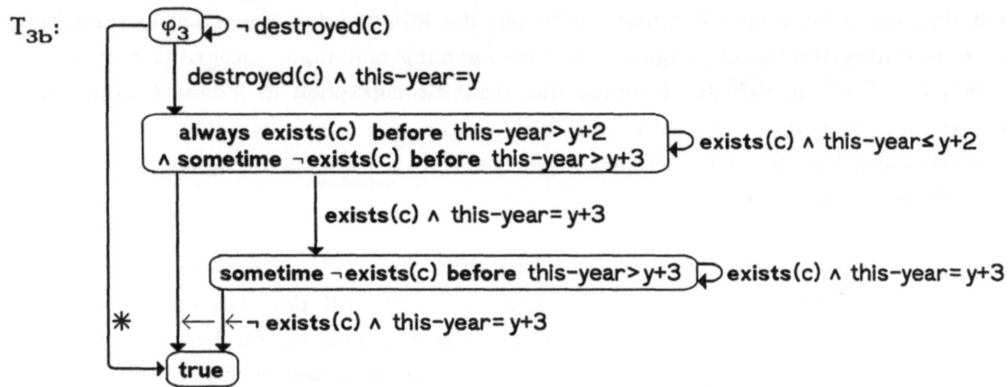

$$* \equiv destroyed(c) \land this\text{-}year \neq y$$

Bem.: Bei der Konstruktion wurde berücksichtigt, daß

$$destroyed(c) \Rightarrow exists(c)$$

gilt und daß this-year wegen Bedingung (I5) immer monoton wächst.

(I4) $\varphi_4 \equiv$ **from operating(m) holds (always-from** ¬operating(m) **holds** ¬permitted(m)**)**
$\land$ **always** (¬operating(m) $\Rightarrow$ ¬∃c owns(m,c))

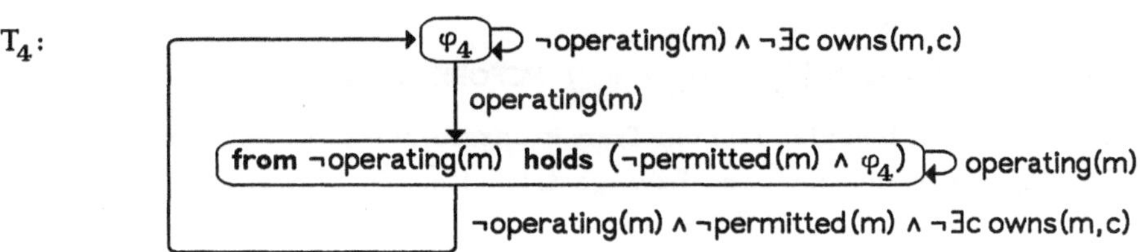

(I5) $\varphi_5 \equiv$ **always** (this-year=y $\Rightarrow$ **always** this-year≥y)

(Bsp. 4.42) □

Die Beispiele legen nahe, daß Transitionsgraphen ein nützliches Werkzeug nicht nur
für die Überwachung, sondern bereits für den Datenbank-Entwurf selbst sind: Die
graphische Darstellung von Objektlebensläufen kann man dazu nutzen, die Spezifikation dynamischer Bedingungen zu "verifizieren". Um diese Kontrolle objektorientiert durchzuführen, sollten Bedingungen auf gleichen Objekten (wenigstens solche
mit gleichen Objektfunktionen) vor der Graphkonstruktion konjunktiv kombiniert
werden. Dann zeigt der erhaltene Graph ihre gemeinsamen Auswirkungen; schlimm-
stenfalls wird dabei ihre Inkonsistenz offenbar (Satz 4.40).

Die Bedingungen im obigen Beispiel bilden nur die Rümpfe der eigentlich existenzbeschränkten Integritätsbedingungen. Eine Überwachung beliebiger Integritätsbedingungen würde erfordern, daß der Monitor die Transitionsgraphen in jedem Zustand für jede passende Kombination möglicher Objekten verfolgt, also auch für aktuell nicht vorhandene Objekte. Das ist normalerweise angesichts eines unendlichen Universums praktisch undurchführbar.

Unter den Annahmen 3.44 über die Spezifikation von Integritätsbedingungen kann der Monitor allerdings so verfeinert werden, daß - bis auf den Zustand nach einer Löschung - nur aktuelle, also endlich viele Objektkombinationen beachtet werden müssen. Um die auftretenden Abläufe kennenzulernen, untersuchen wir zuvor die Transitionsgraphen für die vervollständigten Beispielbedingungen.

Beispiele 4.43: Die Bedingung φ_1 aus dem vorangegangenen Beispiel sei durch die ursprüngliche Existenzbeschränkung aus dem Beispiel 2.0 ergänzt:

(I1) $\varphi_1^e \equiv$ **DURING-EXISTENCE**(c) $\varphi_{11} \wedge \varphi_{12} \wedge \varphi_{13}$

    $\varphi_{11} \equiv$ year-of-prod(c)=this-year $\wedge \neg$registered(c)

    $\varphi_{12} \equiv$ **sometime** registered(c) **before** this-year>year-of-prod(c)+1

    $\varphi_{13} \equiv$ **from** registered(c) **holds** (... **always** registered(c))

Damit lautet φ_1^e ausführlich

        from exists(c) **holds** $\left((\varphi_{11} \wedge \varphi_{12} \wedge \varphi_{13})\ \textbf{BEFORE}\ \neg\textbf{exists}(c) \right)$,

so daß sich ähnlich wie im Beispiel 4.33 ein Transitionsgraph ergibt, der vom Graphen T_1 zur Rumpfbedingung in den kursiven bzw. gestrichelten Teilen abweicht:

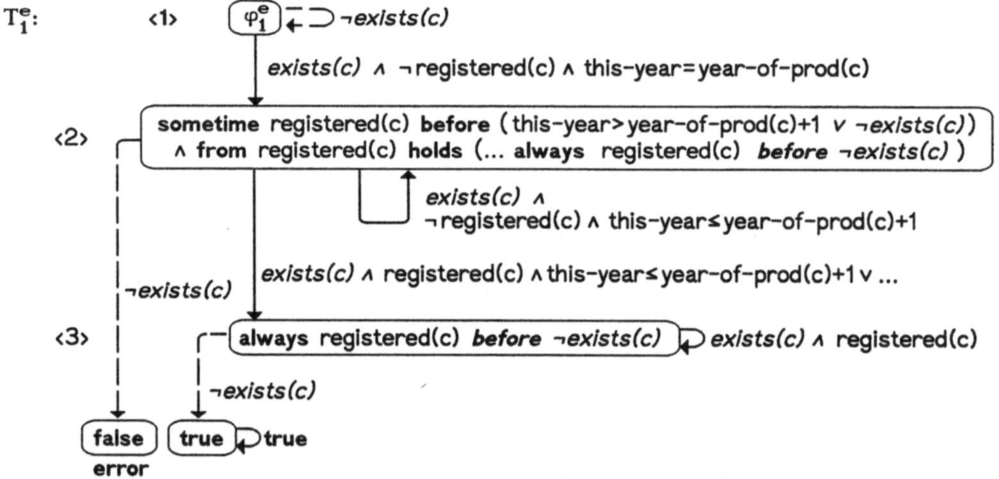

Vor dem Einfügen des Objektes c bleibt der initiale Knoten markiert, so daß der Monitor das Objekt und die Markierung vorher nicht beachten braucht. Wenn nach dem Löschen in den **true**-Knoten übergegangen wird, bleibt die Markierung wieder nichtleer und stationär. Da wir von der Annahme ausgehen, daß ein gelöschtes Objekt nicht erneut eingefügt wird, kann auch diese Information vergessen werden; eine Verwechslung mit der Situation vor dem Einfügen stört dann nicht. Die Kante zum **false**-Knoten bezeichnet den Fall, daß keine Löschung erfolgen darf. Im Beispiel liegt das daran, daß durch "**sometime registered(c)** ..." gefordert ist, einen Wagen c während seiner Existenz auf jeden Fall anzumelden.

Zu (I2): Die Bedingung $\varphi_2 \equiv$ **DURING-EXISTENCE**(c) φ_2 erfordert folgende Erweiterungen des Transitionsgraphen T_2:

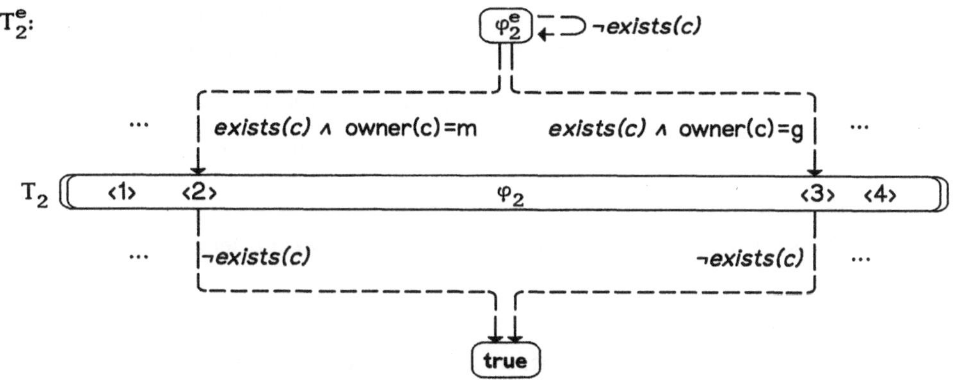

Außerdem müssen die Kanten im Teilgraph T_2 um "*exists(c)* ∧ ..." ergänzt werden. Der Monitor verhält sich ganz analog wie beim Graphen T_1^e.

Zu (I3)–(I5): Die Rumpfbedingung φ_3 ist bereits äquivalent zur *schwach* existenzbeschränkten Gesamtbedingung, so daß T_3 als Transitionsgraph übernommen werden kann. Der Graph zu (I4) ergibt sich analog wie T_2^e. Für (I5) ist eine Existenzbeschränkung irrelevant, da nur eine Datenvariable vorkommt.   **(Bsp. 4.43)** □

Die Verhältnisse im Beispielgraphen T_1^e sind typisch für existenzbeschränkte Integritätsbedingungen. In der folgenden Fallanalyse, die als Grundlage bzw. Verifikation für einen modifizierten Monitoralgorithmus dient, werden die verschiedenen Fälle beim Durchlaufen einer Zustandsfolge diskutiert. Wesentlich geht dabei der Satz 3.48 über partielle Zulässigkeit bzgl. existenzbeschränkter Bedingungen ein.

Satz 4.44: Gegeben seien korrekte Transitionsgraphen T zu einer [schwach] existenzbeschränkten Integritätsbedingung

$$\varphi \equiv \textbf{DURING-EXISTENCE}\,[\textbf{-UNTIL-DELETION}]\,(X)\ \psi$$
$$\equiv \quad \textbf{from exists}(X)\ \textbf{holds}\ (\,\psi\ \textbf{BEFORE}\,[\,|\,\textbf{UNTIL}\,]\ \neg\,\textbf{exists}(X)\,)$$

und T_ψ zu ihrer Rumpfbedingung ψ, die beide jeweils mindestens potentiell zulässige, aber höchstens vorläufig zulässige Zustandsfolgen akzeptieren, sowie eine fest gewählte Belegung θ der freien Variablen. Zu einer endlichen Zustandsfolge $\underline{\sigma}$ bezeichne

$\quad$ - $\underline{\sigma}_\theta \quad$ das nichtleere Existenzintervall zu θ (Def. 3.45),

$\quad$ - $\underline{\sigma}_{vor} \quad$ den Abschnitt in $\underline{\sigma}$ vor dem Existenzintervall $\underline{\sigma}_\theta$

$\qquad\qquad$ (oder $\underline{\sigma}$ selbst, falls θ keine relevante Belegung),

$\quad$ - $\sigma_{lösch}$ den ersten Zustand nach $\underline{\sigma}_\theta$ (nach der Löschung),

$\quad$ - $\underline{\sigma}_{nach}$ den nichtleeren Abschnitt in $\underline{\sigma}$ nach $\underline{\sigma}_\theta$.

In den folgenden Fällen gilt:

(a) $\underline{\sigma} = \underline{\sigma}_{vor}$ (vor einem Existenzintervall): $\qquad\qquad \underline{\sigma}$ wird von T akzeptiert.

(b) $\underline{\sigma} = \underline{\sigma}_{vor} \circ \underline{\sigma}_\theta$ (während des Existenzintervalls):

$\quad$ Falls T und T_ψ jeweils genau die potentiell oder genau die vorläufig zulässigen
Folgen akzeptieren, wird $\underline{\sigma}$ von T akzeptiert gdw. $\underline{\sigma}$ von T_ψ akzeptiert wird.

(c) $\underline{\sigma} = \underline{\sigma}_{vor} \circ \underline{\sigma}_\theta \circ \sigma_{lösch}$ (unmittelbar nach dem Existenzintervall):

$\quad$ $\underline{\sigma}$ wird von T akzeptiert gdw. ψ in $\underline{\sigma}_\theta$ $[\underline{\sigma}_\theta^+]$ stationär gültig ist.

(d) $\underline{\sigma} = \underline{\sigma}_{vor} \circ \underline{\sigma}_\theta \circ \underline{\sigma}_{nach}$ (nach dem Existenzintervall):

$\quad$ $\underline{\sigma}$ wird von T akzeptiert gdw. $(\underline{\sigma}_{vor} \circ \underline{\sigma}_\theta \circ \sigma_{lösch})$ von T akzeptiert wird (Fall c). $\square$

Begründung:

zu (a): Da $\varphi \equiv$ (**from exists(X)** ...) in $\underline{\sigma}_{vor}$ offensichtlich stationär und damit auch potentiell gültig ist, wird $\underline{\sigma}$ von T akzeptiert.

zu (b): Satz 3.48 besagt für den Fall, daß $\underline{\sigma}_\theta$ nicht vor $\underline{\sigma}$ endet: Eine [schwach] existenzbeschränkte Integritätsbedingung (hier φ) ist in $\underline{\sigma}$ potentiell gültig gdw. die Rumpfbedingung (ψ) in $\underline{\sigma}_\theta$ [bzw. $\underline{\sigma}_\theta^+ = \underline{\sigma}_\theta \circ \sigma_{lösch}$] potentiell gültig ist. Entsprechendes gilt für vorläufige Gültigkeit.

zu (c/d): Im Fall, daß $\underline{\sigma}_\theta$ vor $\underline{\sigma}$ endet, gilt nach Satz 3.48:

$$\underline{\sigma} \text{ wird von T akzeptiert}$$

$$\left[\begin{array}{l} \Rightarrow \varphi \text{ ist in } \underline{\sigma} \text{ vorl. gültig} \\ \Leftarrow \varphi \text{ ist in } \underline{\sigma} \text{ pot. gültig} \end{array} \right] \quad \Leftrightarrow \quad \psi \text{ ist in } \underline{\sigma}_\theta \text{ stationär gültig}$$

Damit ist die Akzeptanz von $\underline{\sigma} = \underline{\sigma}_{vor} \circ \underline{\sigma}_\theta \circ \underline{\sigma}_{nach}$ unabhängig von dem speziellen Abschnitt $\underline{\sigma}_{nach}$ (nach der Löschung). $\qquad\qquad\qquad\qquad\square$

Bemerkung:

zu (a): In Graphen T, die mit den Verfahren aus Abschnitt 4.2 konstruiert worden sind, bleibt vor dem Existenzintervall immer nur der initiale Knoten markiert, d.h. $M_T(\underline{\sigma}) = \{v_0\}$. Man vergleiche dazu die Rechnungen in den Beispielen 4.29 und 4.33.

zu (d): Weil T nach der Löschung der Belegungsobjekte beliebige Fortsetzungen akzeptiert, muß die aktuelle Formel $\varphi_T(\underline{\sigma}_{vor} \circ \underline{\sigma}_\theta \circ \sigma_{lösch})$ zu **true** äquivalent sein. Tatsächlich wird in Standard-Transitionsgraphen der mit **"true"** beschriftete Knoten über eine **"¬exists(...)"**-Kante erreicht. $\qquad\qquad\qquad\qquad\square$

Somit brauchen Transitionsgraphen zu [schwach] existenzbeschränkten Integritätsbedingungen unter jeder Belegung nur während des jeweiligen Existenzintervalls durchlaufen werden: Wegen Fall (a) wird ein Graph erst mit Beginn des Intervalls vom initialen Knoten aus betreten. Nach dem Intervall (Fall d) wird der Graph nur einen weiteren Zustand lang verfolgt. Zudem ist es aufgrund früherer Annahmen (keine Wiedereinfügung) nicht nötig, die letzte Markierung $M_T(\underline{\sigma}_{vor} \circ \underline{\sigma}_\theta \circ \sigma_{lösch})$ aufzubewahren.

Alternativ dazu kann auch der Transitionsgraph T_ψ zur Rumpfbedingung während des Existenzintervalls durchlaufen werden (vgl. Fall b). Allerdings müßte dann an der letzten in T_ψ erreichten Markierung $M_{T_\psi}(\underline{\sigma}_{vor} \circ \underline{\sigma}_\theta)$ ablesbar sein, ob ψ im Existenzintervall stationär gültig ist (Fall c). In [LiS87] haben wir für voll existenzbeschränkte Bedingungen und für Normalform-Transitionsgraphen vermutet, daß die aktuelle Formel in diesem Fall keine Existenzbedingung enthalten darf (im Sinne von Def. 4.39): Bleibt eine Existenzbedingung übrig, so kann sie nach dem Ende des Existenzintervalls nicht mehr erfüllt werden. Damit läßt sich ein Normalform-Transitionsgraph zur Rumpfbedingung direkt in einen korrekten Transitionsgraphen zur Gesamtbedingung transformieren (vgl. die Beispielgraphen zu (I1),(I2)). Das gilt vermutlich auch für Standard-Transitionsgraphen sowie für knoten- und kantenreduzierte Graphen, aber nicht unbedingt für Graphen, in denen äquivalente Knoten verschmolzen worden sind. Genauer beschäftigt sich [Sa88] mit dem Problem, wie Transitionsgraphen zur Überwachung auf strenge Zulässigkeit genutzt werden können.

Für schwach existenzbeschränkte Bedingungen reichen Rumpfgraphen sicher nicht im allgemeinen aus, da sie auch an den "Löschzustand" Anforderungen stellen.

Im folgenden gehen wir immer von Transitionsgraphen zu vollständigen Integritätsbedingungen aus. Aufgrund der obigen Analyse muß der Monitor diejenigen Zustandsübergänge gesondert behandeln, die Einfügungen oder Löschungen von Objekten einschließen. Dementsprechend wird der Algorithmus 4.26 verfeinert.

Algorithmus 4.45: Vorausgesetzt sei wieder, daß zu jeder - nach Annahme existenzbeschränkten - Integritätsbedingung φ ein korrekter und zudem iterationsinvarianter Transitionsgraph T_φ vorliegt. Die folgende Prozedur MONITOR muß nach jedem Übergang von einem Datenbankzustand σ_{old} in einen Zustand σ aufgerufen werden (ebenso für den initialen Zustand $\sigma=\sigma_O$). Dabei gilt eine Belegung θ als *eingefügt* oder *gelöscht*, wenn mindestens ein beteiligtes Objekt in σ begonnen bzw. aufgehört hat, aktuelles Objekt zu sein. (In σ_O gelten alle aktuellen Belegungen als eingefügt.)

```
procedure MONITOR:
    /* globale Variablen: σ_old, σ, marking...(...) */
    for each Integritätsbedingung φ
    for each Belegung θ mit Objekten aus σ_old ∪ σ
    do if σ_old ≠ σ (Änderung hat stattgefunden) then
```

```
    if θ eingefügt then
        erzeuge marking_φ(θ);
        marking_φ(θ) := { initialer Knoten von T_φ }      /* Initialisierung */
    fi;

    if θ aktuell in σ' then CHECK(φ,θ)  fi;               /* wie im Alg. 4.26 */

    if θ gelöscht then
        CHECK(φ,θ);                                        /* letzte Markierung */
        lösche marking_φ(θ)
    fi;

    σ_old := σ
fi od.                                                                          □
```

Bemerkung: Die jeweils letzte Markierung wird offenbar nur kurzzeitig benötigt. Eigentlich braucht die Prozedur CHECK nach der Löschung von Objekten nur die Existenz einer gültigen ausgehenden Kante zu prüfen, ohne die neu markierten Knoten zu berechnen.   □

Die früheren Aussagen über die Fähigkeit des Monitors, Fehler im Datenbankverhalten zu entdecken, übertragen sich auf diese verfeinerte Prozedur. Bei Zustandsübergängen, in denen Objekte gelöscht werden, können bzgl. der Rumpfbedingung sogar Verletzungen der stationären Gültigkeit festgestellt werden. Insbesondere sind die nötigen Vorkehrungen getroffen worden, um Markierungen nur für existierende Objekte zu verwalten.

4.3.2 Monitor-Optimierung

In vielen Anwendungen läßt sich sich die Anzahl der Markierungen, die explizit gemerkt werden müssen, noch drastisch weiter verringern, so daß der Speicherbedarf des Monitors sinkt. Generell werden, wie früher erwähnt, in deterministischen Graphen nur einzelne Knoten markiert; dabei fällt nicht ins Gewicht, daß die Graphen selbst eventuell mehr Knoten als entsprechende nichtdeterministische Graphen haben, weil sie nur einmal für alle Belegungen gespeichert werden. Außerdem kann man in jedem Graphen einen "Default"-Knoten auszeichnen: Abhängig von der jeweiligen Integritätsbedingung sollte derjenige Knoten gewählt werden, in dem die meisten Objekte sich während des größten Teils ihrer Lebensdauer "aufhalten".

Darüber hinaus kann es Abhängigkeiten zwischen den Markierungen zu verschiedenen Objekten geben, so daß einige Markierungen andere implizieren. Betrachten wir dazu die Graphen aus den Beispielen 4.42/4.43:

Beispiele 4.46:

Zu (I1): Der initiale Knoten ⟨1⟩ von T_1^e wird nur unmittelbar nach der Einfügung von c für den Einstieg in den Restgraphen benötigt. Als Defaultknoten empfiehlt sich $\langle 3 \rangle$, welcher der Situation nach der Anmeldung des Wagens c entspricht. Somit braucht an Markierungen explizit nur der Knoten $\langle 2 \rangle$ gespeichert werden.

Zu (I2): Bezogen auf den Graphen T_2 gelten einige Invarianten, die zwar aufgrund der intuitiven Erklärungen im Bsp. 4.42 offensichtlich sind, aber eigentlich formal aus der Berechnung von Markierungen in beliebigen akzeptierten Zustandsfolgen begründet werden müßten:

$$\forall c\text{:}CAR \;\; \forall m\text{:}MANUF \;\; \forall g\text{:}GARAGE$$

$$marking_2(c,m,g)=\langle 1 \rangle \Rightarrow (\exists m' \; marking_2(c,m',g)=\langle 2 \rangle)$$
$$\wedge \;\; marking_2(c,m,g)=\langle 2 \rangle \Rightarrow (\forall m',g' \; m'\neq m \Rightarrow marking_2(c,m',g')=\langle 1 \rangle)$$
$$\wedge \;\; marking_2(c,m,g)=\langle 3 \rangle \Rightarrow (\forall m',g' \; g'\neq g \;\; \Rightarrow marking_2(c,m',g')=\langle 4 \rangle)$$
$$\wedge \;\; marking_2(c,m,g)=\langle 4 \rangle \Rightarrow (\forall m' \;\;\; marking_2(c,m',g)=\langle 4 \rangle)$$

Deshalb braucht zu einem Objekt c nur eine von drei Markierungen festgehalten werden: ('*' steht für beliebige passende aktuelle Objekte.)

$$\begin{array}{lll} \text{entweder} & marking_2(c,m,\ast) = \langle 2 \rangle & \text{für ein } m \\ \text{oder} & marking_2(c,\ast,g) = \langle 3 \rangle & \text{für ein } g \\ \text{oder} & marking_2(c,\ast,\ast) = \langle 4 \rangle & \end{array}$$

Zudem kann etwa Knoten $\langle 4 \rangle$ ($\hat{=}$ Wagen im Besitz einer Person) als Defaultwert für alle Markierungen, die nicht gespeichert und nicht herleitbar sind, benutzt werden. Im Kapitel 5 werden wir einen Kalkül verwenden, in dem man u.a. solche Abhängigkeiten formulieren und beweisen kann. Übrigens stellt sich in diesem Beispiel heraus, daß die Markierungen bereits aus anderen Informationen in der Datenbank, hier der owner-Funktion, resultieren.

Die vielfältigen Abhängigkeiten zwischen den Markierungen ließen sich z.T. vermeiden, wenn statt des einen Graphen T_2 die Teilgraphen T_{21}, T_{22} und T_{23} benutzt würden; diese beziehen sich auf Objektkombinationen (c,m), (c,g) bzw. nur (c). Die Konstruktion eines einzigen Graphen mag zwar für die Analyse des Lebenslaufs von c nützlich sein, führt jedoch zu einer unnötigen Verbundbildung der Markierungen. Für die Überwachung sollte man also nur Bedingungen mit identischen (oder ineinander enthaltenen) Objektkombinationen zusammenfassen. Aber auch dann können einige Abhängigkeiten übrigbleiben, etwa als graphenübergreifende Bedingungen wie:

$$\forall c\text{:}CAR \;\; \forall m\text{:}MANUF \;\; \forall g\text{:}GARAGE \;\; marking_{22}(c,g)=\langle 2 \rangle \Rightarrow marking_{21}(c,m)=\langle 1 \rangle$$

Zu (I5): Von Existenzbeschränkungen unberührt bleiben Datenvariablen wie y:Year, die sich typischerweise auf unendliche bzw. sehr große Wertebereiche beziehen. Hierfür ist eine Reduzierung der Markierungen unumgänglich. Glücklicherweise gelten bzgl. des Graphen T_5 folgende Abhängigkeiten:

$$\forall y\text{:}Year \; (\;\;\; marking(y)=\langle 1 \rangle \Rightarrow (\forall y' \; y'\leq y \Rightarrow marking(y')=\langle 1 \rangle)$$
$$\wedge \; marking(y)=\langle 2 \rangle \Rightarrow (\forall y' \; y'\geq y \Rightarrow marking(y')=\langle 2 \rangle) \;)$$

Nimmt man $\langle 1 \rangle$ als Defaultknoten, braucht nur für einen (den minimalen) Wert y die Markierung $\langle 2 \rangle$ gespeichert werden.

Zu (I3): Auch im Graphen T_{3b} braucht je Objekt nur die Markierung zu einem einzigen y-Wert verfolgt werden, nämlich dem Jahr der Zerstörungsmeldung.   **(Bsp. 4.46)** □

Die Festlegung von Defaultknoten bleibt wie die Ermittlung von Abhängigkeiten dem Datenbank-Entwerfer zur Nachbehandlung der Graphkonstruktion überlassen. Während sich der schema-unabhängige Monitor leicht um die Berücksichtigung von Defaultwerten erweitern läßt, würde die Herleitung von Markierungen deduktive Fähigkeiten verlangen. Gesetzmäßigkeiten wie in den Beispielen lassen sich wohl eher ausnutzen, um ein schema-angepaßtes Monitorprogramm zu entwickeln.

Bei den Integritätsbedingungen (I2), (I3) und (I5) fällt auf, daß bestimmte Variablen (m,g,y) eingeführt werden, damit man sich auf Werte von Objektfunktionen (owner, this-year) in einem früheren Zustand beziehen kann. Typischerweise hängen dann die Markierungen zu solch einem Funktionswert und zu den anderen Objekten bzw. Daten miteinander zusammen, so daß jeweils i.w. nur eine Markierung benötigt wird. [Hü88] untersucht eine Teilklasse von Integritätsbedingungen, in denen Datenvariablen nur in entsprechender Form vorkommen und für die der Monitor nach dieser Idee optimiert werden kann.

Anmerkung: Eine rigorosere Lösung des Problems besteht möglicherweise darin, den temporalen Spezifikationskalkül so zu erweitern, daß Terme unabhängig von der direkt umgebenden Formel in verschiedenen Zuständen ausgewertet werden können. Die Semantik könnte sich an der Auswertung globaler Variablen in blockstrukturierten Programmen orientieren, so daß die Beispielbedingungen etwa lauten würden:

> **global-always** (**always** this-year ≥ (**global** this-year))
> **global-always** is-GARAGE(owner(c)) ⇒ (**always** owner(c)=(**global** owner(c)) ...)   □

Gut eignen dürfte sich der Monitor für sogenannte Nichtstandard-Anwendungen, die zwar nur eine kleine Anzahl von (strukturierten) Objekten, aber komplizierte Integritätsbedingungen aufweisen. Dadurch entstehen zwar große Transitionsgraphen, aber es werden nur wenige Markierungen gleichzeitig benötigt.

Neben dem Speicherbedarf muß für eine praktische Verwendbarkeit der Zeitbedarf des Monitors noch erheblich verkleinert werden. Den Hauptaufwand verursachen die Prüfungen statischer Bedingungen, um Graphtransitionen zu berechnen. Mit den oben diskutierten Abhängigkeiten zwischen Markierungen gehen häufig Abhängigkeiten zwischen Markierungsänderungen einher, so daß auch nicht alle Graphtransitionen explizit zu berechnen sind. Das trifft z.B. auf die erwähnte Klasse spezieller Bedingungen (I5 u.ä.) zu [Hü88].

Alle soweit angesprochenen Optimierungsmöglichkeiten basieren allein auf Eigenschaften der Transitionsgraphen und ihres dynamischen Verhaltens unter *beliebigen* Zustandsänderungen und -folgen. Entscheidender kann die Überwachung dadurch optimiert werden, daß Kantenbedingungen nicht *vollständig* für *jede* aktuelle Belegung geprüft werden. Tatsächlich sind bei vielen, häufig nur "lokalen" Zustands-

änderungen wesentliche Vereinfachungen möglich. Bleibt etwa die zuletzt geprüfte
Bedingung von der Änderung unberührt, so ändert sich in einem Transitionsgraphen,
der dem Kriterium für kantenbezogene Iterationsinvarianz (4.17) genügt, die Mar-
kierung nicht: Knoten werden höchstens gewechselt, wenn sich die Gültigkeit von
Kantenbeschriftungen ändert. Nach Satz 4.35 haben Standard-Transitionsgraphen diese
Eigenschaft.

Weil jedoch solche Optimierungen von den *einzelnen* Zustandsänderungen abhängen,
verfolgen wir diese Ideen im nächsten Kapitel im Kontext von Transaktionen und
deren Spezifikation. Auf der Grundlage des Monitoralgorithmus bzw. seiner Verbesserungen sollen im Rahmen des Datenbank-Entwurfs schema- und transaktionsangepaßte Überwachungen entwickelt werden. Zu erwarten ist, daß sich daraus
Prinzipien und Erfahrungen ableiten lassen, wie weit solche Anpassungen universell
vom Monitor durchgeführt werden können bzw. müssen, damit dieser annehmbar
effizient arbeitet.

5 Integritätsüberwachung durch Transaktionen

Auch mit den bisher an Beispielen diskutierten Optimierungen bleibt es Aufgabe des universellen Integritätsmonitors, entsprechend den Transitionsgraphen nach jeder Zustandsänderung für alle aktuellen (unabhängigen) Objektkombinationen Prüfungen der Kanteninschriften vorzunehmen. Diesen erheblichen Aufwand kann man nur verringern, wenn man außer dem Ergebniszustand als ganzes sogar die betroffenen Objekte und die Art der Effekte (z.B. Einfügung oder Löschung) kennt. Dann erübrigen sich häufig einige Prüfungen, weil Teilbedingungen unverändert gültig oder ungültig bleiben.

Eine solche Kenntnis kann man nur durch Analyse der Transaktion, die die Zustandsänderung verursacht hat, gewinnen. Falls beliebige Transaktionen auftreten dürfen, muß das Transaktionsprogramm zur Laufzeit daraufhin untersucht werden, welche Datenbank-Operationen es mit welchen Argumenten aufruft, um so die (möglicherweise) betroffenen Objekte und die (möglichen) Effekte zu ermitteln. Einen entsprechenden Ansatz verfolgen u.a. Nicolas [Ni82] und Henschen et al. [HeMN84] für die statische Integritätsüberwachung, aber nur für Transaktionen, die aus Folgen relationaler Grundoperationen bestehen. Aus Aufwandsgründen kann auch diese, wiederum universelle Analyse nur vergröberte Aussagen liefern. Exakt lassen sich die Effekte nur bestimmen, wenn eine geschlossene Spezifikation der Transaktion bekannt ist.

Bei ad-hoc-Transaktionen ist das selten der Fall. Werden Transaktionen jedoch bereits zur Entwurfszeit des Datenbanksystems entwickelt, stellt man üblicherweise solche Spezifikationen als Teil des Entwurfs auf. Daraus kann man - auch zur Entwurfszeit - ableiten, wie die Integritätsüberwachung auf die Transaktionen anzupassen ist. Die Überwachung kann sogar durch erweiterte Transaktionen selbst erfolgen, so daß der Monitor überflüssig wird. In der Einleitung haben wir diese Lösung als Alternative II diskutiert (vgl. Abb. 1.5).

In diesem Kapitel gehen wir von genau dem Szenario aus, daß auf die Datenbank nur mittels ausgewählter Transaktionen zugegriffen werden darf. Zudem seien Transaktionen in einem typischen Kalkül formal spezifiziert, nämlich durch Vor- und Nachbedingungen. Unser Ziel ist, die Integritätsüberwachung in die Transaktionen einzubauen: Dynamische Integritätsbedingungen sollen so in erweiterte Transaktions-Spezifikationen transformiert werden, daß jede durch Transaktionen ausführbare Zustandsfolge auch zulässig ist. Werden dann die erhaltenen Spezifikationen korrekt implementiert, enthalten die Programme nicht nur die gewünschten Datenmanipulationen, sondern auch die nötigen Überwachungsmaßnahmen.

Eine derartige Vorbereitung der Integritätsüberwachung beeinflußt wesentlich die

Spezifikationsmethodik für dynamisches Datenbankverhalten: Nach der Aufstellung von Integritätsbedingungen und der ersten Spezifikation von Transaktionen werden die Transaktionen schrittweise verfeinert, um die Integritätsbedingungen zu garantieren. Schließlich werden Programme entwickelt, die den Transaktionsspezifikationen genügen.

Da hier die Behandlung von *dynamischer Integrität* (relativ zur statischen Integrität) im Vordergrund steht, konzentrieren wir uns auf Aspekte der logischen Spezifikation. So werden die erforderlichen Transformationen zwischen Integritätsbedingungen und Transaktionen unabhängig von der Implementierungsphase präzisiert. Vor-/Nachbedingungen bilden einen Kalkül, der temporale Logik auf den **next**-Operator spezialisiert, so daß zur Verifikation der Transformationen ein einheitlicher formaler Rahmen zur Verfügung steht. Die Entwicklung korrekter Programme aus Vor-/Nachbedingungen bzw. die Verifikation von Programmen werden nur am Rande betrachtet.

In der verwandten Literatur haben Casanova/Furtado et al. [CaB80, CaCF82, CaVF84, SchiFNC84, VeF85, FuN86 (Teil A)], Kung [Ku84a-85b] und Sernadas et al. [SeS83/ SeSFG85/ SeS85, FiS86, CaS87, SeSE87] auf der Grundlage ähnlicher Kalküle (temporale Logik, Vor-/Nachbedingungen) vergleichbare mehrstufige Datenbankspezifikationen eingeführt. Casanova/Furtado unterscheiden eine "Informationsebene" (Objektstrukturen, Integritätsbedingungen), eine "Funktionsebene" (Transaktionen) und eine "Darstellungsebene" (Datenstrukturen, Programme). Insbesondere werden dort Anforderungen und Methoden untersucht, um Transaktionen, die bereits fertig spezifiziert vorliegen, gegen temporale Formeln zu verifizieren. Den erwähnten Ansätzen fehlen aber partielle Gültigkeitsbegriffe, so daß u.a. Verifikationen bei "sometime"-Bedingungen prinzipiell scheitern, obwohl die Bedingungen teilweise formulierbar sind.

Nur [VeF85] geben grundsätzliche methodische Hinweise, *daß* die Spezifikation - und auch die Auswahl - von Transaktionen schrittweise modifiziert werden sollte, um Integritätsbedingungen zu berücksichtigen. Während für statische Integritätsbedingungen die Transformationsidee schon in [FuSC81, WaS81] angewendet wurde, sind Transformationsmethoden für dynamische Bedingungen von anderen Autoren noch nicht behandelt worden.

Im Vergleich zu Vor-/Nachbedingungen sind mächtigere (nichtprozedurale) Spezifikationskalküle für Transaktionen in der Literatur recht selten vertreten. Verschiedene Formalismen zur Spezifikation von Transaktionen bzw. Operationen werden in [VeCF81, CaVF84] verglichen und anhand von Beispielen ineinander umformuliert. Insbesondere [GoMS83, KhMS85, Eh85a, SeSE87] regen an, nicht nur Aussagen über einzelne Transaktionen, sondern über Folgen von Transaktionen zuzulassen. Solche allgemeineren Spezifikationen erscheinen zwar als weiterer Zwischenschritt im Entwurf nützlich, müssen aber zur Integritätsüberwachung letztendlich ähnlich wie temporale Aussagen (über Zustandsfolgen) in transaktionslokale Spezifikationen umgewandelt werden. Deshalb bleibt diese Problematik hier ausgeklammert.

In unseren früheren Arbeiten [Li85/Li86] haben wir die Transformation spezieller dynamischer Integritätsbedingungen in Vor-/Nachbedingungen von Transaktionen eingeführt und im Einzelfall begründet. Dieser Ansatz wird hier auf beliebige propositional-temporale Formeln erweitert, indem wir erstmals von den zugehörigen Transitionsgraphen ausgehen. Damit bildet das vorangegangene Kapitel auch die entscheidende Grundlage für die Integritätsüberwachung durch Transaktionen.

Im ersten Abschnitt dieses Kapitels werden Spezifikationen für Transaktionen syntaktisch und semantisch erklärt. Insbesondere diskutieren wir das Problem, wie sich die invarianten Formeln unter einer Transaktion, ihr sogenannter "Rahmen", explizit und implizit festlegen lassen. Der Abschnitt 5.2 stellt dann die Regeln vor, um existenzbeschränkte Integritätsbedingungen bzw. zugehörige Transitionsgraphen in Transaktionsspezifikationen zu transformieren. Diese Regeln werden mit Hilfe temporaler Logik verifiziert und auf das Beispielschema angewendet.

5.1 Spezifikation von Transaktionen

Für jede Transaktion werden im Stil Hoare'scher Zusicherungen Vor- und Nachbedingungen angegeben, die durch beliebige prädikatenlogische Formeln ausgedrückt sein dürfen. Diese spezifizieren Eigenschaften von Zustandsübergängen: Wenn eine Vorbedingung im aktuellen Zustand erfüllt ist, muß nach Ausführung der Transaktion, also im folgenden Zustand, die zugehörige Nachbedingung gelten. Für Fallunterscheidungen dürfen mehrere Paare von Vor-/Nachbedingungen zu einer Transaktion angegeben werden. Formal sind Syntax und Semantik von Transaktionen durch die folgende Definition festgelegt:

Definition 5.1: Eine **_(einfache) Transaktionsspezifikation_** wird durch

$$(\ \{\pi_j\} \ \ t(P) \ \{\rho_j\} \ \mid \ j=1,...,c \ )$$

$$\text{oder} \quad t(P): \ \textbf{case } 1: \quad \textbf{pre } \pi_1 \quad \textbf{post } \rho_1$$
$$\vdots$$
$$\textbf{case } c: \quad \textbf{pre } \pi_c \quad \textbf{post } \rho_c$$

notiert und besteht aus einem Namen t, einem **_Parameter_** P, d.h. einer Variablenmenge mit Sortenangabe, und c **_Fällen_** mit **_Vor-/Nachbedingungen_** π_j/ρ_j, $1 \leq j \leq c$. Die Bedingungen sind jeweils prädikatenlogische Formeln (Def. 3.9), in denen außer P noch weitere **_lokale Variablen_** L frei vorkommen dürfen. Eine Belegung θ_P der Parametervariablen P mit Daten und möglichen Objekten heißt **_aktueller Parameter_**, eine Belegung θ_L der lokalen Variablen L in einem Zustand σ heißt **_lokale Belegung_**.

t **_überführt_** mit einem aktuellen Parameter θ_P einen Zustand σ in einen Zustand σ' gdw. für jede lokale Belegung θ_L in σ und für jeden Fall j ($1 \leq j \leq c$) gilt:

$$[\sigma, \theta_P + \theta_L] \vDash \pi_j \quad \text{impliziert} \quad [\sigma', \theta_P + \theta_L] \vDash \rho_j \qquad\qquad \square$$

Spezifikationsmethodik für dynamisches Datenbankverhalten: Nach der Aufstellung von Integritätsbedingungen und der ersten Spezifikation von Transaktionen werden die Transaktionen schrittweise verfeinert, um die Integritätsbedingungen zu garantieren. Schließlich werden Programme entwickelt, die den Transaktionsspezifikationen genügen.

Da hier die Behandlung von *dynamischer Integrität* (relativ zur statischen Integrität) im Vordergrund steht, konzentrieren wir uns auf Aspekte der logischen Spezifikation. So werden die erforderlichen Transformationen zwischen Integritätsbedingungen und Transaktionen unabhängig von der Implementierungsphase präzisiert. Vor-/Nachbedingungen bilden einen Kalkül, der temporale Logik auf den **next**-Operator spezialisiert, so daß zur Verifikation der Transformationen ein einheitlicher formaler Rahmen zur Verfügung steht. Die Entwicklung korrekter Programme aus Vor-/Nachbedingungen bzw. die Verifikation von Programmen werden nur am Rande betrachtet.

In der verwandten Literatur haben Casanova/Furtado et al. [CaB80, CaCF82, CaVF84, SchiFNC84, VeF85, FuN86 (Teil A)], Kung [Ku84a-85b] und Sernadas et al. [SeS83/ SeSFG85/ SeS85, FiS86, CaS87, SeSE87] auf der Grundlage ähnlicher Kalküle (temporale Logik, Vor-/Nachbedingungen) vergleichbare mehrstufige Datenbankspezifikationen eingeführt. Casanova/Furtado unterscheiden eine "Informationsebene" (Objektstrukturen, Integritätsbedingungen), eine "Funktionsebene" (Transaktionen) und eine "Darstellungsebene" (Datenstrukturen, Programme). Insbesondere werden dort Anforderungen und Methoden untersucht, um Transaktionen, die bereits fertig spezifiziert vorliegen, gegen temporale Formeln zu verifizieren. Den erwähnten Ansätzen fehlen aber partielle Gültigkeitsbegriffe, so daß u.a. Verifikationen bei "sometime"-Bedingungen prinzipiell scheitern, obwohl die Bedingungen teilweise formulierbar sind.

Nur [VeF85] geben grundsätzliche methodische Hinweise, *daß* die Spezifikation - und auch die Auswahl - von Transaktionen schrittweise modifiziert werden sollte, um Integritätsbedingungen zu berücksichtigen. Während für statische Integritätsbedingungen die Transformationsidee schon in [FuSC81, WaS81] angewendet wurde, sind Transformationsmethoden für dynamische Bedingungen von anderen Autoren noch nicht behandelt worden.

Im Vergleich zu Vor-/Nachbedingungen sind mächtigere (nichtprozedurale) Spezifikationskalküle für Transaktionen in der Literatur recht selten vertreten. Verschiedene Formalismen zur Spezifikation von Transaktionen bzw. Operationen werden in [VeCF81, CaVF84] verglichen und anhand von Beispielen ineinander umformuliert. Insbesondere [GoMS83, KhMS85, Eh85a, SeSE87] regen an, nicht nur Aussagen über einzelne Transaktionen, sondern über Folgen von Transaktionen zuzulassen. Solche allgemeineren Spezifikationen erscheinen zwar als weiterer Zwischenschritt im Entwurf nützlich, müssen aber zur Integritätsüberwachung letztendlich ähnlich wie temporale Aussagen (über Zustandsfolgen) in transaktionslokale Spezifikationen umgewandelt werden. Deshalb bleibt diese Problematik hier ausgeklammert.

In unseren früheren Arbeiten [Li85/Li86] haben wir die Transformation spezieller dynamischer Integritätsbedingungen in Vor-/Nachbedingungen von Transaktionen eingeführt und im Einzelfall begründet. Dieser Ansatz wird hier auf beliebige propositional-temporale Formeln erweitert, indem wir erstmals von den zugehörigen Transitionsgraphen ausgehen. Damit bildet das vorangegangene Kapitel auch die entscheidende Grundlage für die Integritätsüberwachung durch Transaktionen.

Im ersten Abschnitt dieses Kapitels werden Spezifikationen für Transaktionen syntaktisch und semantisch erklärt. Insbesondere diskutieren wir das Problem, wie sich die invarianten Formeln unter einer Transaktion, ihr sogenannter "Rahmen", explizit und implizit festlegen lassen. Der Abschnitt 5.2 stellt dann die Regeln vor, um existenzbeschränkte Integritätsbedingungen bzw. zugehörige Transitionsgraphen in Transaktionsspezifikationen zu transformieren. Diese Regeln werden mit Hilfe temporaler Logik verifiziert und auf das Beispielschema angewendet.

5.1 Spezifikation von Transaktionen

Für jede Transaktion werden im Stil Hoare'scher Zusicherungen Vor- und Nachbedingungen angegeben, die durch beliebige prädikatenlogische Formeln ausgedrückt sein dürfen. Diese spezifizieren Eigenschaften von Zustandsübergängen: Wenn eine Vorbedingung im aktuellen Zustand erfüllt ist, muß nach Ausführung der Transaktion, also im folgenden Zustand, die zugehörige Nachbedingung gelten. Für Fallunterscheidungen dürfen mehrere Paare von Vor-/Nachbedingungen zu einer Transaktion angegeben werden. Formal sind Syntax und Semantik von Transaktionen durch die folgende Definition festgelegt:

Definition 5.1: Eine *(einfache) Transaktionsspezifikation* wird durch

$$(\; \{\pi_j\} \; t(P) \; \{\rho_j\} \; | \; j=1,...,c \;)$$

$$\text{oder} \quad t(P)\text{:} \quad \textbf{case } 1\text{:} \quad \textbf{pre } \pi_1 \quad \textbf{post } \rho_1$$
$$\vdots$$
$$\textbf{case } c\text{:} \quad \textbf{pre } \pi_c \quad \textbf{post } \rho_c$$

notiert und besteht aus einem Namen t, einem *Parameter* P, d.h. einer Variablenmenge mit Sortenangabe, und c *Fällen* mit *Vor-/Nachbedingungen* π_j/ρ_j, $1 \leq j \leq c$. Die Bedingungen sind jeweils prädikatenlogische Formeln (Def. 3.9), in denen außer P noch weitere *lokale Variablen* L frei vorkommen dürfen. Eine Belegung θ_P der Parametervariablen P mit Daten und möglichen Objekten heißt *aktueller Parameter*, eine Belegung θ_L der lokalen Variablen L in einem Zustand σ heißt *lokale Belegung*.

t überführt mit einem aktuellen Parameter θ_P einen Zustand σ in einen Zustand σ' gdw. für jede lokale Belegung θ_L in σ und für jeden Fall j ($1 \leq j \leq c$) gilt:

$$[\sigma, \theta_P + \theta_L] \vDash \pi_j \quad \text{impliziert} \quad [\sigma', \theta_P + \theta_L] \vDash \rho_j \qquad \qquad \square$$

Einige **Beispiele** ohne Fallunterscheidung finden sich im Schema zum Automobil-Meldewesen (Bsp. 2.0, T1-T5); Spezifikationen mit mehreren Fällen werden sich im Laufe dieses Kapitels ergeben.

Als Semantik einer Transaktionsspezifikation ist oben eine Relation "überführt" zwischen Zuständen definiert worden: Damit zwei Zustände σ und σ' in Beziehung stehen, muß σ' jede Nachbedingung erfüllen, deren zugehörige Vorbedingung in σ gilt. Sofern die Bedingungen lokale Variablen enthalten, sind alle passenden Daten- und Objekt-kombinationen zu beachten.

Ein Programm, das die Transaktion t korrekt implementieren soll, muß aus einem gegebenem Zustand σ einen Folgezustand σ' konstruieren, in den σ durch t "überführt" wird. Existiert kein solcher Zustand σ', liegt eine Fehlersituation vor. Daß ein Zustand σ gemäß Spezifikation in verschiedene Zustände σ' überführt werden kann, bedeutet, daß der Folgezustand innerhalb eines gewissen Spielraums unbestimmt bleibt; z.B. können bedingte oder alternative Effekte formuliert werden. So wird etwa im Beispiel 2.0 (T2) nur gefordert, daß irgendeine *neue* Registriernummer zu vergeben ist. Eine eindeutige Festlegung erfolgt erst durch spätere Ergänzungen der Spezifikation oder eben durch die Implementierung.

Soweit sind nur die Auswirkungen von Transaktionsspezifikationen auf Zustands-übergänge präzisiert. Im Hinblick auf das Gesamtverhalten einer Datenbank werden durch diese Spezifikationen mögliche Folgen von Zuständen auf "ausführbare" Folgen eingeschränkt:

Definition 5.2: Gegeben sei eine Menge $\mathcal{T}$ von Transaktionen. Eine endliche oder unendliche Zustandsfolge $\underline{\sigma}$ heißt bzgl. $\mathcal{T}$ *ausführbar* gdw. es zu jedem Zustandsüber-gang (σ_{i-1}, σ_i) $(i \geq 1)$ mit $\sigma_{i-1} \neq \sigma_i$ eine Transaktion $t \in \mathcal{T}$ und einen aktuellen Parameter θ_P gibt, so daß σ_{i-1} von t mit θ_P in σ_i überführt wird. $\qquad\qquad$ $\square$

Bemerkung: Wir nehmen an, daß sich Fehlersituationen, in denen trotz Anwendung einer Transaktion kein Nachzustand gebildet werden kann, im Datenbankverhalten nur als Zustandswiederholungen $(\sigma_{i-1} = \sigma_i)$ auswirken. Differenziertere Reaktionen von Warnungen bis hin zu Fehlerbeseitigungen, die zur Implementierung sicher angebracht wären, werden hier nicht diskutiert. $\qquad\qquad$ $\square$

In der Praxis führen die obigen "einfachen" Transaktionsspezifikationen jedoch häu-fig zu recht umständlichen Formulierungen:

- Um z.B. auszuschließen, daß nicht erwähnte Objektfunktionen und -prädikate beliebig geändert werden dürfen, muß man explizit Vor-/Nachbedingungen

$$
\begin{array}{ll}
\{f(x_1,...,x_n)=y\} \; t \; \{f(x_1,...,x_n)=y\} & \text{(zu n-stelligen Objektfunktionen f)} \\
(5.3a) \quad \{p(x_1,...,x_n)\} \; t \; \{p(x_1,...,x_n)\} & \\
\{\neg p(x_1,...,x_n)\} \; t \; \{\neg p(x_1,...,x_n)\} & \text{(zu n-stelligen Objektprädikaten p)}
\end{array}
$$

angeben.

- Auch um zu verhindern, daß ein Zustand σ, in dem keine Vorbedingung zutrifft, trivialerweise in beliebige Zustände σ' überführt wird, muß man zusätzliche Vor-/ Nachbedingungen aufstellen, etwa von der Form:

$$(5.3b) \qquad \{ (\neg\pi_1 \wedge \ldots \wedge \neg\pi_c) \wedge \ldots \} \ t \ \{ \ldots \}$$

(Soll eine Fehlersituation gekennzeichnet werden, lautet die Nachbedingung "false".)

Zur Vereinfachung von Transaktionsspezifikationen erweitern wir diese um einen Rahmen (als Ersatz für (a)) und eine Anwendbarkeitsbedingung (anstelle (b)). Beide können explizit mitspezifiziert oder implizit aus der restlichen Spezifikation abgeleitet werden.

Definition 5.4: Gegeben sei eine ***explizit erweiterte Transaktionsspezifikation***

$$
\begin{array}{lll}
t(P): & [\ \textbf{vars} & L\ ] \\
      & \textbf{on} & \alpha \\
      & \textbf{case 1:} & \textbf{pre}\ \pi_1\ \ \textbf{post}\ \rho_1 \\
      & \quad\vdots & \\
      & \textbf{case c:} & \textbf{pre}\ \pi_c\ \ \textbf{post}\ \rho_c \\
      & \textbf{frame} & \Delta
\end{array}
\quad \Big\} \, (*)
$$

die zusätzlich eine prädikatenlogische ***Anwendbarkeitsbedingung*** α und einen ***Rahmen*** Δ, der aus einer endlichen Menge prädikatenlogischer ***Rahmenformeln*** δ besteht, aufweist. Den einfachen Spezifikationsteil $(*)$ nennen wir auch ***Spezifikationskern.*** L bezeichne wieder die neben den Parametervariablen vorkommenden freien Variablen.

t ist in einem Zustand σ mit dem Parameter θ_P ***anwendbar*** gdw. es eine Belegung θ_L gibt, so daß $[\sigma,\theta_P+\theta_L] \vDash \alpha$ gilt.

Ein Zustand σ wird von t (mit Parameter θ_P) in einen Zustand σ' ***überführt*** gdw. t in σ anwendbar ist und σ bzgl. des um

$$\textbf{case}\ \delta: \quad \textbf{pre}\ \delta \quad \textbf{post}\ \delta \qquad (\text{für alle}\ \delta\epsilon\Delta)$$

erweiterten Spezifikationskerns gemäß Definition 5.1 in σ' überführt wird. $\square$

Somit sind triviale Überführungen in andere Zustände ausgeschlossen, wenn die Transaktion nicht anwendbar ist. Für eine korrekte Implementierung im Sinne der Ausführbarkeit (Def. 5.2) reicht aus, daß das Programm nach erfolgloser Prüfung der Bedingung α ohne Änderung des Datenbankzustands, ggf. mit einer Warnung für den Benutzer, verlassen wird. Bereits bei der Spezifikation sollte vermieden werden, daß in den Fällen des Spezifikationskerns noch weitere Fehlersituationen versteckt sind: Die Anwendbarkeitsbedingung sollte diese (in negierter Form) so weit wie möglich zusammenfassen.

Beispiele 5.5: Im Beispiel 2.0 waren eigentlich Transaktionen gemeint, die die folgendermaßen explizit erweiterten Spezifikationen erfordern.

(T5) next-year:

    /* Fortschaltung des aktuellen Jahres */

    vars   y: Year, c": CAR, m": MANUF, sno": Int, co": CAR-OWNER, usw.

    on   true

      pre this-year = y
      post this-year = y+1

    frame manuf(c")=m", serialno(c")=sno", registered(c"), ¬registered(c"),
         owner(c")=co" usw.

         (analog für alle anderen Objektfunktionen außer this-year)

(T2) register (c: CAR, md: MODEL, co: CAR-OWNER):

    /* Neuanmeldung eines Wagens */

    vars   c": CAR, rno": Int, md": MODEL, co": CAR-OWNER, y": Year, usw.

    on   ¬registered(c) ∧ approved(md)

      pre **true**
      post registered(c) ∧ regno(c) ≠⊥ ∧ ¬∃ c':CAR (c' ≠ c ∧ regno(c')=regno(c))
         ∧ model(c) = md ∧ owner(c) = co

    frame registered(c"), c"≠c ⇒ ¬ registered(c"),
         c"≠c ⇒ regno(c")=rno", c"≠c ⇒ model(c")=md", c"≠c ⇒ owner(c")=co";
         manuf(c")=m", owns(c",co"), ¬owns(c",co"), this-year=y" usw.

         (analog für alle anderen nicht unter **post** erwähnten Objektfunktionen)

(T3) transfer (c: CAR, newco: CAR-OWNER):

    /* Verkauf eines Wagens */

    vars   co: CAR-OWNER

    on   owns(co,c) ∧ co ≠ newco

      pre owns(co,c)
      post ¬owns(co,c) ∧ owns(newco,c) ∧ owner(c) = newco

    frame (analog T2)

(T1) produce[-car] (m: MANUF, sno: Int, y:Year)

    /* Eintragung eines neuen Wagens */

    on   ¬∃ c:CAR (manuf(c)=m ∧ serialno(c) = sno) ∧ operating(m)

      pre **true**
      post ∃ c:CAR (manuf(c)=m ∧ serialno(c) = sno ∧ year-of-prod(c)=y
              ∧ ¬registered(c) ∧ ...)

    frame (u.a.:) (manuf(c")≠m ∨ serialno(c")≠ sno) ⇒ owner(c")=co"   □

Die ursprünglichen Spezifikationen im Beispiel 2.0 sollten solche Erweiterungen bereits *implizit* beinhalten. Auf die dafür erforderliche Interpretation von Vor- und Nachbedingungen gehen wir nun genauer ein.

Wird die Anwendbarkeitsbedingung weggelassen, so erscheint es sinnvoll, implizit die Disjunktion der Vorbedingungen als Anwendbarkeitsbedingung aufzufassen. Dann muß mindestens eine Vorbedingung unter einer lokalen Belegung zutreffen, damit auch die zugehörige Nachbedingung relevant wird. Bei der Spezifikation der Vorbedingungen ist allerdings darauf zu achten, daß die Fallunterscheidung genau die gewünschte Anwendbarkeit abdeckt. Die explizite Angabe der Bedingung hat den Vorteil, daß die zwei Aspekte voneinander getrennt bleiben (vgl. obige Transaktionen T2 und T5). Diese Lösung bevorzugen auch Sernadas et al. [SeSFG85, SeS85, FiS86, CaS87] (in Form einer sogenannten "enabling rule" oder "occurrence restriction rule").

Die getrennte Angabe eines Rahmens macht den Spezifikationskern übersichtlicher, weil nur echte Änderungen als Nachbedingungen aufgeführt werden brauchen. Auch [CaVF84, FuN86] benutzen dafür eine gesonderte Klausel. Quasi invers dazu verlangen [SeSFG85], in einer "scope rule" alle veränderbaren Objektfunktionen explizit zu benennen. Allerdings erscheint die explizite Auflistung von Rahmenformeln in vielen Fällen überflüssig (vgl. obiges Beispiel). Als eine implizite "Rahmenregel" liegt die Annahme nahe, daß

> alle Kombinationen von Objektfunktionen und Argumenten, die von den Nachbedingungen nicht "betroffen" sind, in ihren Funktionswerten unverändert bleiben.

Eine Präzisierung dieser Idee erweist sich jedoch als problematisch. Bereits syntaktisch "nicht betroffen" sind sicher solche Objektfunktionen, die in den Nachbedingungen gar nicht erwähnt sind, so daß auf jeden Fall entsprechende Formeln

$$f(x_1,...,x_n) = y$$

implizit als Rahmenformeln gelten können (analog für Prädikate). Darüber hinaus sind weitere Formeln semantisch nicht betroffen, wenn man die Nachbedingungen als möglichst *vollständige* Beschreibung der erlaubten Änderungen interpretiert:

Definition 5.6 [Li86]: Gegeben sei wieder eine Spezifikation der Transaktion t wie in Def. 5.1, die hier jedoch als *implizit erweitert* aufgefaßt wird. t *überführt* (mit einem Parameter θ_P) einen Zustand σ in einen Zustand σ' gdw.

(0) mindestens eine Vorbedingung unter einer lokalen Belegung in σ gilt,

(1) σ bzgl. des Spezifikationskerns in σ' überführt wird (gemäß Def. 5.1) und

(2) σ durch t nur *minimal* zu σ' *geändert* wird, d.h. daß keine Auswahl von Wertänderungen der Objektfunktionen (aus einer gegebenen Objektsignatur OBJ) rückgängig gemacht werden kann, ohne daß (1) verletzt wird.   □

Die Bedingung (2) heißt *implizite Rahmenregel* und läßt sich mit Hilfe der folgenden Notationen formalisieren:

Notationen 5.7a: Zu einer Formel φ und einer Belegung θ in einem Zustand σ (einer passenden Kombination von Objekten und Daten) bezeichne φ^θ die Formel, die aus

φ durch Ersetzung der freien Variablen gemäß θ hervorgeht; Daten und Objekte von σ werden also wie Konstanten behandelt. Offensichtlich gilt dann $[\sigma,\theta]\vDash\varphi$ gdw. $\sigma\vDash\varphi^{\theta}$. Jeder Zustand kann wie folgt als Sammlung von "Fakten" der Form $f(x_1,...,x_n)=y$ aufgefaßt werden:

$$\sigma \triangleq \{\; fact(\sigma,f,\theta) \mid f \text{ n-stellige Objektfunktion aus OBJ } (f\epsilon F_O),$$
$$\theta \text{ aktuelle Belegung von n passenden Argumentvariablen } x_1,...,x_n \text{ in } \sigma\}$$

wobei $fact(\sigma,f,\theta) \equiv (f(x_1,...,x_n)=y)^{(\theta+\theta_y)}$ mit derjenigen Belegung θ_y von y, für die

$$[\sigma,\theta+\theta_y] \vDash (f(x_1,...,x_n)=y)$$

gilt. (Objektprädikate werden wie Bool-wertige Funktionen behandelt.)

Falls die Zustände σ und σ' gleiche Objektmengen aufweisen, enthält die Faktenmenge

$$CHG_{\sigma,\sigma'} = \{\; fact(\sigma',f,\theta) \mid fact(\sigma',f,\theta) \neq fact(\sigma,f,\theta) \;\}$$

genau die gegenüber σ geänderten Fakten. Zu jeder Teilmenge $C \subseteq CHG_{\sigma,\sigma'}$ bezeichne C^{-1} die Menge der zugehörigen ungeänderten Fakten in σ:

$$C^{-1} = \{\; fact(\sigma,f,\theta) \mid fact(\sigma',f,\theta) \epsilon C \;\}$$

Falls sich σ und σ' auch in den Objektmengen unterscheiden, müssen zusätzlich die Fakten "$[\neg]$ exists(x)" für mögliche Objekte x mit berücksichtigt werden. Man beachte, daß im Fall $[\sigma,\theta]\vDash \neg exists(x_1,...,x_n)$ zwingend alle Fakten $fact(\sigma,f,\theta)$ zu Objektfunktionen f undefiniert sind, also in der obigen Zustandsdarstellung fehlen. $\qquad\qquad$ $\square$

Definition 5.7b: σ wird durch *t* (mit θ_P) **_minimal_** zu σ' **_geändert_** gdw. für alle nicht-leeren Teilmengen $C \subseteq CHG_{\sigma,\sigma'}$ gilt:

$$\sigma'-C+C^{-1} \quad \nvDash \quad \bigwedge_{\substack{j=1,...,c \\ \theta_L \text{ Belegung} \\ [\sigma,\theta_P+\theta_L]\vDash\pi_j}} \rho_j^{\theta_L+\theta_P}$$

Zur Erklärung: Die linke Seite $\sigma'-C+C^{-1}$ bezeichnet den Zustand, in dem die Änderungen C rückgängig gemacht worden sind. Die rechte Seite gibt die Auswirkungen der Nachbedingungen ρ_j auf alle Situationen an, in denen Vorbedingungen π_j gelten; diese müssen aufgrund Def. 5.1 in jedem Zustand σ', in den σ bzgl. des Spezifikationskerns überführt wird, gelten. Gefordert ist hier, daß jede Rücksetzung von Änderungen diese Minimalbedingung verletzt. Wiederum sind Folgezustände nicht eindeutig bestimmt, da verschiedene minimale Änderungsmengen CHG auftreten können. $\qquad$ $\square$

Anmerkung: Auf die implizite Anwendbarkeitsbedingung (Def. 5.6(0)) könnte man aufgrund der Rahmenregel in gewissem Sinne verzichten: Wenn nämlich unter allen lokalen Belegungen θ für alle Fälle j

$$[\sigma,\theta_P+\theta_L]\vDash\pi_j$$

nicht gilt, wird σ durch *t* nur in σ selbst überführt. (Die Konjunktion aus Definition 5.7b ist trivialerweise leer, also **true**, und somit in σ selbst erfüllt.) Allerdings entfiele dann die Unterscheidung zwischen Fehlersituationen und beabsichtigten Zustandswiederholungen. $\qquad$ $\square$

Egal ob der Rahmen explizit angegeben oder implizit bestimmt ist, interessieren für spätere Rechnungen mit Transaktionsspezifikationen solche Formeln, deren Gültigkeit unter der Transaktion immer erhalten bleibt.

Definition 5.8: Der ***Rahmenabschluß*** von t, $\overline{\Delta}(t)$, wird durch alle Formeln δ gebildet, die im folgenden Sinn unter t ***invariant*** sind:

Für alle Zustände σ,σ' und alle Parameter θ_P, so daß σ von t mit θ_P in σ' überführt wird, sowie für alle lokalen Belegungen θ_L gilt:

$$[\sigma,\theta_P{+}\theta_L] \models \delta \qquad \text{impliziert} \qquad [\sigma',\theta_P{+}\theta_L] \models \delta$$

(ObdA. nehmen wir an, daß P+L bereits alle freien Variablen von δ enthält.)

Eine Objektfunktion f heißt ***invariant*** unter t gdw. die Formel

$$f(x_1,...,x_n) = y$$

(mit passenden Variablen $x_1,...,x_n,y$) invariant ist. $\qquad\qquad$ □

Bemerkung: Für eine explizit erweiterte Spezifikation gilt offensichtlich: $\Delta \subseteq \overline{\Delta}$ $\qquad$ □

Erwartungsgemäß sind mit der impliziten Rahmenregel alle Formeln invariant, die keine in den Nachbedingungen erwähnten Funktionen benutzen. Die Rahmenregel läßt aber auch zu, daß bestimmte Formeln, in denen diese Funktionen vorkommen, zum Rahmenabschluß gehören; triviale Beispiele sind die Nachbedingungen selbst. (Deren Negationen sind natürlich nicht invariant.)

Beispiele 5.9: Werden die Transaktionsspezifikationen aus dem Beispiel 2.0 als implizit erweitert aufgefaßt, so sind alle in den Beispielen 5.5 unter **frame** aufgeführten Formeln jeweils invariant. Ebenso gilt das u.a. für daraus zusammensetzbare Konjunktionen und Disjunktionen.

Während diese Invarianten recht naheliegen, zeigt sich die Mächtigkeit der Rahmenregel noch deutlicher an zwei weiteren impliziten Spezifikationen. Eine Transaktion t_1 etwa soll Steuersätze (tax) in Abhängigkeit vom Preis (price) ändern:

$$\{\, \text{price(c)}{<}15000 \wedge \text{tax(c)}{=}x \,\}\ t_1(c)\ \{\, \text{tax(c)}{=}x{-}1 \,\}$$
$$\{\, \text{price(c)}{\geq}30000 \wedge \text{tax(c)}{=}x \,\}\ t_1(c)\ \{\, \text{tax(c)}{=}x{+}2 \,\}$$

Nach dem Gesetz der minimalen Änderung werden der Preis und im mittleren Preisbereich auch der Steuersatz beibehalten, so daß unter t_1 invariant ist:

$$\text{price(c)}{=}p \wedge (15000{\leq}p{<}30000 \Rightarrow \text{tax(c)}{=}x)$$

Hingegen verlangt folgende Spezifikation nur eine Änderung des Preis-/Steuergefüges:

$$\{\, \text{tax(c)}{=}x \,\}\ t_2(c)\ \{\ \text{price(c)}{<}15000 \Rightarrow \text{tax(c)}{=}x{-}1$$
$$\wedge\ \text{price(c)}{\geq}30000 \Rightarrow \text{tax(c)}{=}x{+}2\ \}$$

Invariant bleibt hier nur:

$$15000{\leq}p{<}30000 \Rightarrow (\text{price(c)}{=}p \wedge \text{tax(c)}{=}x)$$

Im Fall price(c)$\geq$30000 darf nur entweder tax(c) erhöht oder price(c) in den mittleren Bereich verschoben werden; beide Änderungen zusammen wären nicht minimal. $\qquad$ □

Wenn invariante Formeln bekannt sind, lassen sich Spezifikationen vereinfachen:

Lemma 5.10: In einer Transaktionsspezifikation t kann ein Fall

$$\{\pi\} \ t \ \{\rho \wedge \delta\}$$

äquivalent durch $\{\pi\} \ t \ \{\rho\}$

ersetzt werden, wenn $\pi \Rightarrow \delta$ gilt und δ unter t bzgl. der resultierenden Spezifikation invariant ist. Allgemeiner kann sogar jede solche Teilformel δ der Nachbedingung dort durch **true** ersetzt werden. Dabei heißen zwei Spezifikationen **äquivalent**, wenn die induzierten Überführungsrelationen übereinstimmen.   □

Die Bestimmung von Invarianten wird insbesondere für die Vereinfachung von Integritätsbedingungen nützlich sein, die durch eine Transaktion garantiert werden sollen. Eine statische Integritätsbedingung etwa, die invariant ist, wird von der Transaktion nie verletzt. Wünschenswert wären formale Herleitungsregeln für Invarianten. Aufgabe der obigen Definition 5.7b war es nur, die Forderung nach minimalen Zustandsänderungen für beliebige prädikatenlogische Vor-/Nachbedingungen semantisch zu präzisieren.

Auch Kung [Ku84a-85a] und Veloso/Furtado [VeCF81, VeF85], die wie wir Transaktionen durch Vor-/Nachbedingungen spezifizieren, treffen einige implizite Annahmen, insbesondere zur Nicht-Anwendbarkeit ("inertness rule") und zur Rahmenregel ("frame rule"). Bleiben Vor-/Nachbedingungen wie in [VeF85] auf Konjunktionen von ggf. negierten Prädikaten "$p(x_1,...,x_n)$" eingeschränkt, vereinfachen sich unsere Annahmen und stimmen mit denen von Veloso überein; insbesondere ist dann der Ergebniszustand einer Transaktion eindeutig bestimmt. Kung stellt jedoch (für allgemeine Vor-/Nachbedingungen) restriktivere Anforderungen an die Überführungsrelation auf ("preservability"), die in vergleichbaren Anwendungen zu umständlicheren Vorbedingungen führen als bei Veloso oder hier. Ein Prinzip der "minimalen Änderung" findet sich bisher wohl nur bei Todd [To77], der damit die Effekte (einfacher) relationaler Operationen unter zusätzlichen Nachbedingungen (Integritätsbedingungen) erklärt hat.

Anmerkung: In der Hoare'schen Semantik von Programmen stellt sich das Problem der Rahmenregel (i.w.) nur für Wertzuweisungen, weil sie die einzigen Änderungsoperationen auf Programmobjekten sind. Ihre Semantik wird durch Axiomenschemata

$$\{\rho \langle x \leftarrow t \rangle\} \ \ x := t \ \ \{\rho\}$$

für beliebige Formeln ρ erklärt. ($\rho\langle x \leftarrow t\rangle$ bezeichnet die per Substitution aller Vorkommen der Variablen x durch den Term t erhaltene Formel.) Dieses Prinzip kann man wie in [SeS83] übernehmen, sofern die Nachbedingungen zu einer Transaktion nur aus unabhängigen Wertsetzungen "$f(x_1,...,x_n)=t$" bestehen.

Da die Rahmenregel in ihrer Allgemeinheit (bisher) nicht leicht zu handhaben ist, gehen wir im folgenden grundsätzlich von explizit erweiterten Transaktionsspezifikationen aus. Aus nur implizit gegebenen Spezifikationen dürfte sich aber häufig eine Anwendbarkeitsbedingung und ein endlicher (!) Rahmen so leicht wie im Beispiel 5.5 ermitteln lassen, so daß äquivalente explizite Spezifikationen resultieren.

5.2 Transformation von Integritätsbedingungen

Transaktionsspezifikationen und Integritätsbedingungen ergänzen sich bei der Beschreibung des gewünschten Datenbankverhaltens: Zusammen schränken sie Zustandsfolgen auf solche Folgen ein, die ausführbar *und* zulässig sind. Nun sollen Integritätsbedingungen so in Transaktionsspezifikationen transformiert werden, daß bereits die Transaktionen Integrität garantieren. Das Ziel ist also, daß schließlich jede ausführbare Zustandsfolge auch zulässig ist. Sofern die Auswahl der Transaktionen nicht geändert und die Ausgangsspezifikation erhalten wird, bleibt nur das Mittel übrig, die Vor-/Nachbedingungen zu verfeinern, um so die Ausführbarkeit stärker einzuschränken.

Inhärente (statische) Integritätsbedingungen von Objekt- bzw. Datenmodellen sollten bereits von den Operationen, die das Modell anbietet, eingehalten werden [vgl. LiN86]. Für Modelle mit vielfältigen Strukturierungskonzepten ("semantische" Datenmodelle) bleiben solche universellen Operationen aber häufig recht primitiv, so daß ein Bedarf für die Entwicklung von anwendungsspezifischen Grundtransaktionen entsteht. Derartige Entwurfsmethodologien sind insbesondere von Brodie et al. [Br81/Br84a, BrS82, RiB83, BrR84b-d], Mylopoulos et al. [MyBW80, BoMW84] und Rebsamen et al. [ReZ82/ Re83/ BrDRZ84] vorgestellt worden. Sie verfolgen alle das Prinzip, Transaktionen analog zur Strukturierung der Objekttypen ("objektorientiert") aufzubauen und so inhärente Integritätsbedingungen zwingend zu berücksichtigen. Ähnliche Beispiele finden sich auch in [ElWH85]. In [Br84] und [UrD86] werden "dynamische" Aspekte von Datenmodellen überblickartig diskutiert. Grundtransaktionen ("Aktionen" bei Brodie) können ebenso wie komplexe Transaktionen zu Hauptanwendungen als Ausgangspunkt für die anschließende Verfeinerung dienen.

Für explizite statische Integritätsbedingungen liegt es nahe, analog zur universellen Überwachung jeweils zum Schluß einer Transaktion die Bedingung zu prüfen und ggf. eine Fehlerbehandlung durchzuführen. Ein ähnliches Prinzip realisieren Walker/ Salveter [WaS81] für eingeschränkte Integritätsbedingungen (in Prolog-Programmen): Eine Transaktion führt Änderungen zunächst nur intern durch, prüft die Bedingung auf der Kombination von altem Datenbankzustand und internen Änderungen, und schreibt erst dann ggf. die Änderungen in die Datenbank; so wird u.a. vermieden, extern Änderungen rücksetzen zu müssen. Da die Integritätsbedingung (induktiv) zu Beginn jeder Transaktion erfüllt ist, kann man die beim Entwurf vorhandene, spezifische Kenntnis über die Transaktion nutzen, um die Prüfung zu vereinfachen. Typischerweise gehen dabei die Parameter, die betroffenen Objekte und die Art der Änderungen ein. Für eine automatische Entwurfsunterstützung wäre es wünschenswert, systematische Vereinfachungsverfahren, wie sie im Kontext der universellen Überwachung untersucht worden sind, geeignet zu übertragen. Unnütze Änderungen lassen sich ganz vermeiden, wenn bereits am Beginn der Transaktion geprüft werden kann, ob die beabsichtigten Manipulationen auf dem aktuellen Zustand zu einer

Integritätsverletzung führen. In der Literatur finden sich nur wenige Arbeiten, die sich auf diesen Themenkomplex konzentrieren.

Die dargestellten Programmieralternativen für die Prüfung von Integritätsbedingungen haben offensichtliche Entsprechungen in Spezifikationen: Prinzipiell reicht aus, daß jede Integritätsbedingung in unveränderter oder bereits in vereinfachter Form als zusätzliche Nachbedingung erscheint. Im Hinblick auf die Verständlichkeit einer Spezifikation und die dadurch angeregte Implementierung ist es aber vorzuziehen, daß die Integritätsbedingung in eine Anwendbarkeitsbedingung umgeformt wird, denn die bezieht sich nur auf den Vorzustand und den Parameter. Letzteres Vorgehen wird in [FuSC81] an einem Beispiel ausführlich demonstriert, und auch in [Be86, BoMW84, Re83] empfohlen, allerdings ohne auf dazu erforderliche Transformationen einzugehen.

Bei dynamischen Integritätsbedingungen haben wir wie im Kapitel 4 das Problem, daß sie Aussagen über ganze Intervalle von Zuständen beinhalten können, jedoch zustands- bzw. transaktionslokal überwacht werden sollen. Inzwischen wissen wir, daß Transitionsgraphen das geeignete Instrument sind, um die zur Überwachung nötigen geschichtlichen Informationen darzustellen. Irgendwelche Vorausberechnungen über die Zukunft sind bei Überwachung auf vorläufige Zulässigkeit überflüssig bzw. bei Überwachung auf potentielle Zulässigkeit durch die Graphreduktion erledigt. Genauer betrachtet, sind es eben die konstruierten Transitionsgraphen, die den Grad der partiellen Zulässigkeit festlegen, der garantiert werden kann. Deshalb präzisieren wir das Ziel dieses Abschnitts auf das "Machbare":

Wir setzen voraus, daß eine endliche Menge $\mathcal{T}$ von Transaktionen und eine endliche Menge C von existenzbeschränkten Integritätsbedingungen mit zugehörigen korrekten Transitionsgraphen gegeben sind. Wie früher diskutiert, empfiehlt es sich, vor der Graphkonstruktion Bedingungen zu gleichen Objektkombinationen zusammenzufassen. $\mathcal{T}$ enthalte sämtliche Transaktionen, mit denen Manipulationen der Datenbank vorgenommen werden können. Die Integritätsbedingungen seien ebenso wie die Transitionsgraphen iterationsinvariant; zur Vereinfachung der Darstellung gehen wir außerdem von deterministischen Graphen aus. Abschnitt 4.2.2 hat bestätigt, daß sich zu üblichen iterationsinvarianten Formeln Transitionsgraphen mit den verlangten Eigenschaften konstruieren lassen.

Sprechweise 5.11: Wir sagen in diesem Kapitel, daß eine endliche Zustandsfolge $\underline{\sigma}$ bzgl. C *zulässig* ist gdw. $\underline{\sigma}$ von dem Transitionsgraphen T_{φ} zu jeder Formel $\varphi \in C$ unter allen Belegungen akzeptiert wird.   □

Ziel 5.12: Durch Änderung der Transaktionsspezifikationen $\mathcal{T}$ soll erreicht werden, daß für jede endliche Zustandsfolge $\underline{\sigma}$ gilt:

   Wenn $\underline{\sigma}$ bzgl. $\mathcal{T}$ ausführbar ist, dann ist $\underline{\sigma}$ auch bzgl. C zulässig.   □

Die nachfolgend beschriebenen Transformationsregeln

     5.2.1 Schema-Erweiterung
     5.2.2 Verfeinerung von Vor- / Nachbedingungen
     5.2.3 Vereinfachungen

sind nacheinander für jede Integritätsbedingung $\varphi \in C$ erst auf die ursprünglichen Spezifikationen und dann auf die schon transformierten Spezifikationen anzuwenden. Die ersten zwei Abschnitte beschreiben, welche Maßnahmen ohne Ansehen der einzelnen Transaktionen erforderlich sind. Erst im Abschnitt 5.2.3 zeigt sich, wie man das spezifische Wissen über eine Transaktion nutzen kann, um die Transformationsergebnisse wesentlich zu vereinfachen.

5.2.1 Schema-Erweiterung

Da ein Transitionsgraph den Lebenslauf bzgl. einer Integritätsbedingung beschreibt, muß zur Überwachung in allen Zuständen zu jeder Objektkombination die in ihrem Lebenslauf erreichte Situation bekannt sein. Zunächst wird deshalb die Datenbank um eine explizite Darstellung der zugehörigen Knotenmarkierung erweitert.

Notation 5.13: Die in der Formel φ frei vorkommenden Objekt- und Datenvariablen mit ihren Sorten seien

$$x_1\colon s_1 , \dots , x_p\colon s_p$$

und bilden die (sortierte) Menge X_φ. Eine zugehörige Belegung heiße θ_φ. Der Index φ wird später meistens weggelassen. $\qquad\qquad\square$

Algorithmus 5.14: (Transformationsschritt I: Erweiterung)

Erweitere die Objektsignatur OBJ wird um eine zusätzliche (Daten-)Sorte

$$\text{Node}_{[\varphi]}$$

und eine Objektfunktion

$$\text{marking}_{[\varphi]}\colon s_1 \times \dots \times s_p \to \text{Node}_{[\varphi]}$$

zur Signatur OBJ^+. Node enthalte als Werte alle Knoten des Graphen T_φ, marking soll immer den zum aktuellen Zeitpunkt markierten Knoten angeben. $\qquad\qquad\square$

Unter den obigen Voraussetzungen für Integritätsbedingungen und ihre Transitionsgraphen reicht die angegebene Objektfunktion marking aus, um Knotenmarkierungen darzustellen: Zu existenzbeschränkten Bedingungen brauchen nur Markierungen für aktuelle Objekte verwaltet werden, und in deterministischen Graphen besteht jede Markierung (zu einer akzeptierten Folge) aus genau einem Knoten.

Der Transformationsschritt I führt genau die zur Überwachung benötigten Informationen in Datenbankschema und -zustände ein. Damit trägt die Transformation dynamischer Integritätsbedingungen sogar zur strukturellen Modellierung bei, und ermöglicht (rückwirkend betrachtet) einen höheren Grad von "Speicherunabhängigkeit" [Se80] in der ersten Schemaspezifikation. Außer für die weitere Transformation kann die Zusatzinformation auch für den Benutzer nützlich sein: Man kann zur Laufzeit abfragen, wie weit eine Integritätsbedingung bisher erfüllt ist bzw. was – gemäß der Knotenbeschriftung – zukünftig noch zu erfüllen ist; dementsprechend lassen sich die nächsten Manipulationen auswählen. Um das erhaltene Schema für Entwurf und Implementierung lesbarer zu machen, empfiehlt es sich, die formalen Namen "Node" und "marking" sowie die Funktionswerte durch anwendungsbezogenere Namen zu ersetzen.

Beispiele 5.15: Für die Bedingung (I1) aus Bsp. 2.0/4.42 muß formal eine Funktion

$$marking_1: CAR \rightarrow [1..3]$$

eingeführt werden; die informelle Analyse im Bsp. 4.42 legt als andere Bezeichnung

$$registration\text{-}status: CAR \rightarrow \{\text{"in production"}, \text{"waiting"}, \text{"registered"}\}$$

nahe. Die Bedingung (I3) erfordert sogar eine zweistellige Markierungsfunktion

$$marking_3: CAR \times Year \rightarrow [1..4] .$$

Da es aber ausreicht, zu jedem Wagen c höchstens ein Jahr (das seiner Zerstörung) festzuhalten, kann diese Information auch in der Form

$$existence: CAR \rightarrow (\{\bot\} \cup Year) \times \{\text{"running"}, \text{"remember!"}, \text{"forget!"}\}$$

dargestellt werden. (Nur 3 der 4 Knoten sind als Markierungen relevant.)   □

Besteht der Graph wie bei statischen Bedingungen **"always** ρ**"** aus nur einem Knoten, ist die Einführung einer neuen, konstanten Funktion überflüssig. Für zwei Knoten (vgl. (I4)) genügt eine Darstellung als Prädikat. Analog zu den Möglichkeiten der Monitoroptimierung brauchen bei der Implementierung einige, etwa voreingestellte Markierungswerte nicht explizit gespeichert werden. (Durchweg vernachlässigen wir hier das Problem, daß Datensorten einen unendlichen Definitionsbereich verursachen können.) Außerdem kann sich im weiteren Verlauf der Transformation ergeben, daß vorhandene Prädikate und Funktionen schon ausreichen, um die Markierung zu ermitteln; das wird später an einem Beispiel illustriert. Dann kann man die Erweiterung natürlich zurücknehmen.

5.2.2 Verfeinerung von Vor-/Nachbedingungen

Die entscheidende Idee der gesamten Transformation besteht nun darin, die Berechnung der Markierung gemäß der Graphstruktur in die Vor- und Nachbedingungen einzubauen. So wird auf der Spezifikationsebene gewährleistet, daß sich die Transaktionen hinsichtlich der Integritätsüberwachung äquivalent zum universellen Monitor (Algorithmus 4.26 bzw. 4.45) verhalten.

Um die Transformationsregel zu motivieren und formal zu verifizieren, sollen zuvor die Begriffe Ausführbarkeit und Zulässigkeit in einem gemeinsamen Kalkül ausge-

drückt werden. Dafür bietet sich wieder temporale Logik an, von der wir hier nur
die Operatoren **always** und eine Variante von **next** benötigen.

Notationen 5.16:

- Für eine endliche Variablenmenge $Y = \{y_1,...,y_q\}$ bedeuten:

$$\underline{\forall}\, Y \equiv \underline{\forall}\, y_1 ... \underline{\forall}\, y_q \, , \quad \text{marking}(Y) \equiv \text{marking}(y_1, ..., y_q) \quad \text{usw.}$$

- Ein Zustand σ zur erweiterten Objektsignatur OBJ hat als ***OBJ-Redukt*** σ denjenigen Zustand zur Signatur OBJ, der nur aus den Objektmengen $\sigma(s)$ und Funktionen
  $\sigma(f)$ zu Namen s/f aus OBJ besteht. Das OBJ-Redukt $\underline{\sigma}^{OBJ}$ einer Zustandsfolge $\underline{\sigma}$
  ergibt sich durch zustandweise Reduktbildung.

- Den "bedingten" temporalen Nachfolge-Operator ψ **atnext true** (ψ beliebige temporale Formel) kürzen wir ab zu

$$\textbf{onnext } \psi \, .$$

  In jeder Zustandsfolge $\underline{\sigma}$ gilt dann:

$$[\underline{\sigma},\theta] \models \textbf{ onnext } \psi \quad \text{gdw.:} \quad (1 \in I(\underline{\sigma}) \quad \text{impliziert} \quad [\underline{\sigma}_1,\theta] \models \psi)$$

- Zu einer Transaktion t bezeichnen

$$P_t, \; L_t, \; \pi_{t,j}, \; \rho_{t,j}, \; \text{usw.}$$

  die entsprechenden Bestandteile der Transaktionsspezifikation.   □

Annahme 5.17: Um das Grundprinzip der Transformation deutlich zu machen, betrachten wir zunächst nur Zustandsfolgen, in denen die aktuellen Objektmengen konstant
bleiben, also keine Einfügungen oder Löschungen stattfinden.   □

Lemma 5.18: Eine endliche Zustandsfolge $\underline{\sigma}$ ist bzgl. einer Transaktionenmenge $\mathcal{T}$
ausführbar gdw. gilt:

$$\underline{\sigma} \models \textbf{always} \left(\Xi \vee \bigvee_{t \in \mathcal{T}} \exists P_t \left((\exists L_t \; \alpha_t) \wedge \right. \right.$$
$$\left. \left. (\forall L_t \bigwedge_{j=1,...,c} (\pi_{t,j} \Rightarrow \textbf{onnext } \rho_{t,j}) \wedge \bigwedge_{\delta \in \Delta} (\delta \Rightarrow \textbf{onnext } \delta) \right) \right)$$

Dabei steht Ξ für die Formel

$$\bigwedge_{\substack{f \; \text{Objekt-} \\ \text{funktion}}} \underline{\forall}\, X_f \, \underline{\forall}\, y_f \, (f(X_f)=y_f \Rightarrow \textbf{onnext } f(X_f)=y_f) \, ,$$

durch die spezifiziert wird, daß zwei aufeinanderfolgende Zustände übereinstimmen.
X_f, y_f bezeichnen jeweils zu f passende Variablen(mengen).   □

Beweis: Die Behauptung ist direkt aus den Definitionen 5.2, 5.4 und 5.1 ablesbar.   □

Auch Zulässigkeit läßt sich allein mit den obigen temporalen Operatoren ausdrücken,
da hier Akzeptanz durch einen Transitionsgraphen gemeint ist. Die Graphkonstruktion
hat die ursprünglich allgemein temporale Integritätsbedingung in eine entsprechend
"schrittweise" Darstellung umgewandelt.

Lemma 5.19: Eine endliche Zustandsfolge $\underline{\sigma}$ zur Objektsignatur OBJ^+ ist bzgl. einer Integritätsbedingung $\varphi \equiv$ (**from exists(X)** ...) mit Transitionsgraphen $T_\varphi = \langle V, E, \nu, \eta, v_O \rangle$ zulässig, wenn folgende zwei Bedingungen gelten:

(i) $\underline{\sigma} \models$ **always** $\Big(\forall X \bigwedge_{v \in V} \big($ marking$(X)=v \Rightarrow$ **onnext** $\boxed{\bigvee_{\substack{e \in E \\ e=(v,v')}} (\eta(e) \wedge$ marking$(X)=v') }\big)\Big)$

(ii) $\qquad\qquad\qquad\qquad \sigma_O \models \forall X \bigvee_{\substack{e \in E \\ e=(v_O,v')}} (\eta(e) \wedge$ marking$(X)=v')$

Äquivalent zu der eingerahmten Bedingung ist:

$$\Phi_v \equiv \Big(\bigvee_{\substack{e \in E \\ e=(v,v')}} \eta(e) \Big) \wedge \Big(\bigwedge_{\substack{e \in E \\ e=(v,v')}} (\eta(e) \Rightarrow \text{marking}(X)=v') \Big)$$

$\qquad\qquad\qquad\qquad\qquad\qquad\qquad\qquad\qquad\qquad\qquad\qquad\qquad\qquad\qquad$ □

Bemerkung: Die Forderung an $\underline{\sigma}$ besagt, daß in jedem nächsten Zustand abhängig vom aktuell "markierten" Knoten v mindestens eine von v ausgehende Kantenbeschriftung $\eta(e)$ gelten muß, und daß sich die neue "Markierung" entsprechend der gültigen Kante berechnet (eindeutig, da T_φ deterministisch). Zusätzlich müssen im Anfangszustand entsprechende Verhältnisse - bezogen auf den initialen Knoten v_O - vorliegen.
$\qquad\qquad\qquad\qquad\qquad\qquad\qquad\qquad\qquad\qquad\qquad\qquad\qquad\qquad\qquad$ □

Beweis: $\underline{\sigma}^{OBJ}$ sei das OBJ-Redukt von $\underline{\sigma}$. Man sieht leicht, daß das obige Kriterium die Akzeptanz von $\underline{\sigma}^{OBJ}$ durch T_φ und die zugrundeliegende Transitionsregel (Definitionen 4.5/4.6) formalisiert: Unter jeder Belegung θ und für alle $n \in I(\underline{\sigma})$ gilt:

$$(*) \qquad \sigma_n \models (\text{marking}(X) = v) \quad \text{gdw.} \quad M_T(\underline{\sigma}^{OBJ}, n+1) = \{v\}$$

Also wird die Zulässigkeit von $\underline{\sigma}^{OBJ}$ äquivalent charakterisiert, ebenso wie die von $\underline{\sigma}$ selbst daraus folgt, da die Interpretation der zusätzlichen Objektfunktion marking Durchläufe durch den Transitionsgraphen nicht beeinflußt.
$\qquad\qquad\qquad\qquad\qquad\qquad\qquad\qquad\qquad\qquad\qquad\qquad\qquad\qquad\qquad$ □

Folgerungen 5.20:

(a) Wie bereits im obigen Beweis bemerkt, gilt:

$\qquad \underline{\sigma}$ (zur Signatur OBJ^+) ist zulässig bzgl. φ gdw. $\underline{\sigma}^{OBJ}$ zulässig bzgl. φ ist.

(b) Eine zulässige Zustandsfolge $\underline{\sigma}$ zur ursprünglichen Signatur OBJ läßt sich durch Definition der Funktion marking gemäß (*) eindeutig zu einer zulässigen Folge $\underline{\sigma}^+$ zur Signatur OBJ^+ erweitern. Mit (a) folgt die Äquivalenz:

$\qquad \underline{\sigma}$ (zu OBJ) ist zulässig bzgl. φ gdw. es eine Folge $\underline{\sigma}^+$ (zu OBJ^+) gibt,
$\qquad$ die $\underline{\sigma}$ als OBJ-Redukt hat und Lemma 5.19 (i,ii) erfüllt.
$\qquad\qquad\qquad\qquad\qquad\qquad\qquad\qquad\qquad\qquad\qquad\qquad\qquad\qquad\qquad$ □

Das Lemma und die letzte Folgerung liefern auch eine formale Grundlage, um ursprüngliche Zustandsfolgen per Induktion gegen beliebige Integritätsbedingungen zu *verifizieren*; andere Arbeiten wie [FiS86] beschäftigen sich (soweit vergleichbar) nur mit einfachen, ungeschachtelten Bedingungen (ähnlich **always...until**), deren Transitionsgraphen nur einen wesentlichen Knoten aufweisen. Doch zurück zum *Transformations*ansatz.

Algorithmus 5.21 (Transformationschritt II: Verfeinerung):

Vorausgesetzt sei, daß die Variablenmenge X_φ und die freien Variablen in den Transaktionsspezifikationen disjunkt sind. Ggf. sind vorab geeignete Umbenennungen durchzuführen. Außerdem gelte für jede Transaktion $t \in \mathcal{T}$

$$(\exists L\ \alpha) \Rightarrow (\exists L\ \bigvee_j \pi_j)\ ,$$

d.h. bei Anwendbarkeit trifft mindestens eine Vorbedingung zu. Für implizit ermittelte Anwendbarkeitsbedingungen gilt diese Forderung ohnehin, und sonst wäre ein zusätzlicher Fall $\{\alpha\}\ t(P)\ \{\textbf{true}\}$ vorzusehen.

Dann transformiere für jede Transaktion t jeden Fall j (j=1,...,c)

$$\{\pi_j\}\ t(P)\ \{\rho_j\}$$

der zugehörigen Spezifikation in so viele Fälle, wie der Transitionsgraph T_φ Knoten hat:

$$\left(\{\pi_j \wedge \text{marking}(X)=v\}\ t'(P)\ \{\rho_j \wedge \Phi_v\} \mid v \in V\right)$$

Die Formeln Φ_v sind im Lemma 5.19 ausführlich angegeben.

Dadurch vergrößert sich die Menge der lokalen Variablen zu (L+X). Anwendbarkeitsbedingung α und Rahmen Δ bleiben jeweils erhalten. Im folgenden bezeichne $\mathcal{T}'$ die Menge der modifizierten Transaktionsspezifikationen.   □

Beispiel 5.22: Für die Transaktion register (T2) aus Bsp. 5.5

```
register (c: CAR, md: MODEL, co: CAR-OWNER):
    on      ¬registered(c) ∧ approved(md)
      pre   true
      post  registered(c) ∧ owner(c) = co ∧ ...
    frame c"≠c ⇒ registered(c"),   c"≠c ⇒ ¬ registered(c"),
          c"≠c ⇒ model(c")=md",   c"≠c ⇒ owner(c")=co",
          manuf(c")=m",  this-year=y"   usw.
```

ergibt sich nach der Transformation von φ_1 (I1, aus Bsp. 4.42) mit dem Graphen

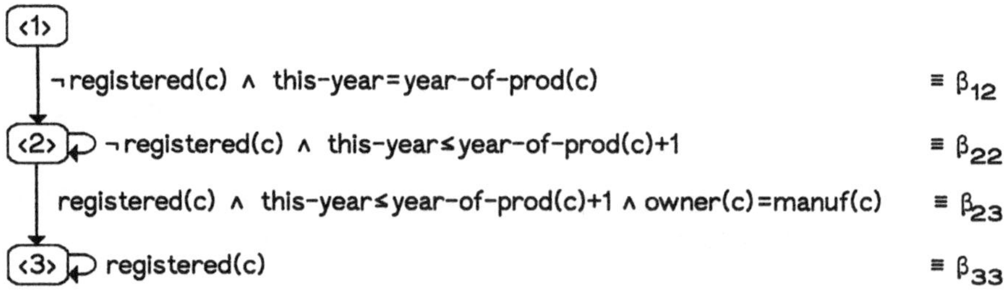

```
  ⟨1⟩
   │
   │   ¬registered(c) ∧ this-year=year-of-prod(c)                    ≡ β₁₂
   ▼
  ⟨2⟩↻ ¬registered(c) ∧ this-year≤year-of-prod(c)+1                 ≡ β₂₂
   │
   │   registered(c) ∧ this-year≤year-of-prod(c)+1 ∧ owner(c)=manuf(c)  ≡ β₂₃
   ▼
  ⟨3⟩↻ registered(c)                                                 ≡ β₃₃
```

als neuer Spezifikationskern:

```
    case 1: . . .
    case 2: pre  [true ∧] marking(c')=2
            post registered(c) ∧ ...
                 ∧ (β₂₂ ∨ β₂₃) ∧ (β₂₂ ⇒ marking(c')=2) ∧ (β₂₃ ⇒ marking(c')=3)
```

$$\textbf{(case 2)} \equiv \mathsf{registered(c)} \wedge \ldots$$
$$\wedge \; (\mathsf{this\text{-}year} \leq \mathsf{year\text{-}of\text{-}prod(c')}+1 \wedge \mathsf{registered(c')} \Rightarrow \mathsf{owner(c')}=\mathsf{manuf(c')})$$
$$\wedge \; (\neg\mathsf{registered(c')} \Rightarrow \mathsf{marking(c')}=2)$$
$$\wedge \; (\mathsf{registered(c')} \Rightarrow \mathsf{marking(c')}=3)$$

$$\textbf{case 3: pre} \quad \mathsf{marking(c')}=3$$
$$\textbf{post} \quad \mathsf{registered(c)} \wedge \ldots$$
$$\wedge \; \mathsf{registered(c')} \wedge \mathsf{marking(c')}=3$$

Der Fall 1 kann analog gebildet werden, ist aber überflüssig, da der initiale Knoten ⟨1⟩ nie wieder erreicht wird. Anwendbarkeit und Rahmen bleiben unverändert. Man beachte, daß entsprechend der allgemeinen Transformationsvorschrift die Variable c aus T_1 in c' umbenannt werden mußte, damit die Ergänzungen der Vor-/Nachbedingungen für beliebige Objekte c' unabhängig vom Parameter c gelten. In diesem Beispiel darf die Umbenennung teilweise wieder zurückgenommen werden; solche Vereinfachungen, die über prädikatenlogische Umformungen hinausgehen, werden wir im Transformationsschritt III behandeln. $\qquad\square$

Man sieht leicht, daß durch die obige Verfeinerung die ursprünglich definierten Überführungsrelationen zwischen Zuständen höchstens eingeschränkt werden; somit folgt:

Lemma 5.23: $\underline{\sigma}$ (zu OBJ^+) ausführbar bzgl. $\mathcal{T}' \;\Rightarrow\; \underline{\sigma}^{\mathsf{OBJ}}$ ausführbar bzgl. $\mathcal{T}$ $\qquad\square$

Zu prüfen bleibt für den Datenbank-Entwerfer, ob die entstehenden Einschränkungen der Ausführbarkeit, in denen sich die Auswirkungen der Integritätsbedingungen zeigen, wirklich erwünscht sind. Unproblematisch dürften Transaktionen sein, die jeden Vorzustand immer noch in mindestens einen Nachzustand überführen; dann hat die Verfeinerung der Spezifikation nur den Implementierungsspielraum verringert. Ist aber für manche Zustände keine Überführung mehr möglich (Fehlersituation), muß ggf. die frühere Spezifikation erst *revidiert* werden. Typischerweise sind dabei Widersprüche zwischen einer Ergänzung und der alten Nachbedingung oder einer Rahmenformel zu beseitigen.

Beispiel 5.24: Dieses Phänomen taucht etwa auf, wenn man die (statische) Bedingung

$$\varphi \equiv \textbf{always} \; (\mathsf{owner(c)}=\mathsf{co} \Leftrightarrow \mathsf{owns(co,c)})$$

$$\text{mit} \quad T_\varphi \equiv \boxed{\varphi}\!\circlearrowleft \; (\mathsf{owner(c)}=\mathsf{co} \Leftrightarrow \mathsf{owns(co,c)})$$

in die einfache Transaktionsspezifikation

$$\{\,\textbf{true}\,\} \quad t\mathsf{(c,newco)} \quad \{\,\mathsf{owner(c)} = \mathsf{newco}\,\}$$

einbauen will. Zum Rahmen sollen die üblichen Formeln wie

$$\mathsf{manuf(c'')}=\mathsf{m''}, \; \mathsf{owns(co'',c'')}, \; \neg\mathsf{owns(co'',c'')} \text{ und } \mathsf{c''}\neq\mathsf{c} \Rightarrow \mathsf{owner(c'')}=\mathsf{co''}$$

gehören. (Diese Spezifikation könnte man sich als ersten Ansatz für die Transaktion "transfer" vorstellen.)

Da bei nur einem Knoten die Markierungsfunktion entfällt, resultiert aus der Verfeinerung die Nachbedingung:

$$\text{owner}(c) = \text{newco} \;\wedge\; (\underline{\text{owner}(c')=co' \Leftrightarrow \text{owns}(co',c')})$$

Diese führt im Fall $c''=c'=c$ und $co''=co'=\text{newco}$ auf einen Widerspruch zur Invarianz von " $\neg \text{owns}(\text{newco},c)$ ", so daß gar keine Zustandsübergänge mit Änderung von Besitzern möglich sind. Deshalb muß mindestens der Rahmen umdefiniert werden zu

$$\text{manuf}(c'')=m'' \;,\; \underline{c'' \neq c \Rightarrow [\neg]\ \text{owns}(co'',c'')} \;\text{ und }\; c'' \neq c \Rightarrow \text{owner}(c'')=co''$$

Im Beispiel 2.0/5.5 wurde die obige Integritätsbedingung bereits in der Nachbedingung von **transfer** berücksichtigt.   □

Der folgende Satz bestätigt, daß der Transformationsschritt II (Alg. 5.21) wie beabsichtigt die Zulässigkeit von ausführbaren Zustandsfolgen garantiert, sofern die Folgen geeignet initialisiert worden sind:

Satz 5.25: Für jede endliche Zustandsfolge $\underline{\sigma}$ zu OBJ^+ gilt:

$$\underline{\sigma}\ \text{bzgl. } \mathcal{T}'\ \text{ausführbar}\ \text{ und }\ \sigma_O \vDash \forall X\ \Phi_{V_O} \;\Rightarrow\; \underline{\sigma}\ \text{bzgl. } \varphi\ \text{zulässig} \qquad □$$

Beweis: Nach Einsetzen der verfeinerten Transaktionsspezifikationen in Lemma 5.18 folgt:

$$\underline{\sigma} \vDash \text{always} \left(\Xi \vee \bigvee_{t' \in \mathcal{T}'} \exists P_{t'} \cdot \Big((\exists L_{t'}\cdot \alpha_t) \wedge \right.$$

$$\left. \forall L_{t'} \bigwedge_{\substack{j=1,\ldots,c \\ v \in V}} (\pi_{t',j,v} \Rightarrow \text{onnext}\ \rho_{t',j,v}) \wedge \bigwedge_{\delta \in \Delta_t} (\delta \Rightarrow \text{onnext}\ \delta) \Big) \right)$$

$$\text{mit }\ L_{t'} := L_t + X\ ,\ \ \pi_{t',j,v} \equiv (\pi_{t,j} \wedge \text{marking}(X)=v)\ ,\ \ \rho_{t',j,v} \equiv (\rho_{t,j} \wedge \Phi_v)\ .$$

Im Fall einer echten Zustandsänderung ($\neg\Xi$) trifft wegen

$$\exists L_{t'}\cdot \alpha_t \Leftrightarrow \exists L_t\ \alpha_t \Rightarrow \exists L_t \bigvee_j \pi_{t,j} \Leftrightarrow \exists L_{t'}\cdot \bigvee_{j,v} \pi_{t',j,v} \qquad (\text{da } \alpha, \pi_j \text{ unabhängig von } X)$$

in jedem Zustand mindestens eine Vorbedingung zu; daß $\text{marking}(X)$ definiert ist, folgt induktiv. Von jedem solchen Zustandsübergang wird also

$$(\ast\ast) \qquad \bigwedge_{v \in V} (\text{marking}(X)=v \Rightarrow \text{onnext}\ \Phi_v)$$

erfüllt.

Werden Zustände nur wiederholt (Ξ), so bleiben insbesondere die marking-Werte unverändert. (Die Formel Ξ bezieht sich auf die erweiterte Signatur.) Tatsächlich ändern sich in den nach Voraussetzung iterationsinvarianten Transitionsgraphen die Markierungen unter einer Zustandswiederholung nicht, so daß $(\ast\ast)$ auch dann erfüllt ist.

Insgesamt gilt also

$$\underline{\sigma} \vDash \text{always} \left(\forall X \bigwedge_{v \in V} (\text{marking}(X)=v \Rightarrow \text{onnext}\ \Phi_v) \right),$$

so daß $\underline{\sigma}$ nach Lemma 5.19 zulässig ist.   □

Bemerkung: Im Prinzip hätte es ausgereicht, einmal die Fälle

$$\Big(\{\, \text{marking}(X)=v \} \ \ t'(P) \ \ \{\Phi_v\} \ \Big| \ v \epsilon V \Big)$$

zur ursprünglichen Spezifikation hinzuzufügen. Um später Vereinfachungen ermitteln zu können, wurden diese Zusätze bereits mit den einzelnen Vor-/Nachbedingungen kombiniert. $\Box$

Lemma 5.23 und Satz 5.25 zusammen stellen folgende Beziehung zwischen dem ursprünglichen und dem transformierten Datenbank-Schema hinsichtlich der charakterisierten Zustandsfolgen her:

Korollar 5.26: Die Reduktbildung $\underline{\sigma} \mapsto \underline{\sigma}^{OBJ}$ definiert eine Abbildung

$$\Big\{ \underline{\sigma} \ (\text{zu } OBJ^+) \ \Big| \ \underline{\sigma} \ \text{bzgl.} \ \mathcal{T}' \ \text{ausführbar und} \ \sigma_O \vDash \forall X \ \Phi_{v_O} \Big\}$$

$$\rightarrow \quad \Big\{ \underline{\sigma} \ (\text{zu } OBJ) \ \Big| \ \underline{\sigma} \ \text{bzgl.} \ \varphi \ \text{zulässig und bzgl.} \ \mathcal{T} \ \text{ausführbar} \Big\} \qquad \Box$$

Bemerkung: Darüber hinaus ist durch $\underline{\sigma} \mapsto \underline{\sigma}^+$ sogar eine Umkehrabbildung bestimmt, so daß eine Bijektion vorliegt. Das ergibt sich aus der Folgerung 5.20(b) über $\underline{\sigma}^+$ und durch ähnliche Rechnung wie im letzten Beweis. Wie früher gewünscht, sind die beiden Schemata also *äquivalent*. $\Box$

Lassen wir nun die Annahme 5.17 fallen, daß die aktuellen Objektmengen in Zustandsfolgen konstant bleiben. Dann sind im Zulässigkeitskriterium (Lemma 5.19) und in der Transformation (Alg. 5.21) einige Modifikationen vorzunehmen. Eine Komplikation ergibt sich aus der Behandlung von Einfügungen.

Definition 5.27: In jedem Zustand innerhalb einer Folge $\underline{\sigma}$ seien die soeben eingefügten Objekte durch ein Standardprädikat **inserted** (für jede Sorte) beschrieben, d.h. es gilt:

$$\sigma_O \vDash \ \underline{\forall} x \, (\text{inserted}(x) \Leftrightarrow \text{exists}(x))$$

und $\underline{\sigma} \vDash$ **always** $\underline{\forall} x \, ((\text{onnext inserted}(x)) \Leftrightarrow (\neg \text{exists}(x) \land \text{onnext exists}(x)))$ $\Box$

Damit ist dieses Prädikat im Anfangszustand und nach jedem Zustandsübergang semantisch wohldefiniert. Für Argumentationen auf der Spezifikationsebene wäre natürlich eine direkte Charakterisierung durch andere Formeln nützlich. Die obige Definition mit Hilfe von **exists** kann man jedoch nicht in Vor-/Nachbedingungen ausdrücken, weil sich dort freie Variablen nur auf aktuelle Objekte des jeweiligen Vorzustands beziehen. Deshalb erlauben wir, das Prädikat **inserted** selbst in Nachbedingungen zu verwenden.

Beispiele 5.28: Entsprechend den ursprünglich implizit gemeinten Spezifikationen des Beispiels 2.0 müssen in den expliziten Spezifikationen von Beispiel 5.5 noch einige unerwünschte Einfügungen ausgeschlossen worden. So soll etwa die Transaktion

$$(T1) \quad \text{produce } (m: MANUF, \ sno: Int, \ y: Year)$$

genau den durch die Parameter bestimmten Wagen einfügen. Dazu wird die Nachbedingung wie folgt ergänzt:

$$\textbf{post } \exists c{:}CAR\ (\ \text{manuf}(c){=}m \wedge \text{serialno}(c){=}\text{sno} \wedge \text{year-of-prod}(c){=}y \wedge \ ... \ )$$

$$\wedge\ \forall c{:}CAR\ (\ \textbf{inserted}(c) \Leftrightarrow (\text{manuf}(c){=}m \wedge \text{serialno}(c){=}\text{sno})\ )$$

$$\wedge\ \cdots\ \forall x{:}s\ \neg\textbf{inserted}(x)\ \cdots\ (\text{für alle Sorten } s{\neq}CAR)$$

In die Spezifikationen von **transfer** (T2), **register** (T3), **forget** (T4) und **next-year** (T5) muß die letzte Zeile sogar für alle Sorten aufgenommen werden. Außerdem gehört bei allen Transaktionen außer **forget** die Formel "exists(x)" zum Rahmen, um Löschungen zu verbieten. (Unter **forget** ist nur $c''{\neq}c \Rightarrow \text{exists}(c'')$ invariant.) $\qquad\square$

Anmerkung: Analog zu "**inserted**" kann ein Prädikat "**deleted**" für gelöschte Objekte eingeführt werden, das zwar aus formalen Gründen nicht benötigt wird, aber die Spezifikationsmethodik vereinheitlicht. Die länglichen trivialen Ergänzungen im obigen Beispiel legen nahe, diese Transaktionen einfacher als

insert-transaction(CAR), **update-transaction** oder **delete-transaction**(CAR)

zu deklarieren. Allerdings sind daneben allgemeine Transaktionen vorstellbar, die sich auf mehrere Objekte beziehen, und die Einfügungen und Löschungen mischen. Entsprechende Anreicherungen von Spezifikationssprachen werden in dieser (grundlagenorientierten) Arbeit nicht vertieft.

Lemma 5.29: Eine endliche Zustandsfolge $\underline{\sigma}$ zur Objektsignatur OBJ ist bzgl. einer [schwach] existenzbeschränkten Integritätsbedingung φ mit dem Transitionsgraphen $T_\varphi = \langle V,E,\nu,\eta,\nu_0 \rangle$ zulässig gdw. gilt:

$$\underline{\sigma} \vDash \textbf{always}\left((\forall X\ \textbf{inserted}(X) \Rightarrow \Psi_{\nu_0}) \wedge \Big(\forall X \bigwedge_{\nu \in V} (\text{marking}(X){=}v \Rightarrow \textbf{onnext}\ \Psi_\nu)\Big)\right)$$

$$\text{wobei}\quad \Psi_\nu \equiv \Big(\bigvee_{\substack{e\in E\\ e=(v,v')}} \eta(e)\Big) \wedge \Big(\text{exists}(X) \Rightarrow \bigwedge_{\substack{e\in E\\ e=(v,v')}} (\eta(e) \Rightarrow \text{marking}(X){=}v')\Big) \qquad\square$$

Begründung: Die Modifikationen gegenüber Lemma 5.18 ergeben sich aus Satz 4.44 bzw. Monitoralgorithmus 4.45. Im Fall einer Löschung ($\neg\text{exists}(X)$) reicht es, die Gültigkeit einer Kantenbeschriftung zu fordern, weil die nächste Markierung nicht weiter benötigt wird. $\qquad\square$

Algorithmus 5.30: (Revision von Alg. 5.21)

Transformiere für jede Transaktion $t \in \mathcal{T}$ jeden Fall j ($j{=}1,...,c$)

$$\{ \pi_j \}\ t(P)\ \{ \rho_j \}$$

für jeden Knoten v des Transitionsgraphen T_φ in den Fall:

$$\{ \pi_j \wedge \text{marking}(X){=}v \}\ t'(P)\ \{ \rho_j \wedge (\forall X\ \textbf{inserted}(X) \Rightarrow \Psi_{\nu_0}) \wedge \Psi_\nu \} \qquad\square$$

Der Satz 5.25 kann mit Hilfe des obigen Lemmas auf die so erhaltenen Transaktionsspezifikationen $\mathcal{T}'$ übertragen werden. Damit ist durch diesen Transformationsschritt das Ziel, daß jede ausführbare Zustandsfolge zulässig ist, formal bereits erreicht. Die Spezifikationen sind jedoch noch recht kompliziert, was ihre Lesbarkeit verringert und zu umständlichen Implementierungen führen dürfte.

5.2.3 Vereinfachungen

Anschließend stellen wir wichtige Regeln zur Vereinfachung der erhaltenen Spezifikationen vor. Hier endlich wird die spezifische Definition jeder einzelnen Transaktion, d.h. ihre Vor-/Nachbedingungen und insbesondere ihr Rahmenabschluß, ausgenutzt. Teilweise beruhen die Regeln nur auf logischen Äquivalenzen, teilweise gehen auch weitere Eigenschaften von Transitionsgraphen ein. Auf jeden Fall müssen die Umformungen die Klasse der ausführbaren und damit zulässigen Zustandsfolgen bewahren.

Es besteht zwar keine formale Notwendigkeit für Vereinfachungen, aber als Ausgangspunkt für Implementierungen erscheinen die Spezifikationen, die man allein durch strikte Anwendung des Transformationsschrittes II erhält, wenig geeignet. Zudem sollten implementierungsunabhängige Umformungen eines Datenbankschemas prinzipiell bereits in der Spezifikationsphase durchgeführt und verifiziert werden.

Besonders unübersichtlich erscheinen die Nachbedingungen, die bei der Implementierung typischerweise durch Änderungsoperationen bzw. durch Prüfungen während solcher Operationen realisiert werden. In diesem Sinne "verlangen" die obigen Spezifikationen, nach jeder Transaktion sämtliche Monitoraktionen durchzuführen.

Unser erstes Vereinfachungsziel wird deshalb sein, jede Nachbedingung auf diejenigen "Teilbedingungen" zu reduzieren, die von der jeweiligen Transaktion überhaupt "betroffen" sind: Welche Teile müssen ausdrücklich durch die Transaktion hergestellt werden, welche bleiben, sofern sie vorher erfüllt sind, unter der Transaktion invariant ? Solche Bedingungen können original als Teilformeln vorkommen oder sich durch Differenzierung nach verschiedenen Belegungen ergeben.

Transformationsschritt III: Vereinfachung der Nachbedingungen

Zunächst sind die verfeinerten Nachbedingungen nach Gesetzen der Prädikatenlogik und der unterliegenden Datentypen zu vereinfachen, wenn zwischen den ursprünglichen Formeln und ihren Ergänzungen (insbesondere den Disjunktionen ausgehender Kanten) Abhängigkeiten auftreten. Solche Umformungen sollten sich auch an jeden der folgenden Teilschritte anschließen.

Allgemein können Äquivalenzen im Sinne der *transitionalen Logik*, d.h. der Spezialisierung temporaler Logik auf Zustandsübergänge, ausgenutzt werden, um Spezifikationsfälle (Vor- und Nachbedingung) zu ersetzen, z.B.:

Lemma 5.31: In einer Transaktionsspezifikation t, unter der δ invariant ist, kann der Fall $\{\pi\}\ t(P)\ \{\varrho\}$ äquivalent durch $\{\pi'\}\ t(P)\ \{\varrho'\}$ ersetzt werden, wenn

$$(\underline{\forall}P\,\forall L\ \ \pi \Rightarrow \mathbf{onnext}\,\varrho\ \wedge\ \delta \Rightarrow \mathbf{onnext}\,\delta)\ \Leftrightarrow\ (\underline{\forall}P\,\forall L\ \ \pi' \Rightarrow \mathbf{onnext}\,\varrho'\ \wedge\ \delta \Rightarrow \mathbf{onnext}\,\delta)$$

gilt.   □

Anmerkung: Die obige Formel braucht nur in Zustandsfolgen der Länge 2 interpretiert werden. Allgemein werden als "transitionale" Formeln nur solche benötigt, die aus prädikatenlogischen Formeln und dem ungeschachtelten [on]next-Operator bestehen.

Ebenfalls in dieser Teillogik lassen sich invariante Formeln aus Rahmenformeln herleiten. Einen Spezialfall der obigen Regel haben wir schon im Lemma 5.10 kennengelernt: In einer Nachbedingung kann man invariante Formeln streichen, die durch die Vorbedingung impliziert sind. Andere Formeln kommen nicht in Frage, wenn wie bisher die Äquivalenz von Spezifikationen hinsichtlich der induzierten Überführungsrelationen gefordert ist.

Im Kontext einer festen Menge von Transaktionen kann man allerdings induktiv noch weitere Formeln ausnutzen, wenn nur die Ausführbarkeit ganzer Zustandsfolgen erhalten werden soll. Insbesondere bewirkt die einheitliche Transformation einer Integritätsbedingung φ in alle Transaktionen, daß einige Formeln, etwa eine statische Bedingung selber, in jedem Zustand einer ausführbaren Folge gelten, und andere Formeln wenigstens in den Zuständen, in denen bestimmte Markierungen vorliegen. Wir beschränken uns hier auf Invarianten, die durch φ und den zugehörigen Transitionsgraphen T_φ sogar in allen *zulässigen* Folgen verursacht werden.

Definition 5.32: Eine Familie von prädikatenlogischen Formeln $\Gamma = (\Gamma_v | v \epsilon V)$ mit den freien Variablen $X = X_\varphi$ heißt **Graphinvariante** gdw.

$$\text{always} \ (\forall X \bigwedge_{v \epsilon V} \text{marking}(X) = v \Rightarrow \Gamma_v)$$

in jeder bzgl. φ zulässigen Zustandsfolge $\underline{\sigma}$ (zur Signatur OBJ^+) gilt.   □

Solche Graphinvarianten erlauben weitere Vereinfachungen, soweit sie bzw. Implikationen daraus unter den Transaktionen invariant sind. Analog zum Lemma 5.10 gilt:

Lemma 5.33: In einer Transaktionsspezifikation $t' \epsilon \mathcal{T}'$ können in jedem Fall (j,v)

$$\{\pi_j \wedge \text{marking}(X) = v\} \ t' \ \{\rho'_{j,v}\}$$

alle Teilformeln δ der Nachbedingung durch **true** ersetzt werden, die aus $(\pi_j \wedge \Gamma_v)$ folgen und die unter t invariant sind (beachte $\Delta_{t'} = \Delta_t$), ohne daß sich die Klasse der bzgl. $\mathcal{T}'$ ausführbaren Zustandsfolgen ändert.   □

(Formal beweisen lassen sich diese wie folgende Regeln mit Hilfe der temporalen Charakterisierungen von Ausführbarkeit und Zulässigkeit aus dem vorigen Abschnitt; wir beschränken uns hier auf intuitive Begründungen.)

Die wichtigste Graphinvariante kann man direkt aus der Kantenstruktur von Transitionsgraphen ablesen: Falls nach dem Übergang in einen Zustand σ der Knoten v markiert ist, muß mindestens eine in v eingehende Kante in σ gültig gewesen sein. Per Induktion über zulässige Zustandsfolgen folgt:

Lemma 5.34: $\overline{\Phi} = \left(\overline{\Phi}_v \equiv \bigvee_{\substack{e \in E \\ e=(\overline{v},v)}} \eta(e) \mid v \in V \right)$ ist eine Graphinvariante. □

Weitergehende Analysen von Transitionsgraphen können zu belegungsübergreifenden Graphinvarianten wie im Bsp. 4.46 führen.

Sofort vereinfachen läßt sich eine Spezifikation, wenn sämtliche Kantenbeschriftungen des Graphen und damit auch $\overline{\Phi}$ unter der Transaktion invariant sind. Die Situation, daß Integritätsbedingung und Transaktion unabhängig voneinander sind, dürfte in praktischen Anwendungen häufig auftreten. In unseren Beispielen berühren etwa die Transaktionen register (T2) und transfer (T3) weder die Bedingung zur 'Aufbewahrung nach Zerstörung' (I3) noch die zur 'Zeitfortschaltung' (I5); selbst von der Transaktion next-year (T5) wird die entscheidende Kantenbeschriftung "this-year$\geq$y" respektiert. Den Transformationsschritt II braucht man dann gar nicht anwenden, sofern man die Markierungsfunktion als invariant spezifiziert. Der folgende Satz beinhaltet auch Situationen, in denen diese Invarianz nur für bestimmte Belegungen, z.B. für alle Objekte außer dem Parameter, oder nur an bestimmten Knoten vorliegt.

Satz 5.35: Vorausgesetzt sei, daß der Transitionsgraph kantenbezogen iterationsinvariant ist (Lemma 4.17). Gegeben seien ein Knoten v und eine konstante Belegung θ (der Variablen X). Es gilt:

(a) $\qquad\overline{\Phi}_v \qquad$ unter t' invariant $\qquad\Rightarrow\qquad$ marking(X)=v $\qquad$ unter t' invariant

(b) $\quad (X{\neq}\theta \Rightarrow \overline{\Phi}_v)$ unter t' invariant $\qquad\Rightarrow\qquad (X{\neq}\theta \Rightarrow$ marking(X)=v) unter t' invariant

Wenn der Rahmen um $([X{\neq}\theta \Rightarrow]$ marking(X)=v) erweitert wird, dürfen deshalb

(a)   die Ergänzungen der zu v gehörigen Nachbedingungen wegfallen,

(b)   die Variablen X in den ergänzten Nachbedingungen gemäß θ belegt werden,

so daß äquivalente Spezifikationen resultieren. □

Begründung: Man betrachte irgendeine Belegung $\overline{\theta}$, für die $\overline{\Phi}_v$ unter t' invariant ist. Wenn vor Ausführung von t' der Knoten v markiert ist, gilt $\overline{\Phi}_v$ und damit die Beschriftung $\eta(e)$ einer eingehenden Kante e auch in jedem Nachzustand σ. Zu dieser Kante gibt es in einem iterationsinvarianten Graphen eine Schleife am Knoten v, deren Beschriftung aus $\eta(e)$ folgt, also auf σ paßt. Damit bleibt die Markierung für $\overline{\theta}$ unverändert. □

Bemerkung: Die Implikation gilt mit der gleichen Begründung außer für $(X{\neq}\theta)$ analog sogar für beliebige Formeln ρ mit freien Variablen X. Wie im Fall (b) kann die Nachbedingung auf das Komplement der "Erfüllungsmenge" von ρ (Belegungen, unter denen ρ gilt) spezialisiert werden. □

Schließlich hilft die Graphinvariante $\overline{\Phi}$ noch, überflüssige Fälle zu entdecken.

Lemma 5.36: Falls sich die Anwendbarkeitsbedingung α und $\overline{\Phi}_v$ widersprechen (false $\Leftrightarrow (\exists L\alpha) \wedge \overline{\Phi}_v)$, dürfen alle Spezifikationsfälle zum Knoten v gestrichen werden. □

Beispiel 5.37: Für die Transaktion **register** (T2), die keine Einfügungen oder Löschungen vornimmt, reicht zur Verfeinerung der Algorithmus 5.21 aus. Formal: Die allgemeinere Vorschrift 5.30 vereinfacht sich bereits aufgrund von Regel 5.10, da

- laut Nachbedingung $\neg$**inserted**(x) für alle Objekte des Nachzustandes gilt
- und laut Rahmen **exists**(x) für alle Objekte des Vorzustandes invariant ist.

Aus den gleichen Gründen braucht man hier zur Transformation einer existenzbeschränkten Integritätsbedingung nur deren Rumpfgraphen zugrundelegen.

Das Ergebnis dieser Transformation für die Integritätsbedingung (I1) ist im Beispiel 5.22 angegeben. Die Graphinvariante $\overline{\Phi}$ lautet:

$$\overline{\Phi}_2 \equiv \neg\text{registered}(c') \wedge \text{this-year} \leq \text{year-of-prod}(c')+1$$
$$\overline{\Phi}_3 \equiv \text{registered}(c')$$

Unter der Transaktion sind u.a. folgende Formeln invariant:

$$\text{registered}(c'), \quad c'\neq c \Rightarrow \neg\,\text{registered}(c'), \quad \text{this-year} \leq \text{year-of-prod}(c')+1$$

Damit sind $(c'\neq c \Rightarrow \overline{\Phi}_2)$ und $\overline{\Phi}_3$ invariant, so daß nach Satz 5.35 im Fall 2 die Variable c' durch den Parameter c ersetzt werden kann und eine Verfeinerung von Fall 3 überflüssig ist:

       register (c: CAR, md: MODEL, co: CAR-OWNER):

         on $\neg$registered(c) $\wedge$ approved(md)

         case 2:   **pre** $\text{marking}_1(c)=2$

                post registered(c) $\wedge$ owner(c)=co ...

                    $\wedge$ this-year $\leq$ year-of-prod(c)+1

                    $\wedge$ registered(c) $\Rightarrow$ owner(c)=manuf(c)

                    $\wedge$ $\neg$registered(c) $\Rightarrow$ $\text{marking}_1(c)=2$

                    $\wedge$ registered(c) $\Rightarrow$ $\text{marking}_1(c)=3$

       case 3:   **pre** $\text{marking}_1(c)=3$

              post registered(c) $\wedge$ owner(c)=co ...

      frame   ... (zusätzlich:) c'$\neq$c $\Rightarrow$ $\text{marking}_1(c')=v$ (v Variable)

In der Nachbedingung 2 kann man nach Lemma 5.33 noch die Invariante

$$\text{this-year} \leq \text{year-of-prod}(c)+1$$

streichen. Schließlich verschwindet nach Lemma 5.36 der gesamte Fall 3, weil $\overline{\Phi}_3$ der Anwendbarkeitsbedingung "$\neg$registered(c)" widerspricht. Übrig bleibt die Spezifikation:

       register (c: CAR, md: MODEL, co: CAR-OWNER):

         on $\neg$registered(c) $\wedge$ approved(md)

           pre $\text{marking}_1(c)=2$

          post registered(c) $\wedge$ owner(c)=co ... $\wedge$ co=manuf(c) $\wedge$ $\text{marking}_1(c)=3$

         frame   ... c'$\neq$c $\Rightarrow$ $\text{marking}_1(c')=v$

Dadurch wird formal die Intuition bestätigt, daß eine Anwendung register(c, md, co) der Transaktion genau dazu dient, das Objekt c in die Situation "nach der Anmeldung" (marking$_1$(c)=3) zu überführen; gleichzeitig ist damit die Vormerkung einer "rechtzeitigen Anmeldung" (marking$_1$(c)=2 $\triangleq$ **sometime** registered(c) **before** ...) erledigt. Auf anderen Objekten als den aktuellen Parametern bleibt die Transaktion wirkungslos. Allerdings existiert ein Nachzustand nur dann, wenn als Parameter co der Hersteller manuf(c) angegeben ist. $\Box$

Beispiel 5.38: Nun sollen die Auswirkungen der gleichen Integritätsbedingung (I1) auf die Transaktion next-year (T5) verfolgt werden. Invariant sind Formeln wie

$$\text{registered(c')}, \quad \neg \text{registered(c')}, \quad \text{year-of-prod(c')}=y', \quad y \leq \text{year-of-prod(c')}+1 \quad (!)$$

Die Verfeinerung nach Alg. 5.21 und Satz 5.35 liefert hier:

```
next-year:
    on        true
    case 2:   pre    this-year = y ∧ marking₁(c')=2
              post   this-year = y+1
                     ∧   this-year ≤ year-of-prod(c')+1
                     ∧   registered(c') ⇒ owner(c') = manuf(c')
                     ∧   ¬registered(c') ⇒ marking₁(c')=2
                     ∧   registered(c') ⇒ marking₁(c')=3
    case 3:   pre    this-year = y ∧ marking₁(c')=3
              post   this-year = y+1
    frame     ... (zusätzlich:) marking₁(c')=3
```

Die Nachbedingung 2 läßt sich nach Lemma 5.33 mit den obigen Invarianten weiter vereinfachen bzw. umrechnen. (Beachte: this-year=$y \wedge \overline{\Phi}_2 \Rightarrow y \leq$ year-of-prod(c')+1.) Dabei kann die Rahmenformel marking$_1$(c')=... auch um den Knoten 2 erweitert werden, so daß sich insgesamt ergibt:

```
next-year:
    on        true
    case 2:   pre    this-year = y ∧ marking₁(c')=2
              post   this-year = y+1 ∧ y ≠ year-of-prod(c')+1
    case 3:   pre    this-year = y ∧ marking₁(c')=3
              post   this-year = y+1
    frame     ... (zusätzlich:) marking₁(c')=v
```

Hier werden als Folge der Integritätsbedingung durch die zusätzliche Nachbedingung "y≠year-of-prod(c')+1" einige vorher erlaubte Zustandsübergänge ausgeschlossen: Die DB-Zeit (this-year) darf nur fortgeschaltet werden, wenn für keinen Wagen c' mehr eine Vormerkung zur Anmeldung im bisherigen Jahr vorliegt. Für eine korrekte Implementierung reicht theoretisch aus, den Zustand unverändert zu lassen. Das bedeutet:

"Die Uhr muß angehalten werden" (wie bei Brüsseler EG-Verhandlungen), um vorher in anderen Transaktionen die erforderlichen Anmeldungen durchzuführen. Alternativ kann man auch eine Fehlerbehandlung wie vorläufige Anmeldung oder Fristverlängerung (mit Warnung) vorsehen. (Weil dann aber Markierungen passend zu aktualisieren sind, sollten solche Manipulationen explizit in einer - revidierten - Spezifikation berücksichtigt und der systematischen Transformation unterworfen werden.)   □

Beide Beispiele zeigen, daß durch Ergänzung von Nachbedingungen neue Fehlersituationen für die Ausführung von Transaktionen entstehen. Das liegt an der Art der Verfeinerung, die Integritätsüberwachung hauptsächlich durch Nachbedingungen ausdrückt. Fehlerbedingungen sollten aber im Rahmen der Anwendbarkeitsbedingung zusammengefaßt werden, um die Spezifikation übersichtlicher zu machen und eine effiziente Implementierung zu unterstützen: Prüfungen auf Anwendbarkeit finden vorab statt und verhindern so überflüssige Änderungen.

Transformationsschritt IV: Verschärfung der Anwendbarkeitsbedingung

Mit Hilfe der nachstehenden Regel können bestimmte Nachbedingungen in die Anwendbarkeitsbedingung übernommen werden:

Lemma 5.39: In einer Transaktionsspezifikation t seien α die Anwendbarkeitsbedingung und $\{\pi\}\, t\, \{\rho \wedge \beta\}$ ein Fall, in dem sich β nur aus freien Variablen, Datenoperatoren, invarianten Objektfunktionen und logischen Verknüpfungen zusammensetzt. Dann resultiert durch die Ersetzungen

$$\alpha \;\longrightarrow\; \alpha \wedge (\forall L\, \pi \Rightarrow \beta) \qquad\qquad \{\pi\}\, t\, \{\rho \wedge \beta\} \;\longrightarrow\; \{\pi\}\, t\, \{\rho\}$$

eine äquivalente Spezifikation (sogar hinsichtlich der Überführungsrelation).   □

Begründung: Die Restriktionen für β garantieren, daß die Formel im Vor- und Nachzustand identisch interpretiert wird. Fehlersituationen ergeben sich also für eine beliebige Belegung der lokalen Variablen L und unter der Vorbedingung π genau dann, wenn $\neg\beta$ gilt. Deshalb kann der angegebene Fall äquivalent durch

$$\{\pi \wedge \beta\}\, t\, \{\rho\} \qquad \text{und} \qquad \{\pi \wedge \neg\beta\}\, t\, \{\text{false}\}$$

ersetzt werden. Der zweite Fall darf gestrichen werden gdw. $(\pi \Rightarrow \beta)$ bereits aufgrund der Anwendbarkeitsbedingung immer gilt.   □

Um dieses Lemma anzuwenden, muß man kritische Nachbedingungen vorher soweit wie möglich in die gewünschte Form bringen.

Beispiel 5.40: In den Beispielen 5.37 und 5.38 ist das bereits durch die Umformungen

$$\ldots\ \text{owner(c)=manuf(c)}\ \ldots\ \longrightarrow\ \ldots\ \text{co=manuf(c)}\ \ldots$$
$$\ldots\ \text{this-year} \leq \text{year-of-prod(c')+1}\ \ldots\ \longrightarrow\ \ldots\ y \neq \text{year-of-prod(c')+1}\ \ldots$$

geschehen. Nach Lemma 5.39 ergeben sich folgende Spezifikationen:

register (c: CAR, md: MODEL, co: CAR-OWNER):

    on $\neg$registered(c) $\wedge$ approved(md) $\wedge$ (marking$_1$(c)=2 $\Rightarrow$ co=manuf(c))

        pre   marking$_1$(c)=2

        post registered(c) $\wedge$ owner(c)=co ... $\wedge$ marking$_1$(c)=3

    frame   ... c'$\neq$c$\Rightarrow$ marking (c') =v

next-year:

    on   ($\forall$c': CAR marking$_1$(c')=2 $\Rightarrow$ this-year$\neq$ year-of-prod(c')+1)

        pre   this-year = y

        post this-year = y+1

    frame   ... marking$_1$(c')=v $\square$

Beispiel 5.41: Als abschließendes Beispiel soll noch die Transformation der Integritätsbedingung über die "Abfolge von Besitzverhältnissen" (I2) in die Spezifikation von transfer (T3) durchgeführt werden. Dabei stoßen wir noch auf eine weitere Vereinfachungsmöglichkeit. Die Transaktion war bisher wie folgt definiert:

transfer (c: CAR, newco: CAR-OWNER):

    on   owns(co,c) $\wedge$ co $\neq$ newco

     pre owns(co,c)

     post $\neg$owns(co,c) $\wedge$ owns(newco,c) $\wedge$ owner(c) = newco

    frame c"$\neq$c $\Rightarrow$ owner(c")=co", c"$\neq$c $\wedge$ co"$\neq$newco$\Rightarrow\neg$owns(co",c") , usw.

Zur Bedingung (I2)

      always (owner(c)= m $\Rightarrow$ **always** owner(c)= m **before** is-GARAGE(owner(c)))

$\wedge$ **always** (owner(c)= g $\Rightarrow$ **always** owner(c)= g **before** is-PERSON (owner(c)))

$\wedge$ **always** ($\neg$is-MANUF(owner(c)) $\Rightarrow$ **always** $\neg$is-MANUF(owner(c)))

gehört der (Rumpf-) Transitionsgraph aus Bsp. 4.42:

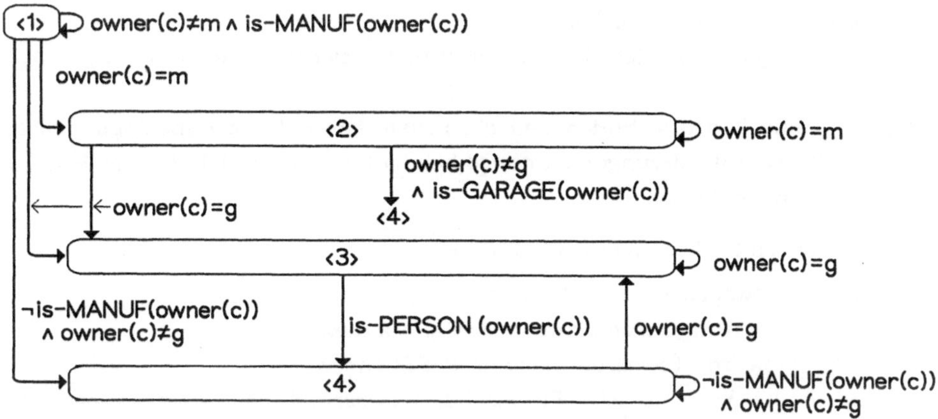

Daraus ist die Graphinvariante $\overline{\Phi}$ leicht abzulesen:

    $\overline{\Phi}_1$ $\equiv$ is-MANUF(owner(c)) $\wedge$ owner(c)$\neq$m $\overline{\Phi}_2$ $\equiv$ owner(c)=m

    $\overline{\Phi}_4$ $\equiv$ $\neg$is-MANUF(owner(c)) $\wedge$ owner(c)$\neq$g $\overline{\Phi}_3$ $\equiv$ owner(c)=g

Wie schon früher angedeutet, lassen sich die Markierungen in diesem Graphen vollständig aus vorhandenen Objektfunktionen ableiten. Inzwischen steht uns dafür der
geeignete Kalkül zur Verfügung, denn genau die angegebene Formelfamilie $\overline{\Phi}$ liefert
die äquivalente Charakterisierung. Da die Formeln sich gegenseitig ausschließen,
und da alle vorhandenen Übergänge zwischen Knoten in diese Fallunterscheidung
passen, gilt in jeder zulässigen (d.h. vom Graphen akzeptierten!) Zustandsfolge:

$$\text{always} \ (\forall X \bigwedge_{v \in V} \text{marking}(X)=v \ \Leftrightarrow \ \underline{\overline{\Phi}_v})$$

Diese Eigenschaft verschärft die Definition 5.32 einer Graphinvarianten; man kann
das jedoch nicht von beliebigen Transitionsgraphen erwarten (vgl. etwa Bsp. 4.33 und
4.42, T_{3b}). Hier braucht also keine zusätzliche Objektfunktion marking eingeführt
werden (Schritt I); die Verfeinerung (Schritt II) bleibt aber erforderlich, um die
Kantenstruktur in die Spezifikation zu integrieren.

Nach Abschluß der Schritte III und IV erhält man eine Spezifikation mit vier Fällen:

> **on** $\text{owns(co,c)} \wedge \text{co} \neq \text{newco}$
> $\wedge \ \forall m \ (\overline{\Phi}_2 \ \Rightarrow \ \text{is-GARAGE(newco)})$
> $\wedge \ \forall g \ (\overline{\Phi}_3 \ \Rightarrow \ \text{is-PERSON(newco)})$
> $\wedge \ \forall g \ (\overline{\Phi}_4 \ \Rightarrow \ \neg\text{is-MANUF(newco)})$
>
> **case 1:** **pre** $\text{owns(co,c)} \wedge \overline{\Phi}_1$
> **post** $\neg\text{owns(co,c)} \wedge \text{owns(newco,c)} \wedge \text{owner(c)}=\text{newco}$
> $\wedge \ (\overline{\Phi}_1 \vee \overline{\Phi}_2 \vee \overline{\Phi}_3 \vee \overline{\Phi}_4)$
>
> **case 2:** **pre** $\text{owns(co,c)} \wedge \text{owner(c)}=m \wedge \overline{\Phi}_2$
> **post** $\neg\text{owns(co,c)} \wedge \text{owns(newco,c)} \wedge \text{owner(c)}=\text{newco} \wedge (\overline{\Phi}_3 \vee \overline{\Phi}_4)$
>
> **case 3:** **pre** $\text{owns(co,c)} \wedge \overline{\Phi}_3$
> **post** $\neg\text{owns(co,c)} \wedge \text{owns(newco,c)} \wedge \text{owner(c)}=\text{newco} \wedge \overline{\Phi}_4$
>
> **case 4:** **pre** $\text{owns(co,c)} \wedge \overline{\Phi}_4$
> **post** $\neg\text{owns(co,c)} \wedge \text{owns(newco,c)} \wedge \text{owner(c)}=\text{newco} \wedge (\overline{\Phi}_3 \vee \overline{\Phi}_4)$

Da $\overline{\Phi}_1 - \overline{\Phi}_4$ eine Partition bilden und die neuen Anwendbarkeitsbedingungen hinreichend restriktive Anforderungen an newco beinhalten, lassen sich die vier Fälle wieder
zu einem zusammenfassen:

> transfer (c: CAR, newco: CAR-OWNER):
>
> **on** $\text{owns(co,c)} \wedge \text{co} \neq \text{newco}$
> $\wedge \ \forall m \ (\text{owner(c)}=m \ \Rightarrow \ \text{is-GARAGE(newco)})$
> $\wedge \ \forall g \ (\text{owner(c)}=g \ \Rightarrow \ \text{is-PERSON(newco)})$
> $\wedge \ \forall g \ (\neg\text{is-MANUF(owner(c))} \wedge \text{owner(c)} \neq g \ \Rightarrow \ \neg\text{is-MANUF(newco)})$
>
> **pre** owns(co,c)
> **post** $\neg\text{owns(co,c)} \wedge \text{owns(newco,c)} \wedge \text{owner(c)}=\text{newco}$
>
> **frame**   ... (unverändert)

Glücklicherweise kann die zuerst etwas aufwendig erscheinende dynamische Integritätsbedingung in dieser Transaktion voll durch eine verschärfte Anwendbarkeitsbedingung überwacht werden. Dort sind genau die erlaubten Änderungen von Besitzverhältnissen aufgeführt.   (Bsp. 5.41) □

5.2.4 Schlußbemerkungen zur Transformation

Nachdem die Transformationsschritte I–IV für eine Integritätsbedingung auf alle Transaktionen angewendet wurden, müssen sie für die anderen Bedingungen iteriert werden. Häufig sind Integritätsbedingung und Transaktion voneinander unabhängig, so daß nur einige Spezifikationen größere Ergänzungen erfordern. Insgesamt werden dem Datenbankschema maximal so viele Markierungsfunktionen hinzugefügt, wie vorher Integritätsbedingungen vorhanden waren. Im Prinzip verzweigen sich die Vor-/ Nachbedingungen der Transaktionen mit jeder weiteren Integritätsbedingung entsprechend der zugehörigen Knotenanzahl. Man kann jedoch damit rechnen, daß sich im Einzelfall einige Markierungen auf das alte Schema zurückführen und einige Fälle wieder zusammenfassen lassen.

Der Grad der Vereinfachung wird sicher im allgemeinen nicht so hoch sein wie in den obigen Beispielen. Diese sollten eher die Systematik und das Spektrum der Transformationen aufzeigen, sowie – trotz formal verifizierter Regeln – eine intuitive Gegenprüfung erleichtern. Zudem waren die Beispielgraphen recht überschaubar.

In der Praxis erscheint deshalb gerade für diesen Teil des Datenbank-Entwurfs eine automatische Unterstützung notwendig, die sich an die Konstruktion der Transitionsgraphen anschließt. Zunächst könnte ein solches System die Transformationen für alle Integritätsbedingungen und Transaktionen verwalten und auf Vollständigkeit prüfen. Hauptaufgabe wäre aber, die Transformationen weitestgehend automatisch auszuführen, was für die Schritte I und II (Erweiterung, Verfeinerung) ohne Probleme möglich ist. Schon dabei kann zur Modellierung der Markierungsfunktion eine Interaktion mit dem Entwerfer sinnvoll sein.

Für die nächsten Schritte III und IV (Vereinfachungen) haben wir ein systematisches Vorgehen kennengelernt, das im wesentlichen auf Rechnungen innerhalb der transitionalen Logik beruht. Einen entscheidenden Beitrag leisten die Rahmenformeln bzw. die daraus herleitbaren invarianten Formeln jeder Transaktion. (Für implizite Spezifikationen fehlen noch Verfahren zur Aufstellung nichttrivialer Rahmenformeln.) Als zusätzlicher Input geht jeweils eine bestimmte Graphinvariante ein, die direkt aus den Kantenbeschriftungen übernommen werden kann. Somit wird ein automatischer Beweiser für Formeln der transitionalen Logik benötigt, der dem Entwerfer entsprechend den angegebenen Regeln Rechnungen abnimmt oder sogar zielgerichtet Vereinfachungen anbietet.

Natürlich sollte der Entwerfer die Möglichkeit bekommen, weitere Gesetzmäßigkeiten über Transitionsgraphen, vielleicht auch über die Auswahl von Transaktionen einzubringen. Im Gegensatz zu Anwendungen vorbereiteter Regeln ist er dann für die Korrektheit der Transformation verantwortlich.

Für die Automatisierung von Herleitungen [ChL73, Lo78] läßt sich etwa das Resolutionspinzip verwenden, auf dem das Verfahren von Henschen et al. [HeMN84] basiert: Es prüft, ob eine statische Integritätsbedingung unter einer relationalen Grundoperation (Einfügen/Löschen von Tupeln) invariant ist, und liefert ansonsten vereinfachte Laufzeittests. Dazu wird die Operation durch eine Formel der Prädikatenlogik definiert, in der jeweils zwei verschiedene Symbole (R_{old}, R_{new}) für eine Relation R vor und nach der Ausführung stehen, z.B.:

$$\text{insert}(R,t): \quad \forall r \, (\, R_{new}(r) \Leftrightarrow (R_{old}(r) \vee r=t)\,)$$

Das Verfahren kann auch auf entsprechend formalisierte transitionale Integritätsbedingungen und Transaktionen angewendet werden [Ri86]. Bei ersten praktischen Tests [Schü87] für typische (relationenübergreifende) Bedingungen hat sich bestätigt, wie hilfreich zusätzliche Rahmenformeln "$R'_{new}(r) \Leftrightarrow R'_{old}(r)$" (für nicht betroffene Relationen R') sind, um die gewünschten Vereinfachungen automatisch zu erhalten. Solche Tests beziehen sich auf den Vorzustand der Operation, entsprechen also einer Verschärfung der Anwendbarkeitsbedingung. Jedoch sind sie nicht unbedingt vollständig, d.h. bei negativem Testergebnis ist die Bedingung nicht unbedingt verletzt; ggf. müssen Tests erst noch kombiniert werden. Im Rahmen des Datenbank-Entwurfs ist also eine Nachbehandlung der Ergebnisse angebracht.

Durch Verdoppelung aller nichtlogischen Symbole lassen sich beliebige Formeln der transitionalen Logik in Prädikatenlogik übersetzen, so daß auch unsere Transaktionsspezifikationen der klassischen Resolution unterworfen werden können. Das Verfahren von Henschen kann man z.B. dafür einsetzen, anstelle einer statischen Integritätsbedingung die Graphinvariante $\overline{\Phi}$ auf Invarianz unter der Transaktion zu prüfen, um Satz 5.35 anzuwenden. Allerdings ist dies keine notwendige Voraussetzung für die Gültigkeit einer dynamischen Integritätsbedingung, da Knotenmarkierungen wechseln dürfen. Für beliebige Vereinfachungen von Nachbedingungen müssen wohl erst die eingebauten Herleitungsstrategien (zur Resolventenauswahl) angepaßt werden.

Einen anderen Ansatz, der direkt auf die Vereinfachung statischer Integritätsbedingungen abzielt, verfolgen u.a. Nicolas [Ni82] und Hsu/Imielinski [HsI85] ([NY78] auch für transitionale Bedingungen). Sie ermitteln aus den Parametern (einfacher oder mehrfacher) relationaler Operationen und aus den $\forall/\exists$-Quantifizierungen der Variablen so weit wie möglich "betroffene" Belegungen, um die Bedingung durch Substitution der Variablen zu spezialisieren (vgl. Satz 5.35b). Die Verfahren setzen jedoch voraus, daß bekannt ist, welche Tupel in welchen Relationen eingefügt oder gelöscht werden. Von daher könnte dieser Ansatz für Transaktionsspezifikationen, deren Nachbedingungen ursprünglich nur aus Aufzählungen evtl. negierter Prädikate (wie z.B. in [VeF85]) bestehen, interessant sein. [LIT85, LIST87] und [De86] verfolgen Verallgemeinerungen von [Ni82] auf Transaktionen in deduktiven Datenbanken.

Bereits über Erfahrungen mit einem automatischen System zur Verifikation von Transaktionen gegen statische Integritätsbedingungen berichten Stemple/Sheard in [StS84, ShS85, StS85, StSB86, ShS86]. Sie verwenden den automatischen Beweiser von Boyer / Moore [BoM79], der alle Eingaben als rekursive Funktionsdefinitionen (in LISP-ähnlicher Notation) verlangt. Die nötige Umwandlung der Transaktionsprogramme und der Integritätsbedingungen nimmt ihr System vor, dem bereits die Operationsdefinitionen der Datentypen, des (relationalen) Datenmodells und der Logik (endliche Mengenlehre) bekannt sind [StS84,StS85]. Eine Erzeugung von Laufzeittests ist geplant. Aus Komplexitätsgründen wird in [ShS85, ShS86] vorgeschlagen, möglichst Bedingungen und Transaktionen in standardisierter Form zu verwenden, so daß der Beweiser vorbereitete Lemmata ausnutzen kann. Wie zu erwarten war, werden für das Relationenmodell funktionale und referentielle Abhängigkeiten unterstützt (vgl. [QiW86, QiS87]). Neben dieser zusätzlichen "Wissensbank" im System kann auch der Benutzer von außen die Beweisstrategie beeinflussen.

Für dynamische Integritätsbedingungen und allgemeine Transaktionsspezifikationen fehlen noch Erfahrungen aus größeren Anwendungen. Die Regeln des vorigen Abschnitts 5.2.3 stellen einen ersten Ansatz für eine Strategie von Vereinfachungen dar. Ganz gewiß müssen aber hinsichtlich der verwendeten Formeln noch deutliche Einschränkungen und weitere Vorbereitungen getroffen werden, um Transformationen einigermaßen effizient durchführen zu können. Der Artikel [Li86] enthält beispielsweise spezialisierte Regeln für dynamische Integritätsbedingungen der Form

$$\textbf{always}\ \left(\alpha \Rightarrow \left\{ \begin{array}{l} \textbf{always} \\ \textbf{sometime} \end{array} \right\} \psi\ \textbf{before}\ \tau \right)$$

(mit Grundformeln α, ψ, τ) und für Transaktionen, die jeweils genau eine der Grundformeln ändern. Obwohl für den Spezialfall begründet, kann man die Aussagen dort vollständig auf die hier entwickelten allgemeinen Regeln zurückführen, wenn man sich die zugehörigen Transitionsgraphen ansieht.

Die zuletzt diskutierten Ansätze lassen einige nützliche Werkzeuge bzw. Beiträge für eine automatische Transformation auch dynamischer Integritätsbedingungen erkennen, insbesondere für den wichtigen Vereinfachungsschritt. Es bleibt genauer zu untersuchen, wie sie sich einzeln oder integriert zu einem interaktiven Gesamtsystem ausbauen lassen.

6 Ausblick

Im Vordergrund dieses Buches standen Verfahren zur ***Überwachung der dynamischen Integrität*** von Datenbanken: Aus Integritätsbedingungen, die in temporaler Logik formuliert sind, lassen sich Transitionsgraphen konstruieren. Diese dienen als Ablaufsteuerung für einen Integritätsmonitor, der eine schrittweise entstehende Zustandsfolge auf Zulässigkeit bzgl. der Integritätsbedingungen prüft. Abhängig davon, wie weit die Graphen reduziert sind, werden nur Folgen akzeptiert, die mindestens bis zum aktuellen Zustand vorläufig zulässig und höchstens in einer zukünftigen Fortsetzung potentiell zulässig sind. Schließlich kann das schrittweise Durchlaufen von Transitionsgraphen auch in die Vor- und Nachbedingungen von Transaktionen transformiert werden, so daß jede ausführbare Zustandsfolge bereits zulässig wird. Durch Vereinfachung der erhaltenen Spezifikationen wird eine effiziente Integritätsüberwachung vorbereitet, in der Prüfungen jeweils an die Art der Änderung und an die betroffenen Objekte angepaßt sind.

Damit stehen auch für dynamische Integritätsbedingungen die zwei extremen Alternativen einer Überwachung, die universelle (schemaunabhängige) und die transaktionslokale Überwachung, zur Verfügung. Da beide Verfahren auf derselben Grundlage, der Interpretation von Transitionsgraphen, beruhen, lassen sie sich kombinieren: Während vorbereitete Standard-Transaktionen eine angepaßte und damit optimale Überwachung einschließen, wird ein Monitor nur für ad-hoc-Transaktionen benötigt (vgl. Abbildungen 1.4-1.7); die Verwaltung der aktuell markierten Knoten bildet die gemeinsame Schnittstelle. Schließlich ist zu erwarten, daß sich automatische Vereinfachungen von Transaktionsspezifikationen teilweise sogar in den Monitor übernehmen lassen, um den Prüfaufwand zu verringern; allerdings müssen die Effekte von ad-hoc-Transaktionen erst noch zur Laufzeit ermittelt werden.

Optimierungen des Monitors einschließlich Restriktionen der Integritätsbedingungen sind unumgänglich: Die Überwachung dynamischer Integritätsbedingungen konnte zwar auf eine kontrollierte Überwachung wechselnder statischer Bedingungen zurückgeführt werden, aber selbst dafür sind universelle Monitore, die auf beliebige Bedingungen und Transaktionen korrekt reagieren, bisher nicht implementiert, weil zu ineffizient.

Probleme bereitet auch noch das "dynamische Recovery", die Behandlung von Verletzungen dynamischer Integritätsbedingungen. Wird ein Zustandsübergang rückgängig gemacht, müssen sämtliche Markierungen auf den vorherigen Stand gebracht werden. (Analog sind bei einem Sicherungspunkt für das Recovery nach Systemfehlern die zugehörigen Markierungen aufzuheben.) Da in Transitionsgraphen nicht unbedingt von jedem Knoten eine zulässige Fortsetzung ausgeht, muß man eventuell mehrere Zustandsübergänge rückgängig machen, um eine ständige Blockierung zu vermeiden. Dafür sollten vorab Knoten zum Wiederaufsetzen gekennzeichnet sein.

Angesichts dieser praktischen Schwierigkeiten liegt die wichtigere Zielsetzung unseres Ansatzes in der Unterstützung eines Datenbank-Entwurfs, der das dynamische Verhalten eines Datenbanksystems von vornherein mit einbezieht. Die Behandlung statischer und dynamischer Integrität bildet dann die wesentliche Leitlinie für den gesamten konzeptionellen Entwurf. Entsprechend unserem Vorgehen anhand des Beispielschemas (in den Kapiteln 2, 4, 5) zeichnet sich eine Methodik zur *schrittweisen Spezifikation von Datenbank-Verhalten* ab:

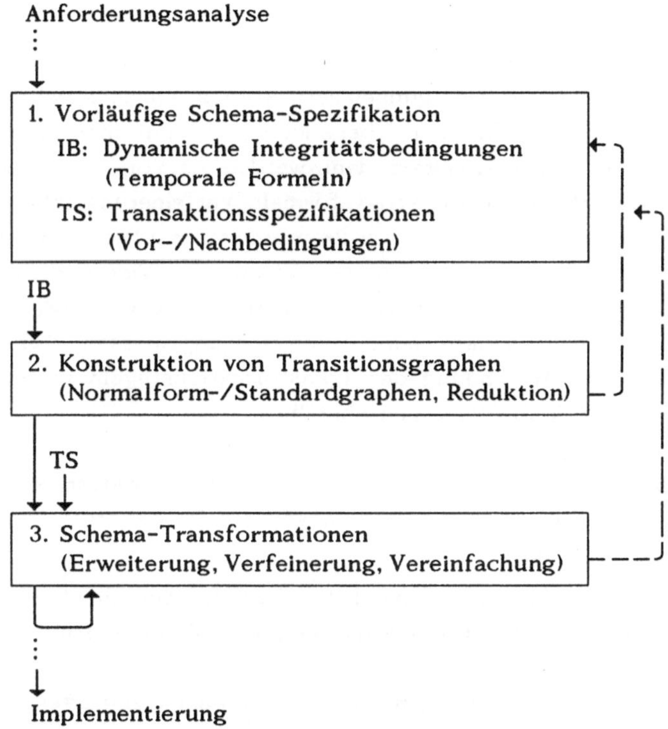

Abbildung 6.1: Spezifikationsschritte

1. Ausgehend von einer Anforderungsanalyse stellt man im Datenbankschema dynamische Integritätsbedingungen und - vorläufig komplementär dazu - die gewünschten Transaktionen als Grundbausteine von Anwendungen auf.

2. Aus den Integritätsbedingungen werden Transitionsgraphen konstruiert. Diese ermöglichen eine Analyse der Integritätsbedingungen: Sie stellen graphisch dar, welche Lebensläufe von Datenbankobjekten aus den Bedingungen resultieren, so daß man Spezifikationsabsicht und -ergebnis miteinander vergleichen kann. Dafür ist es nützlich, Bedingungen an gleiche Objekttypen zu kombinieren. Insbesondere beinhalten

Reduktionsverfahren einen Konsistenztest (modulo Konsistenz statischer Teile). Aufgrund dieser Analysen muß man ggf. die ursprüngliche Spezifikation überarbeiten. Durch die Konstruktion ist auch festgelegt, welcher Grad von partieller Zulässigkeit bei der Überwachung garantiert werden soll.

Die Ableitung von Transitionsgraphen aus dynamischen Integritätsbedingungen stellt übrigens eine Verbindung zwischen der logischen Spezifikation von Integrität und netzorientierten Ansätzen zur Verhaltensmodellierung wie z.B. in [SoK86 / KuS86] her, da sich Transitionsgraphen als spezielle Petri-Netze auffassen lassen. Somit könnte man bekannte Methoden zur Analyse und Verfeinerung von Netzen an den auf temporaler Logik basierenden Entwurf anschließen.

3. Anhand der Transitionsgraphen werden die Transaktionsspezifikationen so transformiert, daß sie die Integritätsbedingungen respektieren. Zunächst wird die Strukturkomponente des Schemas um die zur Überwachung dynamischer Integrität nötigen geschichtlichen Informationen erweitert, dann werden die Vor-/Nachbedingungen der Transaktionen verfeinert; die zuerst strikt formale Verfeinerung läßt sich systematisch wieder vereinfachen. In den späteren Programmen resultieren daraus typischerweise zusätzliche Änderungen und Prüfungen. Wenn sich Widersprüche zeigen, muß man das ursprüngliche Schema nochmals revidieren, jetzt vorrangig in der Transaktionenkomponente. Insbesondere kann dabei eine angemessene Fehlerbehandlung vorgesehen werden. Die Anwendung der Transformationsregeln macht eine Verifikation gegen die Integritätsbedingungen überflüssig.

Insgesamt erlaubt diese schrittweise Spezifikation dem Entwerfer, zu erkennen und zu kontrollieren, wie sich die *global* und *langfristig* formulierten Integritätsbedingungen auswirken, und zwar

- *lokal* auf einzelne Objekte (anhand der Transitionsgraphen)
- *kurzfristig* auf die Transaktionen (bei den Transformationen)

Sofern nur vorbereitete Transaktionen auf die Datenbank zugreifen dürfen, ist ihr dynamisches Verhalten schließlich allein durch die Transaktionsspezifikationen bestimmt; die Integritätsbedingungen, die anfangs wegen ihrer Deskriptivität bevorzugt wurden, brauchen nicht weiter berücksichtigt werden. Damit bilden die erhaltenen Spezifikationen eine ausreichende Grundlage für die Implementierung; bei ständiger weitestgehender Vereinfachung bleiben sie trotz Transformation für den Entwerfer bzw. Implementierer noch verständlich.

Grundvoraussetzung für die Verständlichkeit einer großen und komplexen Spezifikation ist natürlich eine geeignete **Modularisierung**; Vorschläge für modulare Datenbankbeschreibungen finden sich u.a. in [SchiFNC84, TuFC83, We78a]. Das bewährte Prinzip der Datenabstraktion, Daten und die zugehörigen Operationen zusammenzufassen, wird auch von Sernadas/Sernadas/Ehrich [SeSE87] verfolgt und insbesondere auf der Ebene der Objekttypen eingesetzt ("abstract object types"). So werden unter jedem Typ nicht nur die Attribute, sondern auch die Integritätsbedingungen und Transaktionen (dort "Ereignisse") aufgeführt, die hauptsächlich je ein Objekt des Typs betreffen. Die meisten unserer Beispiele etwa beziehen sich vorwiegend auf ein Parameterobjekt vom Typ CAR. Abgesehen von notationellen Vereinfachungen (implizite Parametervariablen) wird dadurch eine Methodik unterstützt, Bedingungen und Transaktionen *objektorientiert* zu entwerfen.

Zu erwarten ist, daß eine objektorientierte Strukturierung deutlich macht, welche Bedingungen und Belegungen von welchen Transaktionen betroffen sein können oder voneinander unabhängig sind. Übergreifende Bedingungen und Transaktionen sollten gesondert hervorgehoben sein. ([SeSE87] sehen sogenannte "interaction equations" vor.) Zum großen Teil können dann die beschriebenen Spezifikationsschritte lokal zu den Modulen durchgeführt werden. Der hier vorgestellte Kalkül nutzt keinerlei Strukturierung aus, liefert aber eine semantische Grundlage für die Integration von Modulen. (So folgt etwa aus Satz 5.35, daß sich "unabhängige", d.h. auf verschiedene Objekttypen und -exemplare bezogene Transformationen problemlos zusammensetzen lassen.) Eine möglichst durchgängige Objektorientierung ist aktueller Forschungsgegenstand.

Interessant erscheint auch, die gemeinsame Spezifikation von dynamischen Integritätsbedingungen und Transaktionen auf sogenannte Nicht-Standard-Datenbanken anzuwenden. Gerade im CAD-Bereich treten "lange" Transaktionen auf, etwa für die Konstruktion von Bauteilen, die z.B. mehrere Wochen brauchen, um die Integrität eines Objekts und seiner Umgebung vollständig herzustellen. Dennoch ist es bereits für die Teilschritte, die üblichen "kurzen" Transaktionen, erwünscht, ***partielle Integrität*** zu garantieren, um nicht alle Details erst am Schluß der langen Transaktion zu prüfen (vgl. [DiKML85]). Die Unterscheidung in statische und dynamische Integrität kann hier einen nützlichen Beitrag leisten: Es bietet sich an, Langzeitbedingungen durch temporale Formeln (typischerweise beschränkt quantifiziert) zu beschreiben, während nur die Kurzzeitbedingungen als statisch aufgefaßt werden. Dann kann man (hinsichtlich der Integrität) den bisherigen Transaktionsbegriff im Sinne von Anwendungsbausteinen beibehalten. Die Überwachungsmethoden garantieren statische Integrität und erlauben, den aktuellen Grad der dynamischen Integrität anhand von Markierungsinformationen abzulesen, etwa damit Folgeaktionen vom Benutzer ausgewählt oder vom System getriggert [DiKM85] werden. Ebenso können Zeitpunkte "vollständiger" Integrität erkannt werden.

Um größere Anwendungen überhaupt zuverlässig zu handhaben, ist eine ***interaktive Entwurfsunterstützung*** wünschenswert. Bisherige Datenbank-Entwurfsumgebungen [AlAL85, BrDRZ84, Ce83, DbEng84; vgl. Gl85] berücksichtigen vorwiegend strukturelle Anteile einschließlich zugehöriger Übersetzungen zwischen Datenmodellen, teilweise auch Transaktionen, aber kaum Integritätsbedingungen. In unserem Ansatz lassen sich die Grundkonstruktion von Transitionsgraphen und die ersten Transformationsschritte vollständig automatisieren. Auch die nachträglichen Graphreduktionen können ebenso wie die Vereinfachungsschritte in wesentlichen Teilen automatisch unterstützt werden, erfordern aber interaktive Eingriffe des Entwerfers. Für ein solches System benötigt man neben den genannten Algorithmen Editoren für Datenbankschemata und für Transitionsgraphen sowie insbesondere einen automatischen Beweiser. Alle Komponenten sollten in der Lage sein, zusätzliches Wissen des Entwerfers über logische Gesetze, Datentypen, spezielle Transitionsgraphen, spezielle Transformationen usw. zu speichern und auszunutzen. Diese Erweiterbarkeit erscheint angesichts der hohen Komplexität von Graphkonstruktionen und Beweisen unverzichtbar, auch wenn die Effizienzanforderungen zur Entwurfszeit längst nicht so hoch sind wie die an einen Monitor zur Laufzeit.

Um schließlich das Spezifikations- und Transformationsergebnis, die Schnittstelle des Datenbank-Anwendungssystems, noch vor einer Implementierung mit den Benutzern abzustimmen, sollte auf den Entwurf die automatische Erzeugung eines **Prototypen** folgen. Wie [Be86, SlL86, Tr86, VeF85] näher ausführen, bieten Spezifikationen von Transaktionen durch Vor- und (eingeschränkte) Nachbedingungen dafür einen geeigneten Ausgangspunkt.

Literatur

Abkürzungen für Zeitschriften und Tagungsreihen:

DENG   Proc. Int. IEEE Conf. on Data Engineering
FOCS   Proc. IEEE Symp. on Foundations of Computer Science
JACM   Journal of the ACM
LNCS   Lecture Notes in Computer Science
PODS   Proc. ACM Symp. on Principles of Database Systems
POPL   Proc. ACM Symp. on Principles of Programming Languages
SIGMOD Proc. Int. ACM–SIGMOD Conf. on Management of Data
TODS   ACM Transactions on Database Systems
TOPLAS ACM Transactions on Programming Languages and Systems
TOSE   IEEE Transactions on Software Engineering
VLDB   Proc. Int. Conf. on Very Large Data Bases

Abkürzungen für Einzeltagungen:

ADBT 1984 Advances in Database Theory, Vol. II (H.Gallaire/ J.Minker/ J.-M. Nicolas, eds.), Plenum Press, New York 1984

BTW 1985 Proc. GI-Fachtagung über Datenbanksysteme in Büro, Technik und Wissenschaft (A.Blaser/ P.Pistor, eds.), Springer-Verlag, Berlin 1985

CRIS 1982 Proc. IFIP Work. Conf. on Comparative Review of Information Systems Design Methodologies (T.W. Olle/ H.G.Sol/ A.A.Verijn-Stuart, eds.), North-Holland Publ.Co., Amsterdam 1982

CRIS 1986 Proc. IFIP Work. Conf. on Comparative Review of Information Systems Design Methodologies: Improving the Practice (T.W.Olle/ H.G.Sol/ A.A. Verijn-Stuart, eds.), North-Holland Publ.Co., Amsterdam 1986

DS-1 1985 Proc. IFIP Work. Conf. on Database Semantics (T.B.Steel/ R.Meersman, eds.), North-Holland Publ.Co., Amsterdam 1986

DS-2 1986 Proc. IFIP Work. Conf. on Knowledge and Data (R.Meersman/ A.Sernadas, eds.), erscheint bei: North-Holland Publ.Co., Amsterdam

ER 1986   Proc. 5th Int. Conf. on the Entity-Relationship-Approach (S.Spaccapietra, ed.), North-Holland Publ.Co., Amsterdam 1987

TAIS 1987 Proc. IFIP Work. Conf. on Temporal Aspects in Information Systems (C.Rolland/ M.Leonard/ F.Bodart, eds.), North-Holland Publ.Co., Amsterdam 1987

TFAIS 1985 Proc. IFIP Work. Conf. on Theoretical and Formal Aspects of Information Systems (A.Sernadas/ J.Bubenko/ A.Olive, eds.), North-Holland Publ. Co., Amsterdam 1985

Lehrbücher über Datenbanksysteme: *(nicht zitiert)*

[Da83]   Date,C.J.: An Introduction to Database Systems, Vol. II . Addison-Wesley, Reading (Mass.) 1983

[Da86]   Date,C.J.: An Introduction to Database Systems, Vol. I, 4th edition. Addison-Wesley, Reading (Mass.) 1986

[SchlS83] Schlageter,G./ Stucky,W.: Datenbanksysteme: Konzepte und Modelle, 2. Auflage. Teubner-Verlag, Stuttgart 1983

[TsL82]   Tsichritzis,D.C./ Lochovsky,F.H.: Data Models. Prentice Hall, Englewood Cliffs (N.J.) 1982

[Ul82]   Ullman,J.D.: Principles of Database Systems, 2nd edition. Computer Science Press, Rockville (Md.) 1982

[Ze85]   Zehnder,C.A.: Informationssysteme und Datenbanken, 3.Auflage. Teubner-Verlag, Stuttgart 1985

Monographien, Zeitschriftenartikel, Tagungsbeiträge u.a.:

In geschweiften Klammern sind jeweils die Abschnitte dieser Arbeit angegeben, in denen die Quelle zitiert ist. ('*' bedeutet "grundlegend für das gesamte Kapitel".)

[AbM85]   Abadi,M./ Manna,Z.: Nonclausal Temporal Deduction. In: Proc. Conf. on Logics of Programs (R.Parikh, ed.), LNCS 193, Springer- Verlag, New York 1985, 1-15 {3.2, 4.2}

[AbV85]   Abiteboul,S./ Vianu,V.: Transactions and Integrity Constraints. PODS 1985, 193-204 {1.3}

[AbV87]   Abiteboul,S./Vianu,V.: A Transaction Language Complete for Database Update and Specification. PODS 1987, 260-268 {1.3}

[AlAL85] Albano,A./ Antonellis,V.de/ Leva,A.di (eds.): Computer-Aided Database Design: The DATAID Project. North-Holland Publ.Co., Amsterdam 1985 {6}

[An82]   Anderson,T.L.: Modelling Time at the Conceptual Level. In: Improving Database Usability and Responsiveness (P.Scheuermann, ed.), Academic Press, London 1982, 273-298 {3.5}

[As76]   Astrahan,M.M. et. al: System R: A Relational Approach to Database Management. TODS 1 (1976), 97-137 {1.2}

[Be86]   Berztiss,A.T.: The Set-Function Approach to Conceptual Modeling. CRIS 1986, 107-144 {1.3, 6}

[BeA84]   Bertino,E./ Apuzzo,D.: Integrity Aspects in Data Base Management Systems. In: Proc. IEEE Trends and Applications Conf.: Making Database Work, 1984, 43-52 {1.3}

[BeB82]   Bernstein,P.A./ Blaustein,B.T.: Fast Methods for Testing Quantified Relational Calculus Assertions. SIGMOD 1982, 39-50 {1.3}

[BeBC80] Bernstein,P.A./ Blaustein,B.T./ Clarke,E.M.: Fast Maintenance of Semantic Integrity Assertions Using Redundant Aggregate Data. VLDB 1980, 126-137 {1.3}

[BePM83] Ben-Ari,M./ Pnueli,A./ Manna,Z.: The Temporal Logic of Branching Time. Acta Informatica 20 (1983), 207-226 {3}

[BoADW82] Bolour,A./ Anderson,L./ Dekeyser,L./ Wong,H.: The Role of Time in Information Processing. SIGMOD Record 12,3 (1982), 27-50 *{3.5}*

[BoM79]   Boyer,R.S./Moore,J.S.: A Computational Logic. Academic Press, New York 1979 *{5.2}*

[BoMW84] Borgida,A./ Mylopoulos,J./ Wong,H.K.T.: Generalization / Specialization as a Basis for Software Specification. In: [BrMS84], 87-114 *{1.3, 5.2}*

[Br81]   Brodie,M.L.: On Modelling Behavioural Semantics of Databases. VLDB 1981, 32-42 *{5.2; Vorversion von [BrR84a]}*

[Br84]   Brodie,M.L.: On the Development of Data Models. In: [BrMS84], 19-47 *{1.1, 5.2}*

[BrDRZ84] Brägger,R.P./Dudler,A./Rebsamen,J./Zehnder,C.A.: Gambit: An Interactive Database Design Tool for Data Structures, Integrity Constraints and Transactions. DENG 1984, 399-407; auch: TOSE 11 (1985), 574-582 *{1.3, 5.2, 6}*

[BrM86]   Bry,F./ Manthey,R.: Checking Consistency of Database Constraints: a Logical Basis. VLDB 1986, 13-20 *{4.2}*

[BrMS84]   Brodie,M.L./ Mylopoulos,J./ Schmidt,J.W. (eds.): On Conceptual Modelling. Springer-Verlag, New York 1984 *{1}*

[BrR84a]   Brodie,M.L./ Ridjanovic,D.: On the Design and Specification of Database Transactions. In: [BrMS84], 277-312 *{1.3, 5.2}*

[BrR84b]   Brodie,M.L./ Ridjanovic,D.: A Strict Database Transaction Design Methodology. Techn. Report, Computer Corporation of America, Cambridge (Mass.) 1984 *{5.2}*

[BrR84c]   Brodie,M.L./ Ridjanovic,D.: Functional Specification and Verification of Database Transactions. Techn. Report, Computer Corporation of America, Cambridge (Mass.) 1984 *{5.2}*

[BrR84d]   Brodie,M.L./ Ridjanovic,D.: Fundamental Concepts for Semantic Modelling of Objects. Techn. Report, Computer Corporation of America, Cambridge (Mass.) 1984 *{5.2}*

[BrS82]   Brodie,M.L./ Silva,E.: Active and Passive Component Modelling: ACM/PCM. CRIS 1982, 41-92 *{5.2}*

[Ca85]   Carmo,J.: The INFOLOG Branching Logic of Events. TFAIS 1985, 159-173 *{3}*

[CaB80]   Casanova,M.A./ Bernstein,P.A.: A Formal System for Reasoning about Programs Accessing a Relational Database. TOPLAS 2 (1980), 386-414 *{5}*

[CaCF82]   Castilho,J.M.V.de/ Casanova,M.A./ Furtado,A.L.: A Temporal Framework for Database Specification. VLDB 1982, 280-291 *{1.3, 3, 3.5, 5}*

[CaF84]   Casanova,M.A./ Furtado,A.L.: On the Description of Database Transition Constraints Using Temporal Languages. ADBT 1984, 211-236 *{3}*

[CaS87]   Carmo,J./ Sernadas,A.: A Temporal Logic Framework for a Layered Approach to Systems Specification and Verification. TAIS 1987, 31-46 *{3, 5.1}*

[CaVF84]   Casanova,M.A./ Veloso,P.A.S./ Furtado,A.L.: Formal Database Specification - An Eclectic Perspective. PODS 1984, 110-118; ausführlich: Techn. Report 1/84, Dep. de Inf., PUC, Rio de Janeiro 1984 *{3, 5, 5.1}*

[Ce83]   Ceri,S. (ed.): Methodology and Tools for Data Base Design. North-Holland
            Publ. Co., Amsterdam 1983 {1,6}

[Ch76]   Chen,P.P.: The Entity-Relationship Model - Toward a Unified View of
            Data. TODS 1 (1976), 9-36 {1.1}

[Ch85]   Chen,P.P.: Database Design Based on Entity and Relationship. In: [Ya85],
            174-210 {1.1}

[ChL73]   Chang,C./ Lee,R.: Symbolic Logic and Mechanical Theorem Proving. Aca-
            demic Press, London 1973 {4.2, 5.2}

[CrD83]   Cremers,A.B./ Domann,G.: AIM, An Integrity Monitor for the Database
            System INGRES. VLDB 1983, 167-170; ausführlich: Forschungsbericht 151,
            Abteilung Informatik, Universität Dortmund 1983 {1.3}

[CvF84]   Cavalli,A.R./ Farinas del Cerro,L.: A Decision Method for Linear Temporal
            Logic. In: Proc. 7th Conf. on Automated Deduction (R.E.Shostak, ed.),
            LNCS 170, Springer-Verlag, Berlin 1984, 113-127 {4.2}

[Da87]   Date,C.J.: A Guide to INGRES. Addison-Wesley, Reading(Mass.) 1987 {1.2}

[DaBG85]   Dayal,U./ Buchmann,A./ Goldhirsch,D. et al.: PROBE: A Research Project
            in Knowledge-Oriented Database Management Systems: Preliminary Analy-
            sis. Techn. Report CCA-85-03, CCA, Cambridge (Mass.) 1985 {3.5}

[DbEng84]   Special Issue on Database. Design Aids, Methods, and Environments
            (D.Reiner, ed.), Database Engineering Vol. 7, No. 4, Dec. 1984 {6}

[De86]   Decker,H.: Integrity Enforcement on Deductive Databases. In: Proc. 1st Int.
            Conf. on Expert Database Systems (L.Kerschberg, ed.), 1986, 271-285 {5.2}

[DiKM85]   Dittrich,K.R./ Kotz,A.M./ Mülle,J.A.: Basismechanismen für komplexe Kon-
            sistenzprobleme in Entwurfsdatenbanken. BTW 1985, 73-90 {6}

[DiKML85]   Dittrich,K.R./ Kotz,A.M./ Mülle,J.A./ Lockemann,P.C.: Datenbankunter-
            stützung für den ingenieurwissenschaftlichen Entwurf. Informatik-Spek-
            trum 8 (1985), 113-125 {6}

[Eh82]   Ehrich,H.-D.: On the Theory of Specification, Implementation, and Parame-
            trization of Abstract Data Types. JACM 29 (1982), 206-277 {3.1}

[Eh85a]   Ehrich,H.-D.: Spezifikation konzeptioneller Schemata mit abstrakten Daten-
            typen und Versionen. In: Proc. GI-Fachgespräch "Entwurf von Informations-
            systemen - Methoden und Modelle" (H.C.Mayr/ B.E.Meyer, eds.), Tutzing
            1985, 1-19 {3.1, 5}

[Eh85b]   Ehrich,H.-D.: Algebraic(?) Specification of Conceptual Database Schemata
            (extended abstract). In: Recent Trends in Data Type Specification (H.-J.
            Kreowski, ed.), Informatik-Fachbericht 116, Springer—Verlag, Berlin 1985,
            89-103 {3.1}

[Eh86]   Ehrich,H.-D.: Key Extensions of Abstract Data Types, Final Algebras,
            and Database Semantics. In: Proc. Workshop on Category Theory and
            Computer Programming (D.Pitt et al., eds.), Lecture Notes in Computer
            Science 240, Springer-Verlag, Berlin 1986, 412-433 {3.1}

[EhDG86]   Ehrich,H.-D./ Drosten,K./ Gogolla,M.: Towards an Algebraic Semantics
            for Database Specification. erscheint in: DS-2 1986 {3.1}

[EhLG84]   Ehrich,H.-D./ Lipeck,U.W./ Gogolla,M.: Specification, Semantics and Enforcement of Dynamic Database Constraints. VLDB 1984, 301-308 {3*,4}

[EhM85]   Ehrig,H./ Mahr,B.: Fundamentals of Algebraic Specification. Springer-Verlag, Berlin 1985 {3.1}

[ElWH85]   Elmasri,R./ Weeldreyer,J./ Hevner,A.: The Category Concept: An Extension to the Entity-Relationship Model. Data & Knowledge Engineering 1 (1985), 75-116 {1.1, 5.2}

[EsC75]   Eswaran,K.P./ Chamberlin,D.D.: Functional Specifications of a Subsystem for Data Base Integrity. VLDB 1975, 48-68 {1.2, 1.3}

[FeL87]   Feng,D.S./ Lipeck,U.W.: Deterministische Überwachung temporaler Formeln. Informatik-Bericht Nr. 87-06, Techn. Univ. Braunschweig 1987 {4*}

[FiS86]   Fiadeiro,J./ Sernadas,A.: The INFOLOG Linear Tense Propositional Logic of Events and Transactions. Information Systems 11 (1986), 61-85 {3, 3.5, 5, 5.1, 5.2}

[FrW83]   Frost,R.A./ Whittaker,S.: A Step Towards the Automatic Maintenance of the Semantic Integrity of Databases. Comp. Journal 26 (1983), 124-133 {1.3}

[FuN86]   Furtado,A.L./ Neuhold,E.J.: Formal Techniques for Data Base Design. Springer-Verlag, Berlin 1986 {5, 5.1}

[FuSC81]   Furtado,A.L./ Santos,C.S.dos/ Castilho,J.M.V.de: Dynamic Modelling of a Simple Existence Constraint. Information Systems 6 (1981), 73-80 {1.3, 5, 5.2}

[GaM79]   Gardarin,G./ Melkanoff,M.: Proving Consistency of Database Transactions. VLDB 1979, 291-298 {1.3}

[GaPSS80] Gabbay,D./ Pnueli,A./ Shelah,S./ Stavi,J.: On the Temporal Analysis of Fairness. POPL 1980, 163-173 {4}

[Gl85]   Gloger,R.: Werkzeuge zur automatischen Unterstützung des konzeptionellen Datenbankentwurfs: Übersicht und Systementwurf. Diplomarbeit, Informatik, Techn. Univ. Braunschweig 1985 {6}

[GoMS83]   F.Golshani/ T.S.E.Maibaum/ M.R.Sadler: A Modal System of Algebras for Database Specification and Query/Update Language Support. VLDB 1983, 331-339 {1.3, 5}

[HaM75]   Hammer,M.M./ McLeod,D.J.: Semantic Integrity in a Relational Database System. VLDB 1975, 25-47 {1.2, 1.3}

[HeMN84]   Henschen,L.J./ McCune,W.W./ Naqvi,S.A.: Compiling Constraint Checking Programs from First-Order Formulas. ADBT 1984, 145-169 {1.3, 5, 5.2}

[HoNSE87] Hohenstein,U./ Neugebauer,L./ Saake,G./ Ehrich,H.-D.: Three-Level-Specification of Databases Using an Extended Entity-Relationship Model. In: Proc. GI/öGI/SI-Fachtagung "Entwurf von Informationssystemen - Informationsbedarfsermittlung und -analyse" (R.R.Wagner et al., eds.), Informatik-Fachbericht 143, Springer-Verlag, Berlin 1987, 58-88 {1.1, 3.1, 6}

[HsI85]   Hsu,A./ Imielinski,T.: Integrity Checking for Multiple Updates. SIGMOD 1985, 152-168 {1.3, 5.2}

[Hü88]   Hülsmann,K.: Entwurf eines Systems zur Überwachung dynamischer In-
            tegritätsbedingungen. Diplomarbeit, Informatik, Techn. Universität Braun-
            schweig 1988 *{4.3}*

[ISO82]   ISO/TC97/SC5/WG3: Concepts and Terminology for the Conceptual Sche-
            ma and the Information Base. (J.J.van Griethuysen, ed.) 1982 *{1, 1.3, 2*}*

[KhMS85]   Khosla,S./ Maibaum,T.S.E./ Sadler,M.: Database Specification. DS-1 1985,
            141-158 *{5}*

[KiM85]   King,R./ McLeod,D.: Semantic Data Models. In: [Ya85], 115-150 *{1.1}*

[KoSS87]   Kowalski,R./ Sadri,F./ Soper,P.: Integrity Checking in Deductive Databases.
            VLDB 1987, 61-69 *{1.3}*

[Kr87]   Kröger,F.: Temporal Logics of Programs. Springer-Verlag, Berlin 1987 *{3*}*

[Ku84a]   Kung,C.H.: A Temporal Framework for Information Systems Specification
            and Verification. Dr.ing.Thesis, Techn.Rep. 14/84, Div. of Computer Science,
            Univ. of Trondheim 1984 *{3, 3.5, 4.2, 5, 5.1; Grundlage für [Ku84b,85a,85b]}*

[Ku84b]   Kung,C.H.: A Temporal Framework for Database Specification and Verifica-
            tion. VLDB 1984, 91-99 *{3, 3.5, 4.2, 5, 5.1}*

[Ku85a]   Kung,C.H.: A Tableaux Approach for Consistency Checking. TFAIS 1985,
            191-210 *{3, 3.5, 4.2, 5, 5.1}*

[Ku85b]   Kung,C.H.: On Verification of Temporal Database Constraints. SIGMOD
            1985, 169-179 *{3, 3.5, 5}*

[KuS86]   Kung,C.H./ Solvberg,A.: Activity Modeling and Behaviour Modeling. CRIS
            1986, 145-172 *{1.3, 6}*

[La80]   Lamport,L.: "Sometime" is sometimes "not never": On the Temporal Logic
            of Programs. POPL 1980, 174-185 *{3}*

[Li85]   Lipeck,U.W.: Schrittweise Spezifikation des dynamischen Verhaltens von
            Datenbanken. In: Proc. GI-Fachgespräch "Entwurf von Informationssyste-
            men - Methoden und Modelle" (H.C.Mayr/ B.E.Meyer, eds.), Tutzing 1985,
            20-38 *{5*; Vorversion von [Li86]}*

[Li86]   Lipeck,U.W.: Stepwise Specification of Dynamic Database Behaviour.
            SIGMOD 1986, 387-397 *{5*}*

[LiEG85]   Lipeck,U.W./ Ehrich,H.-D./ Gogolla,M.: Specifying Admissibility of Dyna-
            mic Database Behaviour Using Temporal Logic. TFAIS 1985, 145-157 *{3*,4}*

[LiN86]   Lipeck,U.W./ Neumann,K.: Modelling and Manipulating Objects in Geo-
            scientific Databases. ER 1986, 67-86 *{1.1, 3.1, 5.2}*

[LiR84]   Ling,T.-W./ Rajagopalan,P.: A Method to Eliminate Avoidable Checking of
            Integrity Constraints. In: Proc. IEEE Trends & Applications Conf.: Making
            Database Work, 1984, 60-69 *{1.3}*

[LiS87]   Lipeck,U.W./ Saake,G.: Monitoring Dynamic Integrity Constraints Based
            on Temporal Logic. Information Systems 12 (1987), 255-269 *{3*, 4*}*

[LiSE86]   Lipeck,U.W./ Saake,G./ Ehrich,H.D. : Monitoring Dynamic Database Integri-
            ty by Transition Graphs. Informatik-Bericht No. 86-08, Techn. Univ. Braun-
            schweig 1986 *{4; Vorversion von [LiS87, SaL87]}*

[LlST87]   Lloyd,J.W./ Sonnenberg,E.A./ Topor,R.W.: Integrity Constraint Checking in Stratified Databases. Journal of Logic Programming 4 (1987), 331-344 {5.2}

[LlT85]   Lloyd,J.W./ Topor,R.W.: A Basis for Deductive Database Systems. Journal of Logic Programming 2 (1985), 93-109 {1.3, 5.2}

[Lo78]   Loveland,D.W.: Automated Theorem Proving: a Logical Basis. North-Holland, Amsterdam 1978 {4.2, 5.2}

[LoABD85] Lockemann,P.C./ Adams,M./ Bever,M./ Dittrich,K.R. et al.: Anforderungen technischer Anwendungen an Datenbanksysteme. BTW 1985, 1-26 {1}

[LoS87]   Lockemann,P.C./ Schmidt,J.W. (Hrsg.): Datenbank-Handbuch. Springer-Verlag, Berlin 1987

[Ma80]   Manna,Z.: Logics of Programs. In: Information Processing '80 (S.H.Lavington, ed.), North-Holland Publ.Co., Amsterdam 1980, 41-51 {3}

[Ma82]   Manna,Z.: Verification of Sequential Programs: Temporal Axiomatization. In: Theoretical Foundations of Programming Methodology (M.Broy/ G.Schmidt, eds.), Reidel Publ. Co., Dordrecht 1982, 53-101 {3, 3.2}

[MaP81]   Manna,Z./ Pnueli,A.: Verification of Concurrent Programs: The Temporal Framework. In: The Correctness Problem in Computer Science (R.S.Boyer/ J.S.Moore, eds.), Academic Press, 1981, 215-273 {3, 3.3}

[MaW84]   Manna,Z./ Wolper,P.: Synthesis of Communicating Processes from Temporal Logic Specifications. TOPLAS 6 (1984), 68-93 {4}

[Mc86]   McKenzie,E.: Bibliography on Temporal Databases. SIGMOD Record 15,4 (Dec. 1986), 40-52 {3.5}

[Mt86]   Martin,D.: Advanced Database Techniques. MIT Press, Cambridge (Mass.) 1986 {1.2}

[MyBW80] Mylopoulos,J./ Bernstein,P.A./ Wong,H.K.T.: A Language Facility for Designing Interactive Database-Intensive Applications. TODS 5 (1980), 185-207 {1.3, 5.2}

[Ni82]   Nicolas,J.-M.: Logic for Improving Integrity Checking in Relational Data Bases. Acta Informatica 18 (1982), 227-253 {1.3, 5, 5.2}

[NiY78]   Nicolas,J.-M./ Yazdanian,K.: Integrity Checking in Deductive Databases. In: Logic and Databases (H.Gallaire/ J.Minker, eds.), Plenum Press, New York 1978, 325-344 {5.2}

[QiS87]   Qian,X./Smith.D.R.: Integrity Constraint Reformulation for Efficient Validation. VLDB 1987, 417-425 {1.3, 5.2}

[QiW86]   Qian,X./ Wiederhold,G.: Knowledge-based Integrity Constraint Validation. VLDB 1986, 3-12 {5.2}

[Re83]   Rebsamen,J.: Datenbankentwurf im Dialog - Integrierte Beschreibung von Strukturen, Transaktionen und Konsistenz. Dissertation, ETH Zürich 1983 {1.2, 5.2}

[Re87]   Reuter,A.: Maßnahmen zur Wahrung von Sicherheits- und Integritätsbedingungen. In: [LoS87], 343-479 {1.3}

[ReU71]   Rescher,N./ Urquhart,A.: Temporal Logic. Springer-Verlag, Berlin 1971 {3,4}

[ReZ82]   Rebsamen,J./ Zehnder,C.A. : Automatische Erzeugung von konsistenzerhaltenden Transaktionen. Proc. GI-Jahrestagung 1982, 595-606 {5.2}

[Ri86]   Risius,J.: Integritätssicherung in Datenbanksystemen durch Transformation von Integritätsbedingungen. Diplomarbeit, Informatik, Techn. Univ. Braunschweig 1986 {1.3, 5.2}

[RiB83]   Ridjanovic,D./ Brodie,M.L.: Action and Transaction Skeletons: High Level Constructs for Database Transactions. In: Proc. SIGPLAN Symp. on Progr. Lang. Issues in Software Systems, 1983, 94-99 {5.2}

[RiD82]   Richter,G./Durchholz,R.: IML-Inscribed Petri-Nets. CRIS 1982, 335-368 {1.3}

[Sa85]   Saake,G.: Konstruktion von Transitionsgraphen aus Temporalen Formeln zur Integritätsüberwachung in Datenbanken. Diplomarbeit, Informatik, Techn. Univ. Braunschweig 1985 {4*}

[Sa88]   Saake,G.: Spezifikation, Semantik und Überwachung von Objektlebensläufen in Datenbanken. Dissertation, Informatik, Techn. Universität Braunschweig 1988 {3.3, 4.3}

[SaL87]   Saake,G./ Lipeck,U.W.: Foundations of Temporal Integrity Monitoring. TAIS 1987, 235-249 {4}

[Schi85]   Schiel,U.: The Time Dimension in Information Systems. TFAIS 1985, 67-76 {3.1, 3.5}

[SchiFNC84] Schiel,U./ Furtado,A.L./ Neuhold,E.J./Casanova,M.A.: Towards Multi-Level and Modular Conceptual Schema Specifications. Information Systems 9 (1984), 43-57 {5, 6}

[SchrTW84] Schrefl,M./ Tjoa,A.M./ Wagner,R.R.: Comparison Criteria for Semantic Data Models. DENG 1984, 120-125 {1.1}

[Schü87]   Schülke,A.: Implementierung des Resolutionsverfahrens nach Henschen et al. zur Vereinfachung von Integritätsbedingungen. Studienarbeit, Informatik, Techn. Universität Braunschweig 1987 {5.2}

[SchwMV83] Schwartz,R.L./ Melliar-Smith,P.M./ Vogt,F.H.: An Interval Logic for Higher-Level Temporal Reasoning. In: Proc. Ann. ACM Symp. on Principles of Distributed Computing, 1983, 173-186 {3, 3.2}

[Se80]   Sernadas,A.: Temporal Aspects of Logical Procedure Definition. Information Systems 5 (1980), 167-187 {3, 3.5, 5.2}

[SeS83]   Sernadas,A./ Sernadas,C.: INFOLOG: An Integrated Model of Data and Processes. Techn. Report INFOLOG RR05, Univ. Lisbon 1983 {5, 5.1; Vorversion von [SeSFG85]}

[SeS85]   Sernadas,A./ Sernadas,C.: Capturing Knowledge about the Organization Dynamics. In: Knowledge Representation for Decision Support Systems (L.Methlie/R.Sprague,eds.), North-Holland Publ.Co., Amsterdam 1985, 255-267 {5,5.1}

[SeSE87]   Sernadas,A./ Sernadas,C./ Ehrich,H.-D.: Object-Oriented Specification of Databases: An Algebraic Approach. VLDB 1987, 107-116 {5, 6}

[SeSFG85] Sernadas,A./ Sernadas,C./ Fiadeiro,J./ Granado,J.: Information Systems Development with INFOLOG. Techn. Report INFOLOG RR25, Univ. Lisbon 1985 *{5, 5.1}*

[ShS85] Sheard,T./ Stemple,D.: Coping with Complexity in Automated Reasoning about Database Systems. VLDB 1985, 426-435 *{5.2}*

[ShS86] Sheard,T./ Stemple,D.: Automatic Verification of Database Transaction Safety. COINS Techn. Report No. 86-30, Univ. of Mass., Amherst 1986 *{5.2}*

[SiC85] Sistla,A.P./ Clarke,E.M.: The Complexity of Propositional Linear Temporal Logic. Journal of the ACM 32 (1985), 733-749 *{4}*

[SiV84] Simon,E./ Valduriez,P.: Design and Implementation of an Extendible Integrity Subsystem. SIGMOD 1984, 9-17 *{1.3}*

[SlL86] Sluizer,S./ Lee,S.: Applying Entity-Relationship Concepts to Executable Specifications. ER 1986, 183-194 *{6}*

[Sn86] Snodgrass,R.: Research Concerning Time in Databases: Project Summaries. SIGMOD Record 15,4 (Dec. 1986), 19-39 *{3.5}*

[SoK85] Solvberg,A./ Kung,C.H.: On Structural and Behavioral Modelling of Reality. DS-1 1985, 205-221 *{1.3, 6}*

[St75] Stonebraker,M.: Implementation of Integrity Constraints and Views by Query Modification. SIGMOD 1975, 65-78 *{1.3}*

[St83] Steinbauer,D.: Transaktionen als Grundlage zur Strukturierung und Integritätssicherung in Datenbank-Anwendungssystemen. Dissertation, Informatik, Univ. Erlangen-Nürnberg 1983 *{1.2, 1.3}*

[StH85] Studer,R./ Horndasch,A.: Modelling Static and Dynamic Aspects of Information Systems. DS-1 1985, 13-26 *{1.3}*

[StS84] Stemple,D./ Sheard,T.: Specification and Verification of Abstract Database Types. PODS 1984, 248-257 *{1.3, 5.2}*

[StS85] Stemple,D./ Sheard,T.: Database Theory for Supporting Specification-Based Database System Development. In: Proc. 8th Int. Conf. on Software Engineering, 1985, 43-49 *{5.2}*

[StSB86] Stemple,D./ Sheard,T./ Bunker,R.E.: Incorporating Theory in Database System Development. Information Processing & Management 22 (1986), 317-330 *{5.2}*

[StW85] Steinbauer,D./ Wedekind,H.: Integritätsaspekte in Datenbanksystemen. Informatik-Spektrum 8 (1985), 60-68 *{1.3}*

[Sü86] Südkamp,N.: Untersuchungen zur Überprüfung von statischen Integritätsbedingungen in einem erweiterten Entity-Relationship-Datenmodell. Dissertation, Bericht Nr. 8605, Institut für Informatik, Univ. Kiel 1986 *{1.3}*

[TeF82] Teorey,T.J./ Fry,J.P.: Design of Database Structures. Prentice-Hall, Englewood Cliffs (N.J.) 1982 *{1.1}*

[TeYF86] Teorey,T.J./ Yang,D./ Fry,J.P.: A Logical Design Methodology for Relational Databases Using the Extended Entity-Relationship-Model. ACM Computing Surveys 18 (1986), 197-222 *{1.1}*

[To77]   Todd,S.: Automatic Constraint Maintenance and Updating Defined Relations.
            In: Proc. IFIP Congress (B.Gilchrist,ed.), North-Holland Publ. Co., Amster-
            dam 1977, 145-148 *{5.1}*

[Tr86]   Troyer,O.de: On Rule-Based Generation of Conceptual Database Updates.
            erscheint in: DS-2 1986 *{6}*

[TuFC83]   Tucherman,L./ Furtado,A.L./ Casanova,M.A.: A Pragmatic Approach to
            Structured Database Design. VLDB 1983, 219-231 *{6}*

[UrD86]   Urban,S.D./ Delcambre,L.M.L.: An Analysis of the Structural, Dynamic, and
            Temporal Aspects of Semantic Data Models. DENG 1986, 382-389 *{5.2}*

[Ve85]   Venkatesh,G.: A Decision Method for Temporal Logic Based on Resolution.
            In: Proc. 5th Conf. on Foundations of Software Technology and Theoretical
            Computer Science (S.N.Maheshwari, ed.), LNCS 206, Springer-Verlag, Berlin
            1985, 272-289 *{4.2}*

[VeCF81]   Veloso,P.A.S./Castilho,J.M.V.de/Furtado,A.L.: Systematic Derivation of
            Complementary Specifications. VLDB 1981, 409-421 *{5}*

[VeF85]   Veloso,P.A.S./ Furtado,A.L.: Towards Simpler and Yet Complete Formal
            Specifications. TFAIS 1985, 175-189 *{5, 5.1, 5.2, 6}*

[WaS81]   Walker,A./Salveter,S.C.: Automatic Modification of Transactions to Pre-
            serve Data Base Integrity Without Undoing Updates. Techn.Report 81/026,
            Computer Science, State Univ. of New York, Stony Brook 1981 *{1.3, 5, 5.2}*

[We78a]   Weber,H.: A Software Engineering View of Database Systems. VLDB 1978,
            36-51 *{6}*

[We78b]   Weber,W.: Ein Subsystem zur Aufrechterhaltung der semantischen Integri-
            tät in verteilten relationalen Datenbanksystemen. Berichte 71,72, Informatik,
            Universität Karlsruhe 1978 *{1.3}*

[WeSK83]   Weber,W./ Stucky,W./ Karszt,J.: Integrity Checking in Database Systems.
            Information Systems 8 (1983), 125-136 *{1.3}*

[Wi84]   Windeler,U.: Behandlung von Constraints in Datenbanksprachen. Diplom-
            arbeit, Informatik, Techn. Univ. Braunschweig, 1984 *{1.3}*

[Wo81]   Wolper,P.: Temporal Logic Can Be More Expressive. FOCS 1981, 340-348
            {4; Vorversion von [Wo83]}

[Wo82]   Wolper,P.: Specification and Synthesis of Communicating Processes Using
            an Extended Temporal Logic. POPL 1982, 20-33 *{4; Vorversion von [MaW84]}*

[Wo83]   Wolper,P.: Temporal Logic Can Be More Expressive. Information and
            Control 56 (1983), 72-99 *{3.2, 3.3, 4.2}*

[Ya85]   Yao, S.B.(ed.): Principles of Database Design, Vol. I: Logical Organization.
            Prentice.Hall, Englewood Cliffs (N.J.) 1985

Band 161: P. Peinl, Synchronisation in zentralisierten Datenbanksystemen. XII, 227 Seiten. 1987.

Band 162: H. Stoyan (Hrsg.), Begründungsverwaltung. Proceedings, 1986. VII, 153 Seiten. 1988.

Band 163: H. Müller, Realistische Computergraphik. VII, 146 Seiten. 1988.

Band 164: M. Eulenstein, Generierung portabler Compiler. X, 235 Seiten. 1988.

Band 165: H.-U. Heiß, Überlast in Rechensystemen. IX, 176 Seiten. 1988.

Band 166: K. Hörmann, Kollisionsfreie Bahnen für Industrieroboter. XII, 157 Seiten. 1988.

Band 167: R. Lauber (Hrsg.), Prozeßrechensysteme '88. Stuttgart, März 1988. Proceedings. XIV, 799 Seiten. 1988.

Band 168: U. Kastens, F. J. Rammig (Hrsg.), Architektur und Betrieb von Rechensystemen. 10. GI/ITG-Fachtagung, Paderborn, März 1988. Proceedings. IX, 405 Seiten. 1988.

Band 169: G. Heyer, J. Krems, G. Görz (Hrsg.), Wissensarten und ihre Darstellung. VIII, 292 Seiten. 1988.

Band 170: A. Jaeschke, B. Page (Hrsg.), Informatikanwendungen im Umweltbereich. 2. Symposium, Karlsruhe, 1987. Proceedings. X, 201 Seiten. 1988.

Band 171: H. Lutterbach (Hrsg.), Non-Standard Datenbanken für Anwendungen der Graphischen Datenverarbeitung. GI-Fachgespräch, Dortmund, März 1988, Proceedings. VII, 183 Seiten. 1988.

Band 172: G. Rahmstorf (Hrsg.), Wissensrepräsentation in Expertensystemen. Workshop, Herrenberg, März 1987. Proceedings. VII, 189 Seiten. 1988.

Band 173: M. H. Schulz, Testmustergenerierung und Fehlersimulation in digitalen Schaltungen mit hoher Komplexität. IX, 165 Seiten. 1988.

Band 174: A. Endrös, Rechtsprechung und Computer in den neunziger Jahren. XIX, 129 Seiten. 1988.

Band 175: J. Hülsemann, Funktioneller Test der Auflösung von Zugriffskonflikten in Mehrrechnersystemen. X, 179 Seiten. 1988.

Band 176: H. Trost (Hrsg.), 4. Österreichische Artificial-Intelligence-Tagung. Wien, August 1988. Proceedings. VIII, 207 Seiten. 1988.

Band 177: L. Voelkel, J. Pliquett, Signaturanalyse. 224 Seiten 1988.

Band 178: H. Göttler, Graphgrammatiken in der Softwaretechnik. VIII, 244 Seiten. 1988.

Band 179: W. Ameling (Hrsg.), Simulationstechnik. 5. Symposium. Aachen, September 1988. Proceedings. XIV, 538 Seiten. 1988.

Band 180: H. Bunke, O. Kübler, P. Stucki (Hrsg.), Mustererkennung 1988. 10. DAGM-Symposium, Zürich, September 1988. Proceedings. XV, 361 Seiten. 1988.

Band 181: W. Hoeppner (Hrsg.), Künstliche Intelligenz. GWAI-88, 12. Jahrestagung. Eringerfeld, September 1988. Proceedings. XII, 333 Seiten. 1988.

Band 182: W. Barth (Hrsg.), Visualisierungstechniken und Algorithmen. Fachgespräch, Wien, September 1988. Proceedings. VIII, 247 Seiten. 1988.

Band 183: A. Clauer, W. Purgathofer (Hrsg.), AUSTROGRAPHICS '88. Fachtagung, Wien, September 1988. Proceedings. VIII, 267 Seiten. 1988.

Band 184: B. Gollan, W. Paul, A. Schmitt (Hrsg.), Innovative Informations-Infrastrukturen. I. I. I. – Forum, Saarbrücken, Oktober 1988. Proceedings. VIII, 291 Seiten. 1988.

Band 185: B. Mitschang, Ein Molekül-Atom-Datenmodell für Non-Standard-Anwendungen. XI, 230 Seiten. 1988.

Band 186: E. Rahm, Synchronisation in Mehrrechner-Datenbanksystemen. IX, 272 Seiten. 1988.

Band 187: R. Valk (Hrsg.), GI – 18. Jahrestagung I. Vernetzte und komplexe Informatik-Systeme. Hamburg, Oktober 1988. Proceedings. XVI, 776 Seiten.

Band 188: R. Valk (Hrsg.), GI – 18. Jahrestagung II. Vernetzte und komplexe Informatik-Systeme. Hamburg, Oktober 1988. Proceedings. XVI, 704 Seiten.

Band 189: B. Wolfinger (Hrsg.), Vernetzte und komplexe Informatik-Systeme. Industrieprogramm zur 18. Jahrestagung der GI, Hamburg, Oktober 1988. Proceedings. X, 229 Seiten. 1988.

Band 190: D. Maurer, Relevanzanalyse. VIII, 239 Seiten. 1988.

Band 191: P. Levi, Planen für autonome Montageroboter. XIII, 259 Seiten. 1988.

Band 192: K. Kansy, P. Wißkirchen (Hrsg.), Graphik im Bürobereich. Proceedings, 1988. VIII, 187 Seiten. 1988.

Band 193: W. Gotthard, Datenbanksysteme für Software-Produktionsumgebungen. X, 193 Seiten. 1988.

Band 194: C. Lewerentz, Interaktives Entwerfen großer Programmsysteme. VII, 179 Seiten. 1988.

Band 195: I. S. Bátori, U. Hahn, M. Pinkal, W. Wahlster (Hrsg.), Computerlinguistik und ihre theoretischen Grundlagen. Proceedings. IX, 218 Seiten. 1988.

Band 197: M. Leszak, H. Eggert, Petri-Netz-Methoden und -Werkzeuge. XII, 254 Seiten. 1989.

Band 198: U. Reimer, FRM: Ein Frame-Repräsentationsmodell und seine formale Semantik. VIII, 161 Seiten. 1988.

Band 199: C. Beckstein, Zur Logik der Logik-Programmierung. IX, 246 Seiten. 1988.

Band 200: A. Reinefeld, Spielbaum-Suchverfahren. IX, 191 Seiten. 1989.

Band 201: A. M. Kotz, Triggermechanismen in Datenbanksystemen. VIII, 187 Seiten. 1989.

Band 202: Th. Christaller (Hrsg.), Künstliche Intelligenz. 5. Frühjahrsschule, KIFS-87, Günne, März/April 1987. Proceedings. VII, 403 Seiten. 1989.

Band 203: K. v. Luck (Hrsg.), Künstliche Intelligenz. 7. Frühjahrsschule, KIFS-89, Günne, März 1989. Proceedings. VII, 302 Seiten. 1989.

Band 204: T. Härder (Hrsg.), Datenbanksysteme in Büro, Technik und Wissenschaft. GI/SI-Fachtagung, Zürich, März 1989. Proceedings. XII, 427 Seiten. 1989.

Band 205: P. J. Kühn (Hrsg.), Kommunikation in verteilten Systemen. ITG/GI-Fachtagung, Stuttgart, Februar 1989. Proceedings. XII, 907 Seiten. 1989.

Band 206: P. Horster, H. Isselhorst, Approximative Public-Key-Kryptosysteme. VII, 174 Seiten. 1989.

Band 207: J. Knop (Hrsg.), Organisation der Datenverarbeitung an der Schwelle der 90er Jahre. 8. GI-Fachgespräch, Düsseldorf, März 1989. Proceedings. IX, 276 Seiten. 1989.

Band 208: J. Retti, K. Leidlmair (Hrsg.), 5. Österreichische Artificial-Intelligence-Tagung, Igls/Tirol, März 1989. Proceedings. XI, 452 Seiten. 1989.

Band 209: U. W. Lipeck, Dynamische Integrität von Datenbanken. VIII, 140 Seiten. 1989.